四川省产教融合示范项目系列教材

工程经济与项目管理

主 编 ◎ 张 敏
副主编 ◎ 程文明　何丽娜　吴 晓　任清川

西南交通大学出版社
·成 都·

图书在版编目（CIP）数据

工程经济与项目管理 / 张敏主编. —成都：西南交通大学出版社，2022.12
四川省产教融合示范项目系列教材
ISBN 978-7-5643-9035-8

Ⅰ. ①工… Ⅱ. ①张… Ⅲ. ①工程经济学－教材②工程项目管理－教材 Ⅳ. ①F062.4②F284

中国版本图书馆 CIP 数据核字（2022）第 227556 号

四川省产教融合示范项目系列教材

Gongcheng Jingji yu Xiangmu Guanli

工程经济与项目管理

主　编	张　敏
责任编辑	孟秀芝
封面设计	吴　兵
出版发行	西南交通大学出版社 （四川省成都市金牛区二环路北一段 111 号 西南交通大学创新大厦 21 楼）
邮政编码	610031
发行部电话	028-87600564　028-87600533
网址	http://www.xnjdcbs.com
印刷	成都中永印务有限责任公司
成品尺寸	185 mm×260 mm
印张	13
字数	325 千
版次	2022 年 12 月第 1 版
印次	2022 年 12 月第 1 次
书号	ISBN 978-7-5643-9035-8
定价	39.00 元

课件咨询电话：028-81435775
图书如有印装质量问题　本社负责退换
版权所有　盗版必究　举报电话：028-87600562

PREFACE 前言

隋朝王通在《文中子·礼乐篇》中提到"皆有经济之道，谓经国济民"。"经国济民"简称"经济"，亦有"政治统治"和"社会管理"之意。《尚书·洪范》系统概述了宏观经济管理思想，谓之"洪范八政，食货为先"，追寻解决民生和货物流通的管理之道。经济与管理密不可分，经济促进管理变革，管理提升经济发展。世界经济一体化下，市场竞争空前激烈，工程经济与项目管理成为提升组织竞争力的关键。知晓工程经济发展之道，创新组织项目管理之法，方能为组织谋得一席之地，决胜于瞬息万变的市场中。

工程经济主要从工程技术经济的角度，对工程项目施工的技术方案、技术措施和技术政策以及企业的经营目标、方法和取得的经济效益等，进行技术经济分析和经济效果评价，使其技术的可行性和技术的经济性有机结合，达到用最少的劳动投入取得最优的经济效益的目的，以满足日益增长的社会物质与文化需求。

工程项目管理主要从现代管理角度，采用科学管理方法、先进管理技术、现代管理制度和现代化的管理手段，对企业的生产经营活动进行全过程的科学管理，不断减少企业人、财、物的各种消耗，降低经营成本，实现工期短、质量优、效益好的经济效果。

"工程经济与项目管理"是在工程学、经济学和管理学的基础上发展起来的一门新兴学科，也是高等学校工程管理和其他相关专业学生须掌握的一门必修课。本书可作为工程类专业本科高年级学生了解工程建设相关知识的教材，也可作为工程项目管理相关人员的学习参考资料，具有较广泛的适用性。

本书主要以工程项目为研究主线，通过模块整合，将工程经济学和工程项目管理两大内容有机地结合在一起。课程内容涉及工程经济相关的现金流量、资金时间价值、经济效果评价以及方案经济效果评价方法；工程项目管理的概述、进度计划、费用管理、质量管理、安全与环境管理、采购管理等方面的知识和内容，使学生理解并掌握工程项目管理与经济决策方法。同时，通过相关案例的学习，增强学生的团队协作能力与实践能力。随着第四次工业革命的到来，工程经济与项目管理对工程类专业学生来说犹如提升自我竞争力的锦囊。让我们一起打开它，知工程经济之道，探方案优选之理，明项目管理之法。

本书的出版得到了四川省产教融合示范项目"交大-九洲电子信息装备产教融合示范"的资助。

本教材可作为普通高等院校机械工程、土木工程、工程管理、工程造价等专业学生教材，还可作为监理单位、建设单位、勘察设计单位、施工单位和各类相关人员的学习参考用书。

本教材在编写的过程中参阅了大量的国内优秀教材，在此对有关作者一并表示感谢。由于本书涉及的内容广泛，加之作者水平有限，难免存在不足和错误之处，恳请各位专家和读者批评、指正。

编 者

2022 年 5 月

CONTENTS 目 录

第1篇 工程经济学

第1章 工程经济概述 ··· 1
1.1 工程经济学的产生与发展 ··································· 1
1.2 工程经济学的概念 ··· 2
1.3 工程经济学的研究对象 ······································ 4
1.4 工程经济学的主要内容及特点 ····························· 4
1.5 工程经济评价的基本原则 ··································· 5

第2章 现金流量 ··· 10
2.1 现金流量的概念 ··· 10
2.2 现金流量图 ·· 11
2.3 现金流量的构成 ··· 11

第3章 资金的时间价值与资金等值计算 ····················· 23
3.1 资金的时间价值 ··· 23
3.2 资金等值计算 ·· 26

第4章 工程经济评价指标 ······································· 33
4.1 经济效果的静态评价指标 ··································· 33
4.2 经济效果的动态评价指标 ··································· 37

第5章 多方案经济评价 ·· 48
5.1 投资方案比选类型 ··· 48
5.2 互斥型方案的选择 ··· 49
5.3 独立方案的选择 ··· 55
5.4 混合方案的选择 ··· 57

第2篇 工程项目管理

第6章 工程项目管理概述 ······································· 59
6.1 工程项目概述 ·· 59

  6.2 工程项目管理及其九大知识领域 ················· 68
  6.3 工程项目管理基本流程 ······················ 70
  6.4 工程项目的组织管理 ······················· 77

第7章 工程项目进度计划管理 ························ 85
  7.1 项目进度计划编制 ························ 85
  7.2 工作分解结构图 ························· 90
  7.3 网络计划技术 ·························· 93
  7.4 工程项目进度计划的调整 ····················· 113

第8章 工程项目费用管理 ··························· 116
  8.1 工程项目费用管理概述 ······················ 116
  8.2 工程项目费用控制的方法与工具 ·················· 118
  8.3 项目进度与费用的协调控制 ···················· 124

第9章 工程项目质量管理 ··························· 131
  9.1 质量管理 ···························· 131
  9.2 工程项目质量控制的内涵 ····················· 139
  9.3 工程项目质量控制的统计分析方法 ················· 145

第10章 工程项目安全健康与环境管理 ···················· 156
  10.1 工程项目安全管理 ······················· 156
  10.2 建设工程职业健康安全事故的分类与处理 ············· 161
  10.3 工程项目环境管理 ······················· 164

第11章 工程项目采购管理 ·························· 166
  11.1 工程项目采购管理概述 ····················· 166
  11.2 工程项目采购管理的模式与内容 ················· 167
  11.3 施工平行发包 ························· 168
  11.4 施工总承包模式 ························ 169
  11.5 国内施工总承包管理模式 ···················· 171
  11.6 建设项目总承包 ························ 173
  11.7 国际承发包模式发展展望 ···················· 175

参考文献 ································· 177

附录 四川九洲电子信息装备某型系统零部件加工项目 ············ 178

第1篇　工程经济学

第1章　工程经济概述

工程经济是将工程技术与经济学结合在一起的一门学科,其贯穿于项目决策、设计施工与后评价等的各个流程。通过分析工程经济,可以为项目做出科学、合理的决策。本章主要介绍工程经济的基本概念与基本内容,让学生对该部分有个总体的认知,可以为学生后续系统学习工程经济做好铺垫。

本章主要框架安排如下:

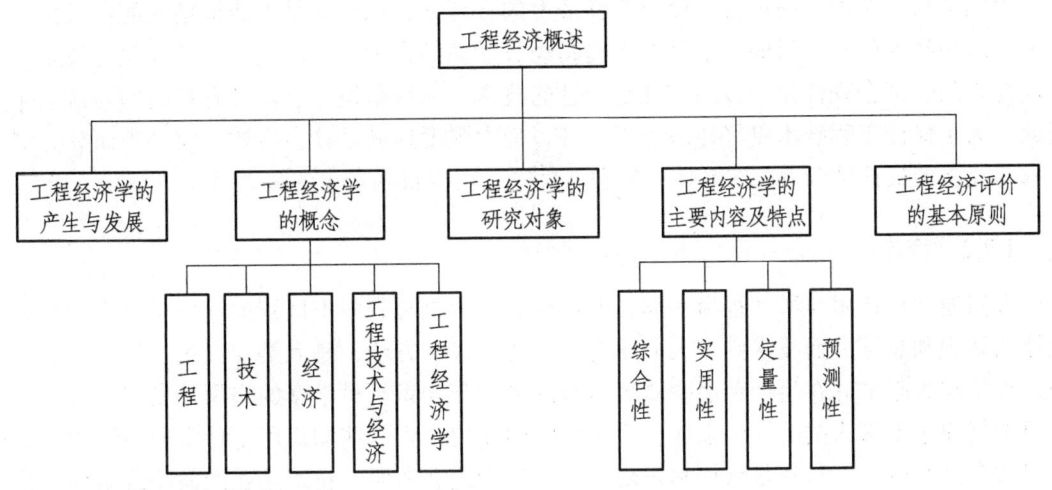

1.1　工程经济学的产生与发展

人类社会的发展是以经济发展为标志的,而经济发展依赖于技术进步。任何技术的采用都必然消耗人力、物力、财力等各类自然资源、社会资源以及无形资源。这些有形和无形资源都是某种意义下的稀有资源。例如,对于人类日益增长的物质生活和文化生活的需求,再多的资源都是不足的。另外,同一种资源往往有多种用途,人类的各种需求又有轻重缓急之分,因此,如何把有限的资源合理地配置到各种生产经营活动中,是人类生产活动有史以来就存在的问题。

工程经济学的产生至今有100多年。其产生标志是1887年美国土木工程师亚瑟·M.惠灵顿出版的著作《铁路布局的经济理论》。1930年,E. L.格兰特教授出版的《工程经济学原理》教科书奠定了经典工程经济学的基础。1982年,J. L.里格斯出版的《工程经济学》把工程经济学的学科水平向前推进了一大步。近代工程经济学的发展侧重于用概率统计进行风险性、不确定性等新方法研究以及非经济因素的研究。我国对工程经济学的研究和应用起步于

20世纪70年代后期。现在,在项目投资决策分析、项目评估和管理中,工程经济学的原理和方法已经被广泛应用。

1.2 工程经济学的概念

要了解工程经济学的含义,首先应了解工程、技术、经济等的含义。

1.2.1 工程

工程是指土木建筑或其他生产、制造部门用比较大且比较复杂的设备来进行的工作,如土木工程、机械工程、交通工程、化学工程、采矿工程、水利工程等。工程被定义为科学和数学的某种应用,通过这一应用,自然界的物质和能源的特性能够通过各种结构、机器、产品、系统和过程,以最短的时间和最少的人力、物力,做出高效、可靠且对人类有用的东西。将自然科学理论应用到具体工农业生产部门中形成的各学科的总称,即工程学。

一项工程要为人们所接受,必须具备两个条件:一是技术上的可行性;二是经济上的合理性。在技术上无法实现的项目是不可能存在的,因为人们还没有掌握它的客观规律,但一项工程如果只讲技术上的可行性而忽略经济上的合理性,也同样是不能被接受的。人们发展技术、应用技术的根本目的,正是在于提高经济活动的合理性,这就是经济效益。技术的先进性与它的经济合理性是一致的,凡是先进的技术,一般来说,总是具有较高的经济效果。因此,为了保证工程技术更好地服务于经济,最大限度地满足社会需要,就必须研究、寻找技术与经济的最佳结合点,在具体目标和条件下,获得投入产出的最大效益。

1.2.2 技术

人们通常将技术与科学视为一体,但科学和技术是有着根本区别的。科学是人们对客观规律的认识和总结,而技术则是人们改造自然的手段和方法,是人类在利用自然和改造自然的过程中积累起来并在生产劳动中体现出来的经验与知识。科学家的作用是发现宇宙中各种现象的规律来丰富人类的知识宝库,而工程师的作用是将这些知识用于特定的系统中,为社会提供商品和劳务。科学是认识和发现,技术是创造和发明。技术是在产品(或结构、系统及过程)开发、设计和制造中所采用的方法、措施和技巧,运用劳动工具(包括机械设备等),正确有效地使用劳动对象,保护资源与环境,有目的地加工生产,更好地改造世界,为人类造福。技术一般包括自然技术和社会技术等。自然技术是根据生产实践和自然科学原理发展形成的各种工艺操作方法、技能和相应的生产工具及其他物质装备。社会技术是指组织生产及流通等方面的技术。

技术,狭义地讲是人从事某种活动的技能,广义地讲是人利用自然、改造自然并与自然和谐共处的手段。知识产权组织把世界上所有能带来经济效益的科学知识都定义为技术。

1.2.3 经济

现代汉语中使用的"经济"一词源于19世纪后半叶,由日本学者从英语单词"Economy"翻译而来,如无特殊说明,一般不包括古汉语中"经邦济世""经国济民"的意思。

"经济"是一个多义词,通常有以下四个方面的含义:

（1）经济是指社会经济体制，是生产关系的总和，如马克思政治经济学所研究的经济含义。

（2）经济是指一国国民经济的总称，或指国民经济的各部门，如工业经济、农业经济、运输经济等。

（3）经济是指社会生产和再生产，即物质资料的生产、分配、交换、消费的现象和过程，如工业经济学研究的经济含义。

（4）经济是指节约或节省，指对资源的有效利用和节约，如工程经济学研究的经济含义。

经济是价值的创造、转化与实现，是指一定范围（国家、区域）内，组织一切生产、分配、流通和消费的活动与关系的总称。

工程经济学研究的经济不仅包括可以用货币计量的经济效果，还包括不可用货币计量的经济效果，不仅包括工程所直接涉及的经济效果，还包括由此引起的间接效果。

1.2.4 工程技术与经济

在人类进行物质生产、交换的活动中，工程技术和经济是始终并存且不可分割的两个方面，两者既相互促进又相互制约。

（1）对任何技术的采用或者进行工程建设都是为一定的经济目标服务的，经济的发展成为技术进步的动力和方向。

（2）经济的发展必须依靠一定的技术手段，技术进步是推动经济发展、提高经济效益的重要条件和手段。

（3）任何新技术的产生与应用都必须消耗人力、物力和资金等资源，这些都需要经济的支持，同时经济发展又将推动技术的更大进步。

（4）技术具有强烈的应用性和明显的经济目的性，技术生存的必要条件是其先进性和经济合理性的结合，没有应用价值和经济效益的技术是没有生命力的。

技术与经济的这种特性，使得它们之间有着紧密而不可分割的联系，它们之间的这种相互促进、相互制约的联系，使得任何工程的实施和技术的应用都不仅仅是一个技术问题，同时也是一个经济问题。

1.2.5 工程经济学

长期以来工程经济学作为一门独立的学科不断发展，学者们在关于工程经济学的研究对象上主要有以下四种不同的观点和表述。

观点一：工程经济学是从经济角度选择最佳方案的原理和方法。

观点二：工程经济学是工程师的经济学，具体研究对象涵盖了工程项目规划、投资项目经济评价、投资分析及生产经营管理等领域的决策。

观点三：工程经济学是研究经济性的学科领域。

观点四：工程经济学是研究工程项目节省或节约之道的学科。

工程经济学并不研究工程技术原理与应用本身，也不研究影响经济效果的各种因素，而是研究各种工程技术方案的经济效果。这里的工程技术是广义的，是人类利用自然和改造自然的手段。它不仅包含劳动者的技艺，还包括部分取代这些技艺的物质手段。工程经济学研究各种工程技术方案的经济效益，研究各种技术在使用过程中如何以最小的投入获得预期产出，或者说，如何以等量的投入获得最大产出，如何用最低的寿命周期成本实现产品、作业以及服务的必要功能。

因此，我们可以将工程经济学（Engineering Economics）定义为：研究各种工程技术方案的经济效益，研究各种技术在使用过程中如何以最小的投入获得预期产出或者如何以等量的投入获得最大产出，如何用最低的寿命周期成本实现产品、作业及服务的必要功能。

工程经济学是工程技术学科与经济学科的交叉学科，也是自然科学与社会科学的综合学科。工程经济学是研究工程技术实践活动经济效果的综合学科，是以工程技术为主体，以技术—经济系统为核心，研究如何有效利用工程技术资源，促进经济增长的学科。

1.3 工程经济学的研究对象

工程经济学的研究对象是各类工程（投资）项目，包括公共项目、企业投资项目。它不仅指固定资产建造和购置活动中的具有独立设计方案、能够独立发挥功能的工程整体，更主要指投入一定资源的计划、规划和方案并可以进行分析和评价的独立单位。这些项目可以是现有或已建项目、新建项目、扩建项目、技术引进项目、技术改造项目等。它可以大到一个水利枢纽工程，小到一项技术革新，甚至一个零部件的更换。复杂的工程项目总是由许多不同内容的子项目所组成，由于每个子项目具有独立的功能和明确的费用投入，因而都可以作为进一步进行工程经济分析的研究对象。

一个工程项目的实施，首先要有相当数量的资金，而且要用一定时间去开发、设计与建设，建成后一般要经营一段时间，这个过程的投资决策都是基于对未来情况的估计做出的，这就不可避免地存在一定风险。工程经济学的核心任务就是对工程项目及其相应环节进行经济效益分析，对各种备选方案进行分析、论证和评价，从而选择技术上可行、经济上合理的最佳方案。只有根据经济学的基本原理分析工程项目的经济特性，才能比较正确地回答"在什么项目上投资""何时投资""采取什么实施方案"等问题，才能比较有把握地使一定数量的资金产生最大限度的投资效益。同时，注重培养工程技术人员的经济意识，增强经济观念，运用工程经济分析的基本理论和经济效益的评价方法，从可持续发展的战略高度，以市场为前提、经济为目的、技术为手段，确保工程项目有较高的质量，并以最少的投入得到最佳的产出，为人类创造更多的财富。

1.4 工程经济学的主要内容及特点

从学科归属看，工程经济学既不属于社会科学（经济学科），也不属于自然科学。工程经济学立足于经济，研究技术方案，已成为一门综合性的交叉学科。其主要内容包括资金的时间价值、工程项目评价指标与方法、工程项目多方案的比较和选择、建设项目的财务评价、建设项目的国民经济评价和社会评价、不确定性分析、价值工程、设备更新方案的比较、项目可行性研究等方面。其主要特点有综合性、实用性、定量性、预测性。

1.4.1 综合性

工程经济学横跨自然科学和社会科学两大类。工程技术学科研究自然因素运动、发展的规律，是以特定的技术为对象的；而经济学科是研究生产力和生产关系运动发展规律的一门学科。工程经济学从技术角度去考虑经济问题，又从经济角度去考虑技术问题，技术是基础，经济是目的。

在实际应用中，技术经济涉及的方面很多，一个部门、一个企业有技术经济问题，一个地区、一个国家也有技术经济问题。因此，工程技术的经济问题往往是多目标、多因素的。它的研究内容既包括技术因素和经济因素，又包括社会因素与时间因素。

1.4.2 实用性

工程经济学之所以具有强大的生命力，在于它的实用性。工程经济学研究的课题，分析的方案都来源工程建设实践，并紧密结合生产技术和经济活动进行。其分析和研究的成果直接用于生产，并通过实践来验证分析结果是否正确。

1.4.3 定量性

工程经济学的研究方法注重定量分析。即使有些难以定量的因素，也要设法予以量化估计。通过对各种方案进行客观、合理、完善的评价，运用定量分析结果为定性分析提供科学依据。如果不进行定量分析，技术方案的经济性就无法评价，经济效果的大小就无法衡量，在诸多方案中也就无法进行比较和优选。因此，在分析和研究过程中，要用到很多数学方法、计算公式，以建立数学模型。

1.4.4 预测性

工程经济分析活动大多在事件发生之前进行。要对将要实现的技术政策、技术措施、技术方案等进行预先的分析评价，并进行技术经济预测。通过预测，技术方案更接近实际，从而避免盲目性。

工程经济预测性主要有以下两个特点：

（1）尽可能准确地预见某一经济事件的发展趋势和前景，充分掌握各种必要的信息资料，尽量避免由决策失误所造成的经济损失。

（2）预测性包含一定的假设和近似性，只能要求对某项工程或其一方案的分析结果尽可能地接近实际，而不能要求其绝对准确。

1.5 工程经济评价的基本原则

实现同一个目标，可以有多个方案。但各个方案存在社会、技术、经济和环境的差异，致使它们实施后的效果不同。工程经济分析的实质，即对可实现某一预定目标的多种方案进行分析、评价和比较，并从中选择最优方案。然而，进行比较的方案，一方面必须能够可比，另一方面必须要使用各种评价方法，否则就无法选择。这就是经济效益评价的原则。工程经济评价的基本原则包括技术与经济相结合的评价原则、定性分析和定量分析相结合的评价原则、财务分析和国民经济分析相结合的评价原则、满足可比的评价原则。

1.5.1 技术与经济相结合的评价原则

工程经济学是研究技术和经济相互关系的科学，其目的是根据社会生产的实际情况，根据技术与经济的发展水平，研究、探索和寻找技术与经济相互促进、协调发展的途径。此外，分析拟建项目的各种可能的实施方案在技术上的先进性和可行性、在经济上的合理性和节约性，又是工程经济分析的主要内容。因此，在工程经济的经济效益评价中，首先必须要遵循技术与经济相结合的评价原则。

技术和经济既相互联系、相互促进，又相互制约。一方面，技术是经济发展的重要手段，技术进步是推动经济发展的强大动力。一个工程项目的技术先进性同它的经济合理性一般是一致的，即凡是先进的技术，往往具有较高的经济效果；反过来，较高的经济效果又决定技术方案的先进性。另一方面，技术和经济是相互制约的，技术上的先进性和经济上的合理性之间也存在着一定的矛盾。因为技术是在一定的经济条件下产生和发展的，技术的进步会受到经济情况的制约，经济上的需求是推动技术发展的动力。技术的应用必须考虑当时具体的自然条件和社会条件，条件不同，技术所带来的效果也不同。某种技术在某种条件下体现出较高的经济效果，但在另一种条件下就不一定是这样了。有些项目，从远景发展来看，应该采用该项技术，而从近期利益来看，则须采用另一种技术。

因此，为了保证工程技术很好地服务于经济，最大限度地满足社会的需要，就必须研究在当时当地的具体条件下采用哪种技术才合适，即一定要采用技术和经济相结合的原则来评价工程项目的经济效果。

1.5.2 定性分析和定量分析相结合的评价原则

所谓定性分析，指评价人员根据自己掌握的有关资料，如国家的法律法规、国家的产业政策、国家的发展布局和发展方向、技术的发展现状、工程项目的市场资料和经验等对拟建项目进行模糊评价，并作出方案选择。这种评价往往用文字来说明，没有详细的计算过程，一般以打分或给予等级的方式评价。评价的准确性取决于评价人员的经验、胆识、直觉、逻辑思维能力和主观判断能力。

所谓定量分析，指评价人员在进行广泛而深入的市场调查的基础上，收集相关资料，利用统计分析的方法对方案未来的收入、成本、税金、利润等进行预测，再用经济分析的有关方法进行"精确"计算，以此对方案进行选择的过程。定量分析以科学计算为依据，不仅使各种评价更加精确、科学，减少了分析中的直觉成分，还可以在定量分析中发现研究对象的实质和规律，尤其是在定性分析中难以确定或不易掌握的不确定性因素和风险，并用量化的指标对其作出判断，便于决策。定量分析与定性分析相比，具体、客观、针对性强、准确性高，因此在实际工程中得到普遍的应用。此外，现代应用数学和计算机的高度发展，使得定量分析如虎添翼。

绝大多数情况下，工程经济分析都是对拟建项目进行分析，但项目尚未实施，项目的功能要求还不十分明确，项目的细节问题还有待改进，并且有些经济问题非常复杂，难以用准确的数字来描述。所以定量分析和定性分析相互配合，相互依存，缺一不可。定量分析的科学计算是分析的基础，定性分析可以对定量分析进行修正，是定量分析的补充和完善。定性分析又是定量分析的基础，在定量分析以前，必须进行必要的定性分析，才能正确选择评价的参数。因此，工程经济分析必须采用定性分析和定量分析相结合的评价原则，才能作出正确的决策。

1.5.3 财务分析和国民经济分析相结合的评价原则

所谓财务分析，是从企业的角度出发，根据国家现行的财务制度和价格体系，分析、计算项目直接发生的财务效益和费用，考察项目给投资者带来的经济效益，据此判断项目的财务可行性。财务分析的目的是考察项目给企业带来的经济效益，它是一种站在企业立场上进行的微观经济分析。对于企业或投资者而言，投资某一项目的目的是希望从项目的实施中获得回报，取得效益。这样，企业就必须要计算项目直接发生的财务效益和费用，编制各种财务报表，计算评价指标，考察项目的盈利能力和偿债能力，尤其要知道项目能给企业带来多少盈利。

所谓国民经济分析，是从国民经济的角度出发，根据国家的有关政策，按照资源优化配置的原则，分析、计算项目发生的间接效益和间接费用，考察项目给国家带来的经济效益，据此判断项目的国民经济可行性。国民经济分析的目的是考察项目给国家带来的净贡献，它是一种站在国家和社会的立场上进行的宏观经济分析。企业是组成国家的细胞，国家的兴旺发达离不开企业的经济发展。任何企业的发展必须兼顾国家、集体和企业三者的共同发展。企业的发展要有利于国民经济的发展，企业的发展策略也必须在国家的宏观指导下进行。因此，项目必须进行国民经济评价。而且，只有财务分析和国民经济分析都可行的项目才是真正可行的项目，才能建设实施。但是，由于财务分析和国民经济分析的出发点不同、目的不同，有可能同一个项目的财务分析和国民经济分析结果会不一致。所以，对建设项目而言，必须采取财务分析和国民经济分析相结合的评价原则，即项目既要符合国家的发展需要，使得资源合理配置并充分发挥效能，又要尽量使项目能够有较好的经济效益，具有相应的财务生存能力，为今后的发展打下良好的基础。

1.5.4 满足可比的评价原则

经济效益评价中，只有满足可比条件的方案才能进行比较。这些可比条件有满足需要的可比、消耗费用的可比、价格的可比和时间的可比。

1. 满足需要的可比

任何一个工程项目的建设都是为了满足一定的社会需要，不同的项目可以满足不同的社会需要，只有当进行比较的项目满足相同的社会需要时才能进行比较。如铜和铁是具有不同特性的金属，可以满足不同的社会需要，两者不能直接比较。但当它们被制成导线，用于运输电能，满足输送电能这一社会需求时，就可以进行比较了。又如煤炭和电能是两种性能完全不同的产品，两者不能直接比较，但如果把它们转换成燃烧能量，就可以进行比较了。一切工程项目或技术方案总是以一定的品种、一定的质量和一定的数量来满足社会需要的，所以，满足社会需要的可比，就是从产品的产量、质量和品种来考虑。

2. 产量的可比

产量的可比是指工程项目或技术方案满足社会需要时的产品产量相等。不同的方案只有在产量相等时才能直接比较。产量可比有以下几种情况：

（1）产量相等时，其投资和经营成本可以直接比较。因为如果两个项目或方案满足社会需要的产品产量相等,则它们的耗费指标,如投资和经营成本的绝对值基本相等,可以直接比较。

(2)产量不等但差别不显著时,可以用单位产品投资和单位产品经营成本进行比较。如果两个项目或方案满足社会需要的产品产量不等,则投资和经营成本的绝对值没有可比的基础,不能直接进行经济效益比较,必须把投资和经营成本转换成相对值,即把总投资和经营成本转换成单位产品投资额和单位产品经营成本,才能直接比较。假如两个项目或方案的总产量分别为 Q_1、Q_2,它们的总投资额分别为 K_1、K_2,总经营成本分别为 C_1、C_2,要将两个方案进行比较,必须分别计算 K_1/Q_1、C_1/Q_1、C_2/Q_2、K_2/Q_2 后才能用 K_2/Q_2 与 K_1/Q_1 比较,用 C_1/Q_1 与 C_2/Q_2 比较。

(3)产量不等且差别显著时,可重复建设一个项目,再用上述方法进行比较。如果两个项目或方案的产量指标有显著差别时,仍用单位产品成本和单位产品投资额来比较,将产生经济效益失真,甚至导致错误的结论。因为成本和投资中都含有固定费用,当产量相差悬殊时,固定费用相差很大。固定费用不随产量的变动而成比例变动,而且它们的变化总是落后于产量指标的变化。在这种情况下进行比较,最简单的方法就是设想重复建设一个项目,并作修正计算后再比较。

3. 质量的可比

在满足需要的可比原则中,除产量可比外还要求满足质量的可比。质量的可比有两个方面的含义:一是各工程项目或技术方案的产品质量必须满足国家或行业规定的质量要求;二是不同项目或技术方案在比较时产品质量必须相同。如果产品质量不同,必须采取修正计算,将质量差异换算成可比产量。对于质量不同的方案比较时,其具体做法如下。

选定产品的一种质量指标,如性能、寿命、可靠性、安全性和经济性均可。将多方案的质量指标进行比较,计算比较效果系数 k,一般用数字大的方案比较数字小的方案。比较效果系数 k 的计算方法如式(1-1)所示:

$$k = \frac{E_2}{E_1} \tag{1-1}$$

式中　E_2——方案Ⅱ的质量指标;
　　　E_1——方案Ⅰ的质量指标。

用比较效果系数 k 去调整其他方案的产量、成本、投资等指标,再进行比较。

4. 品种的可比

产品品种是指企业在一定时期内应当生产的产品的规格及其数目。它反映企业在一定时期里在产品品种方面满足社会需要的程度。在经济效益评价时,必须是品种相同的方案才能进行比较。当品种不同时可以采取以下修正计算方法:

对于大量生产企业而言,产品品种少,一般只有少数几个品种,可以直接比较。

对于成批生产企业而言,生产的产品品种多,但存在具有代表性的产品。因此,可以选择一个能代表企业专业方向、突显企业产品结构和工艺特点、产品产量较大的产品,通过一定的方式把其他产品换算成该类产品的数量即可进行比较。

对于单件小批量生产企业而言,产品品种多,又不存在具有代表性的产品,我们选择一个"假定产品"。计算假定产品的生产量，再将其他产品换算成假定产品的产量，就可以进行比较了。

5. 消耗费用的可比

经济效益的取得是建立在一定的消耗费用基础上的，因此，对工程项目或技术方案进行比较时，不仅要求满足需要可比，而且消耗费用可比。坚持消耗费用的可比原则，指在计算和比较工程项目或技术方案的费用时，不仅要计算和比较方案本身的费用消耗，还要考虑相关的费用消耗，而且在计算中采用统一的计算方法和计算原则。

6. 价格的可比

在经济效益评价时，无论是计算收益还是费用，都要借助于价格，所以价格必须要能够可比。所谓价格的可比，指在对工程项目或技术方案进行分析比较时，必须采用合理的、一致的价格体系。

"合理的价格"是指价格必须正确反映价值，且各种产品之间的比价合理。但是，由于各种产品的生产环节不同，生产方法各异，加之我国目前产品的价格制定不合理，价格体系不够完善，产品的价格与价值背离的现象较严重，如果采用这种价格进行分析比较，可能会得出错误的结论。例如，在选择机车方案时，用电力机车与蒸汽机车相比较，如果采用现行价格，由于当前电能价格高于煤炭价格，那么分析结果可能会得出：电力机车方案没有蒸汽机车方案的经济效益好。但从长远来看，这个结论显然不对。为了避免这种错误的出现，就须要对价格进行修正，或在计算采用一种经过调整的价格。在项目的国民经济评价中对产出物和消耗物的计算就是这样处理的，即采用影子价格。影子价格是指当社会经济处于某种最优状态时，能够反映社会劳动的耗费、资源的稀缺程度和最终产品需求情况的价格。影子价格是一种人为确定的，能够反映国家的最大利益、用户和消费者的正当利益，比交换价格更为合理的价格，它一般由国家主管部门确定。

7. 时间的可比

时间是影响资金时间价值的主要因素，在实际生产中，即使投资、成本和预计每年的收益完全相同的两个方案，如果在不同的时期实施，其经济效益也会完全不同。而在相同时期实施的方案，如果各自的建设期和寿命期不同，即使投资、成本和预计每年的收益完全相同，其经济效益也会有很大差异。所以，时间因素对项目的经济效益有很大的影响。因此，在对工程项目或技术方案进行经济效益分析时，必须考虑时间的可比。时间的可比要考虑以下两种情况：一是各方案的经济寿命不同时，应采用相同的计算期作为计算基础；二是各方案在不同时期内发生的效益与费用不能直接相加，必须考虑时间因素。

习 题

1. 如何理解工程、经济、工程经济学的概念？
2. 工程经济学的主要内容是什么？
3. 工程经济学的学习目标是什么？
4. 工程经济评价的基本原则是什么？

第2章 现金流量

现金流量是衡量企业资产变现能力、经营状况以及偿债能力的重要指标。本章按照以下框架详细介绍现金流量的概念以及应用。

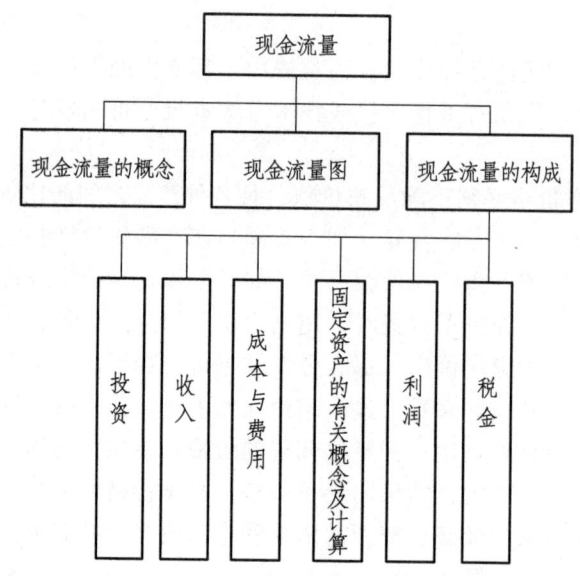

2.1 现金流量的概念

任何一项投资活动都离不开资金活动，而在资金活动中必然要涉及现金流量（Cash Flow）的问题。明确现金流量的概念、弄清现金流量的内容、正确估算现金流量是进行投资方案效益分析的前提，也是进行科学投资决策的基础。

现金流量是一个综合概念，从内容上看，它包括现金流入、现金流出和净现金流量三个部分，从形式上看，它包括各种形式的现金交易，如货币资金的交易和非货币（货物、有价证券等）的交易。具体地讲，现金流入（Cash Income）是指在项目的整个计算期内流入项目系统的资金，如销售收入、捐赠收入、补贴收入、期末固定资产回收收入和回收的流动资金等。现金流出（Cash Output）是指在项目的整个计算期内流出项目系统的资金，如企业投入的自有资金、上缴的销售税金及附加、借款本金和利息的偿还、上缴的罚款、购买原材料设备等的支出、支付工人的工资等都属于现金流出。净现金流量（Net Cash Flow）是指在项目的整个计算期内每个时刻的现金流入与现金流出之差。当现金流入大于现金流出时，净现金流量为正，反之为负。综合起来，现金流量的构成如图2-1所示。

现金流量 $\begin{cases} \text{现金流入} \\ \text{现金流出} \\ \text{净现金流量=现金流入-现金流出} \end{cases}$

图2-1 现金流量的构成

2.2 现金流量图

一个工程项目的建设和实施都要经历很长一段时间，在这个时间内，现金流量的发生次数非常多，且不同的时间点上发生的现金流量是不尽相同的。例如，在项目的建设期，有自有资金的投入、银行贷款的获得、贷款还本付息的支出等；在生产期，有销售收入的获得、利息补贴返还、经营成本的支出、利息的偿还、税金的缴纳、固定资产余值的回收及流动资金的回收等。这些现金流量种类繁多，发生的时间不同、大小各异、属性不同，有的属于现金流入，有的属于现金流出。因此，为了便于分析，通常用图的形式来表示各个时间点上发生的现金流量。

现金流量图（Cash Flow Diagram）是用坐标轴、箭头、时刻点及数字等来表示的图，如图 2-2 所示。具体地讲，现金流量图是描述工程项目整个计算期内各时间点上的现金流入和现金流出的序列图。

现金流量图中，横轴是时间轴，一般是向右的箭头轴。时间轴上刻有时刻点，并标注有时刻数字。每相邻两个时刻点间隔的长度相等。时间轴箭头末端还应标注时间单位。纵轴是现金流量轴，表示现金流入或流出。箭头的长短表示现金流量的大小，箭头越长，现金流入或流出量越大，反之越小。现金流量的方向与现金流量的性质有关，一般箭头向上表示现金流入，箭头向下表示现金流出。箭头末端应标注现金流量的金额数字。图 2-2 中，第 1 期初（第 0 年）现金流出 1 000，第 1 期末现金流入 300，第 2 期末现金流出 300，第 3 期末现金流入 500，第 4 期末现金流出 500，第 5 期末现金流出 300，第 6 期末现金流入 800。

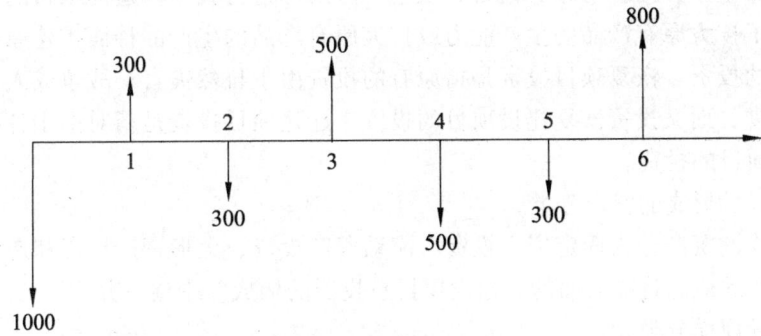

图 2-2 现金流量图

2.3 现金流量的构成

在工程经济分析中我们是借助于现金流量进行的，而构成现金流量的基本要素是项目的投资、成本、收入、税金和利润。弄清项目的投资、成本、收入、税金和利润的基本概念，确定它们的基本数据，是工程经济分析的前提。

2.3.1 投资

1. 投资的基本概念

投资（Investment）的概念有广义和狭义之分。广义的投资是指人们的一种有目的的经济行为，即以一定的资源投入某项计划，以获取所期望的报酬的过程。如提供咨询、提供劳务、投资办企业、银行存款、发放贷款等而获得收益的活动都可以称为投资。狭义的投资是指人们在社会经济活动中为实现某种预定的生产、经营目标而预先垫付的资金。如建工厂、采用BOT方式建公路、买股票、买债券等预先投入的资金都称为投资。

2. 投资的分类

这里的投资分类主要是指工程项目的投资分类。投资分类的方法很多，但归纳起来有以下几种分类方法。

（1）按投资的用途分类。

投资按用途分为生产性投资和非生产性投资。投入的资金如果是直接用于物质生产领域建设，如建工业企业、建电站等，就属于生产性投资。如果投入资金不是直接用于物质生产建设，而是用于满足人民的物质文化生活的需要和为生产建设服务，就属于非生产性投资，如投入科学技术、文化教育、卫生保健、国防公安、城市基础设施、住宅以及行政办公楼等的建设的投资。无论是哪种投资，所投入的资金既可以是现金，也可以是人力、物力、技术或其他资源。

（2）按建设性质分类。

投资按照工程项目的建设性质分为新建项目投资、改建项目投资、扩建项目投资、恢复项目投资和迁建项目投资。

新建项目投资是指对建设从无到有的项目的投资。改建项目投资是指为提高产品的生产效率或改进产品生产方向，对原有设备、工艺、厂房等进行技术改造的项目的投资。扩建项目投资是指为了扩大原有产品的生产能力或扩大原有产品的生产品种而扩建原有的厂房、增加设备投入等的投资。恢复项目投资是指原有的投资由于自然灾害、战争或人为灾害等，已部分或全部报废，而又投资恢复建设项目的投资。迁建项目投资是指对由于各种原因迁到其他地方的建设项目的投资。

（3）按投资后形成的资产分类。

投资按形成的资产分为固定资产投资、流动资产投资、无形资产投资和递延资产投资。关于这几种资产的概念将在后面的"建设项目总投资的构成"中逐一介绍。

（4）按建设规模分类。

投资按建设规模分为大型项目投资、中型项目投资和小型项目投资。关于项目建设规模，各行业的划分标准不同。我国原国家计划委员会（现国家发展和改革委员会）、建设部和财政部对项目建设规模的划分都有明确的规定。

（5）按建设项目总投资的构成分类。

建设项目总投资包括固定资产投资、建设期贷款利息和流动资金投资。投资构成如图2-3所示。在2000年1月1日前，工程项目的总投资还包括固定资产投资方向调节税。所谓固定资产投资方向调节税是指国家对我国境内进行固定资产投资的单位和个人，就其固定资产投资的各种资金征收的一种税。1991年4月16日，国务院颁布《中华人民共和国固定资产投资方向调节税暂行条例》，从1991年起实行。2000年国务院发文，对自2000年1月1日起新发生的投资额，暂停征收固定资产投资方向调节税。固定资产投资和建设期贷款利息最后形成固定资产、无形资产和递延资产。

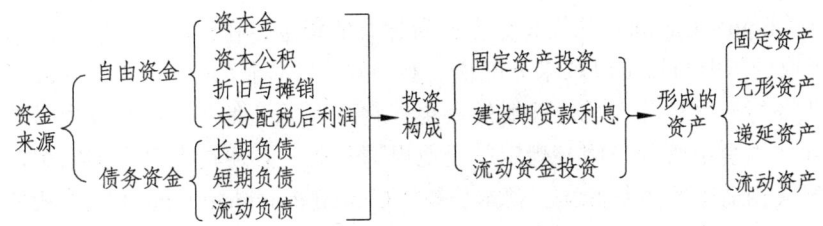

图 2-3 资金来源、投资构成与形成的资产简图

按照我国现行的工程造价费用构成划分，固定资产投资包括建筑安装工程费、设备及工位器具费、工程建设其他费和预备费。

固定资产（Fixed Assets）是指使用时间在一年以上，单位价值在规定标准以上，并且在使用过程中保持原有实物形态的资产，如房屋、设备、运输工具、构筑物等。其中固定资产单位价值的规定标准各行业有所不同。如高等学校大都规定一般设备的单价在 500 元以上的，专用设备的单价在 800 元以上的就是固定资产；高科技行业一般规定单价在 2 000 元以上的就是固定资产；机械行业一般规定单价在 1 000 元以上的就是固定资产。固定资产在使用过程中会逐渐磨损和贬值，其价值将逐步转移到新产品中去。固定资产的这种磨损和贬值称为折旧。转移的价值就是通过折旧的形式计入产品的成本，并通过产品销售以货币形式收回。因此，固定资产具有如下特点：① 使用时间长，单位价值大，且使用中能够保持原有实物形态。② 循环周转慢。③ 更新投资的一次性，补偿的多次性。④ 价值补偿与实物补偿分别进行。

无形资产（Invisible Assets）是指能够长期使用但没有实物形态的资产，包括专利权、著作权、商标权、土地使用权、非专利技术、商誉等。无形资产具有无实体性、专用性、收益不确定和寿命不确定等特点。无形资产规定了一定的使用期限，在使用期限内其价值也会逐渐转移到新产品中，计入产品的成本。无形资产的转移价值是采用在其服务期限内逐年摊销的方式计算的。

递延资产（Stretching Assets）是指不能计入当期损益，而在今后若干年内分摊的各项费用，包括开办费、固定资产改良支出、租入固定资产的改良支出及摊销一年以上的其他待摊费用。但递延资产主要是开办费，包括建设期人员的工资、办公费、培训费、差旅费、印刷费和注册登记费等。递延资产是一种过渡性的资产，而且常常在投资初期发生，因而它具有过渡性的特点。我国规定递延资产在投入运营后按不低于 5 年的时间平均摊销，其摊销费计入产品的成本。

流动资金（Working Capital）是指在投资前预先垫付，在投资后的生产经营过程中用于购买原材料、燃料动力、备品备件，支付工人工资和其他费用以及被在制品、半成品和其他存货所占用的全部周转资金。它是流动资产与流动负债的差额。流动资产包括现金、各种存款、应收款、预付货款及存货。流动负债主要指应付款。在项目的整个寿命期内，流动资金始终被占用，并且周而复始地运动着，只有到项目的寿命期结束时，流动资金才全部退出生产，以货币资金的形式被收回。

与固定资产相比，流动资金具有如下特点：① 使用时间短，单位价值不固定；② 流动性大，循环周转快；③ 使用中占用形态既相互转化又同时并存；④ 实物与价值的耗费和补偿同时进行；⑤ 占用资金的数量具有波动性；⑥ 是建设项目总投资的资金来源。

国内建设项目投资的资金来源可划分为两大块，即自有资金和债务资金。

自有资金（Equity Capital）是指企业自己所拥有的资金，用于缴付出资额，它包括资本金、资本公积、提取的折旧与摊销以及未分配税后利润等。资本金（Registed Capital）即注册资金，是指企业在工商行政管理部门登记注册的资金，它体现了投资者对企业或项目的所有权。根据我国《企业法人登记管理条例》规定，企业申请开业，必须具有符合国家规定并与其生产经营和服务规模相适应的注册资本。资本公积（Capital Provident Fund）是指投资者或他人投入到企业或项目，所有权归属于投资者，并且投入金额超过法定资本部分的资金。资本公积包括资本溢价、股票溢价、接受现金捐赠、接受捐赠的非现金资产设备、股权投资准备、拨款转入、外币资本折算差额、交易差价及其他资本公积。其中资本（或股本）溢价是指企业投资者投入的资金超过其在注册资本中所占份额的部分。

债务资金（Liability Capital）是指投资者通过举债，如借款、贷款、赊购等方式取得的资金，包括长期负债、短期负债和流动负债。长期负债（Long-term Liabilities）是指偿还期在1年或者超过1年的营业周期以上的负债，包括长期借款、应付债券、长期应付款等。短期负债（Short-term Liabilities）包括有一定期限规定的短期借款、短期债券发行收入和短期内的应付货款等。流动负债（Current Liability）是指短期内的流动性应付账款。

2.3.2 收入

收入（Income）有广义和狭义之分。广义的收入是指企业在生产经营活动与非生产经营活动中能够导致企业净资产增加的所得，包括营业收入、投资收入和营业外收入。其中，营业收入是企业主要的收入来源，是反映工程项目真实收益的经济参数，也是工程经济分析中现金流入的一个重要内容。狭义的收入仅指企业在生产经营活动中所取得的营业收入。我国《企业会计制度》对收入的定义为：收入是指企业在销售商品、提供劳务及让渡资产使用权等日常活动中所形成的经济利益的总流入，包括主营业务收入和其他业务收入。经济利益是指直接或间接流入企业的现金或现金等价物。

对于销售产品的收入计算公式为

$$收入 = 产品销售数量 \times 产品单价$$

对于提供劳务的收入计算比较复杂，如提供运输服务的收入计算公式为

$$收入 = 运输里程 \times 运输单价 \times 运输重量$$

提供旅游、广告、理发、饮食、咨询、代理、培训、产品安装等的收入，一般没有固定的计算公式，大都按照提供劳务的数量计算。每个行业的收费标准不同，计算收入的方法也不同。其计算公式为

$$收入 = 提供劳务的数量 \times 劳务费单价$$

2.3.3 成本和费用

成本和费用（Cost and Expense）是两个不同的概念。成本是指企业为生产产品、提供劳务而发生的各种耗费，它是一种现金流出，是为了达到某个生产经营目的而预先流出的资金。费用是指企业进行销售商品、提供劳务等日常活动所发生的经济利益的流出。

1. 总成本费用构成

总成本费用（Total Cost Expenses）包括制造成本和期间费用两部分。制造成本包括直接人工费用、直接材料费用和制造费用，而期间费用包括管理费用、财务费用和销售费用。总成本费用构成如图 2-4 所示。

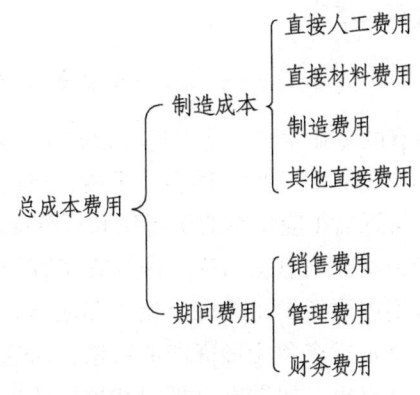

图 2-4　总成本费用构成

制造成本（Manufacturing Cost）是指企业为生产经营商品和提供劳务等发生的各项直接支出，包括直接人工费用、直接材料费用、制造费用、商品进价以及其他直接支出。其中，直接人工费用是指在生产过程中直接从事产品生产、加工而发生的工人的工资性消耗，它包括直接从事产品生产人员的工资、补贴和奖金等。直接材料费用是指在生产过程中直接为产品生产而消耗的各种物资，包括原材料、辅助材料、备品配件、外购半成品、燃料、动力、包装物等费用。制造费用是发生在生产单位的间接费用，指生产部门为组织产品生产和管理生产而发生的各项费用，包括生产单位管理人员的工资、职工福利费以及生产单位房屋建筑物和机械设备的折旧费、修理维护费、机械物资消耗费用、低值易耗费、取暖费、水电费、办公费、差旅费、运输费、保险费、设计制图费、试验检验费、劳动保护费等。

期间费用（Period Expenses）是指发生在生产期间，但又不计入成本的各种费用，包括销售费用、管理费用和财务费用。销售费用是指企业在销售商品过程中发生的费用，包括企业销售商品过程中发生的运输费、装卸费、包装费、保险费、展览费和广告费，以及为销售本企业商品而专设的销售机构（含销售网点，售后服务网点等）的职工工资及福利费、类似工资性质的费用、业务费等经营费用。管理费用是指企业为组织和管理企业生产经营所发生的管理费用，包括企业的董事会和行政管理部门在企业的经营管理中发生的，或者应当由企业统一负担的公司经费（包括行政管理部门职工工资、修理费、物料消耗、低值易耗品摊销、办公费和差旅费等）、工会经费、待业保险费、劳动保险费、董事会费、聘请中介机构费、咨询费（含顾问费）、诉讼费、业务招待费、房产税、车船使用税、土地使用税、印花税、技术转让费、矿产资源补偿费、无形资产摊销、职工教育经费、研究与开发费、排污费、存货盘亏或盘盈（不包括应计入营业外支出的存货损失）、计提的坏账准备和存货跌价准备等。财务费用是指企业为筹集生产经营所需资金等而发生的费用，包括应当作为期间费用的利息支出（减利息收入）、汇兑损失（减汇兑收益）以及相关的手续费等。

2. 几种常见的成本

（1）经营成本。

在工程经济分析中，为了计算方便，从总成本费用中分离出一种经营成本（Operation Cost）。经营成本是指项目总成本费用扣除固定资产折旧费、无形资产及递延资产摊销费和利息支出以后的全部费用。用公式表述为

$$经营成本 = 总成本费用 - 折旧费 - 摊销费 - 利息支出$$

经营成本是工程经济中特有的专业术语，是工程项目在生产经营期的经常性的实际支出。折旧和摊销并不是企业实际的支出，而只是一种会计手段，把以前发生的一次性支出在生产经营期各年度中进行分摊，以核算当年应缴纳的所得税和可分配的利润。

为什么要减去折旧费、摊销费和利息支出呢？因为在工程经济分析中，其使用的现金流量图（或表）反映项目在计算期内逐年发生的现金流入和流出。总成本费用中的折旧费是对固定资产的折旧，摊销费是对递延资产和无形资产的摊销，而这三种资产的投资已在其发生的时间作为一次性支出计为现金流出，如果再以折旧和摊销的形式算作费用支出的话，将会造成重复计算。利息支出是指建设期投资贷款或借款在生产期发生的利息。在新的财务会计制度下，实行的是税后还贷，即借款的本金用税后利润和折旧来归还，而生产经营期间的利息可计入财务费用。在考察全部投资时，不分自有资金和借贷资金，把资金全部看作自有资金，这样还款就是还给自己，所以利息支出应算作收益，因而必须从总成本费用中扣除。

（2）固定成本和变动成本。

产品成本按照其与产量的关系可分为固定成本、可变成本和半可变成本。

固定成本（Fixed Cost）是指在一定的生产规模内，不随产量变动而变动的成本，如生产单位固定资产的折旧费、修理费、管理人员工资及职工福利费、办公费和差旅费等。这些费用的总额不随产量的增加而增加，也不随产量的减少而减少。但当产量增加时，这些费用分摊到单位产品上的成本会减少；当产量减少时，分摊到单位产品上的成本会增加。因此，在生产规模内，应尽量增加产量，以减少单位产品的分摊成本。

可变成本（Variable Cost）是指随着产量变动而成比例变动的成本。如产量增加一倍，成本增加一倍；产量减少一倍，成本减少一倍，但一定时期的单位产品成本是不变的。如产品生产中消耗的直接材料费用、直接人工费用、直接燃料动力费用、直接包装费用等属于可变成本。

半可变成本（Semi-variable Cost），也叫半固定成本，是指产品成本中随产量变动而变动但不成比例变动的成本。如制造费用中的运输费用，随产量的增加而增加，但前期增加的幅度小于后期的增加幅度。因为后期不仅需要运输原材料，还要运输产成品，导致运输费用增大。

（3）沉没成本。

沉没成本（Sunk Cost）是指不因决策而变动的成本。它是在投资决策前就已经支出或者承诺将来必须支付的费用。例如，某企业现在有一个决策，是否接受一笔生产订单？那么在生产规模以内，原有的固定资产投资就是沉没成本，它不会因为是否接受生产订单而发生变化，它在建厂初期就已经发生了。沉没成本一旦形成就不可避免。因此，在决策过程中分清

哪些是沉没成本非常重要。

（4）机会成本。

机会成本（Opportunity Cost）是指资源用于某种用途后放弃了其他用途而失去的最大收益。在投资经济学中，我们常常假设资源是稀缺的（事实也是这样）或者有限的，资源只能投资到一些项目或部分项目。资源的稀缺性和替代性也要求将资源优化配置，即将有限的资源投入到最有价值和获利最大的地方，或者说将有限的资源投入到投资者付出代价最小的地方。这样，投资者必然要放弃将资源投入到其他项目中。这就出现了机会成本。机会成本是投资决策中经常采用的一种成本，尤其在项目的国民经济分析中经常采用。

综合以上论述，收入、成本、费用和利润之间的关系如图 2-5 所示。图 2-5 中的收入、总成本费用、经营成本前面已经介绍，销售税金及附加、利润总额将在后面介绍。

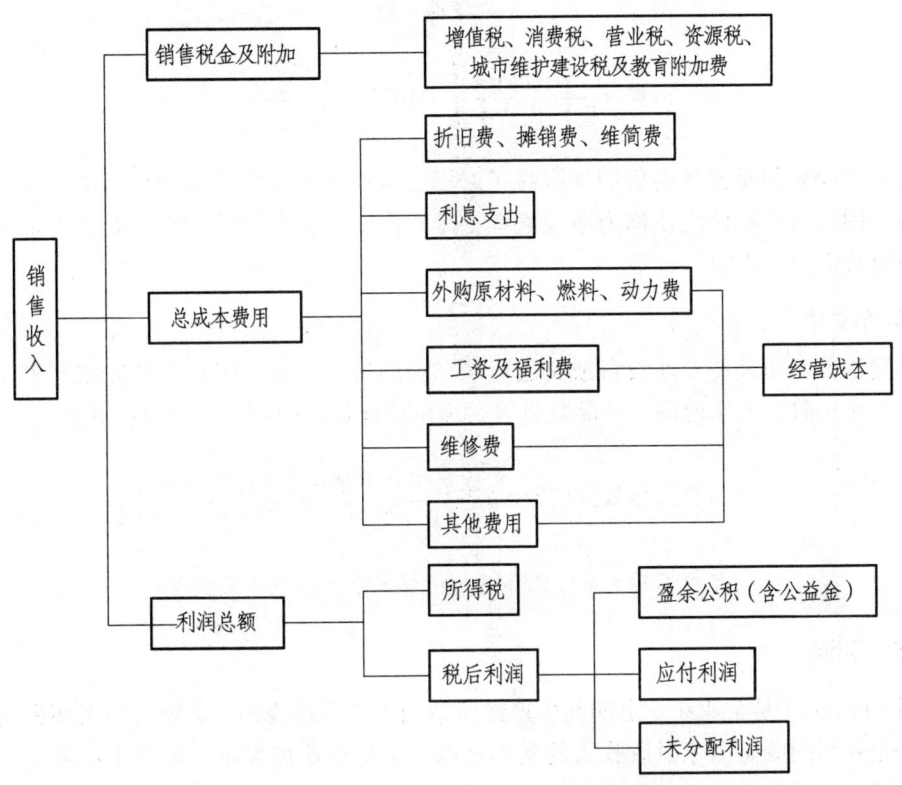

图 2-5　收入、成本、费用和利润的关系

2.3.4　固定资产的有关概念及计算

固定资产原值是指购建固定资产的实际支出，包括建设期的利息。

折旧是指固定资产在使用过程中会逐渐磨损和贬值，其价值逐步转移到产品中去。这种伴随固定资产损耗发生的价值转移称为固定资产折旧。转移的价值以折旧费的形式计入产品成本。固定资产净值的计算公式为

$$固定资产净值 = 固定资产原值 - 累计折旧额$$

期末残（余）值是指寿命期末的固定资产残余价值，现金流入利用会计手段，把以前（建

设期）发生的一次性支出，在生产经营期的各年度中进行分摊，以核算当年应缴付的所得税和可分配的利润。

为保证国家正常的税收来源，防止企业多提和快提折旧费，现行财务制度对折旧方法和折旧年限均有明确规定，将企业的固定资产分为三大部分22类，对各类固定资产折旧年限规定了一个最高限和最低限。

折旧的计算方法有平均年限法和工作量法。

1. 平均年限法

平均年限法即每年计提的折旧额相等。其计算公式为

$$年折旧额 = \frac{固定资产原值 - 固定资产净残值}{折旧年限}$$

$$年折旧率 = \frac{年折旧额}{固定资产原值} \times 100\% = \frac{1 - 预计净残值率}{折旧年限}$$

固定资产净残值是预计的折旧年限终了时固定资产残值减去清理费用后的余额。固定资产净残值与固定资产原值之比称为净残值率，净残值率一般为 3%～5%，各类固定资产的折旧年限由财政部统一规定。

2. 工作量法

工作量法即对于某些专业设备或交通运输车辆的折旧，是以固定资产完成的工作量（行驶里程、工作小时、工作台班、产品数量等）为单位计算折旧额。其计算公式为

$$单位工作量折旧额 = \frac{固定资产原值 - 固定资产净残值}{预计使用期限内可以完成的工作量}$$

$$年折旧额 = 单位工作量折旧额 \times 年实际完成工作量$$

2.3.5 利润

利润（Profits）是企业在一定期间生产经营活动中的最终成果，是收入与费用配比相抵后的余额。企业利润既是国家财政收入的基本来源，也是企业扩大再生产的重要资金来源。利润指标能够综合反映出企业的管理水平和经营水平。企业利润有利润总额和净利润两种。如果收入大于费用，企业的净利润则为正，说明企业盈利；如果收入小于费用，企业的净利润则为负，说明企业亏损。企业的利润总额包括营业利润、投资净收益以及营业外收支净额。其计算公式为

$$利润总额 = 营业利润 + 投资净收益 + 营业外收支净额$$

$$净利润 = 利润总额 - 所得税$$

其中：营业利润是指营业收入扣除成本、费用和各种流转税及附加税费后的数额；投资净收益是指投资收益扣除投资损失后的数额；营业外收支净额为营业外收入减去营业外支出后的数额。所得税在后面税金中再介绍。

为了规范企业的经营管理，保证国家的税收来源，财政部颁布的《企业财务通则》规定了企业利润的分配方式和分配方法。

2.3.6 税金

1. 税金的含义

税金是国家依据法律对有纳税义务的单位和个人征收的财政资金，这种筹集财政资金的方式称为税收。税收是国家凭借政治权力参与国民收入分配和再分配的一种方式，是国家取得财政收入的主要渠道，也是国家对各项经济活动进行宏观调控的重要杠杆。税收具有强制性、无偿性和固定性的特点，在工程经济分析中，只有正确地计量各项税金，才能科学准确地进行投资方案的评价。

我国现行税收制度包含的税种有18种，按其性质和作用分为五大类，如表2-1所示。

表2-1 我国现行税收种类

税类	税种	作用
流转税类	增值税、消费税、关税	在生产、流通领域，或者服务业中发挥调节作用
所得税类	企业所得税、个人所得税	在国民收入形成后，对生产经营者的利润和个人纯收入发挥调节作用
资源税类	资源税、城镇土地使用税	对开发和利用自然资源差异而形成的级差收入发挥调节作用
财产和行为税类	房产税、车船税、印花税、契税、船舶吨位税	对某些财产和行为发挥调节作用
特定目的税类	城市维护建设税、土地增值税、车辆购置税、耕地占用税、烟叶税、环境保护税	为达到特定目的，对特定对象和特定行为发挥调节作用

2. 工程经济分析中的税金

工程经济分析中涉及的税金主要包括：从营业收入中扣除的增值税、消费税、城市维护建设税和资源税；计入总成本费用的房产税、城镇土地使用税、车船税和印花税等；从利润中扣除的企业所得税等。

1）增值税

增值税是以商品（含应税劳务）在流转过程中产生的增值额作为计税依据而征收的一种流转税。从计税原理上看，增值税是以商品在生产、流通、劳务服务等各个环节的新增价值或商品的附加值为征税对象实行的价外计税，由消费者负担，有增值才征税，无增值不征税。增值税纳税人按其经营规模大小以及会计核算是否健全，划分为一般纳税人和小规模纳税人，一般纳税人是指年增值税销售额（包括出口销售额和免税销售额）对于工业企业在50万元以上，对于商业企业在80万元以上的企业。小规模纳税人是指年销售额在规定标准以下，并且会计核算不健全，不能按规定报送有关税务资料的增值税纳税人。

（1）对一般纳税人，就其销售（或进口）货物或者提供加工、修理修配劳务的增加值征税，基本税率为 13%；交通运输、建筑、基础电信服务等行业及农产品等货物的增值税税率为 9%；出口货物为 0（国务院另有规定的除外）。计税公式如下：

$$应纳增值税额 = 当期销项税额 - 当期进项税额$$

式中，当期销项税额是按照当期销售额和规定的增值税率计算的增值税额；当期进项税额是购进货物或接受应税劳务应负担的增值税额。准予从销项税额中抵扣的进项税额是指增值税扣税凭证（增值税专用发票及海关提供的完税凭证）上注明的增值税额。

（2）对小规模纳税人，实行简易办法计算应纳税额，征收率为 3%，计税公式如下：

$$应纳增值税额 = 销售额 \times 增值税税率$$

自 2016 年 5 月 1 日起，我国全面实行"营改增"，即以前缴纳营业税的应税项目改征增值税，增值税只对产品或者服务的增值部分纳税。实行"营改增"的意义在于：避免了营业税重复征税、不能抵扣、不能退税的弊端，实现了增值税"道道征税，层层抵扣"的目的，能有效降低企业税负；改变了市场经济交往中的价格体系，把营业税的"价内税"变成了增值税的"价外税"，形成了增值税进项和销项的抵扣关系，这将从深层次上影响到产业结构的调整以及企业的内部架构。

2）消费税

消费税是国家为体现消费政策、调节消费结构、正确引导消费方向，在普遍征收增值税的基础上，对生产、委托加工、零售和进口的应税消费品征收的一种流转税。其征收范围包括五类产品：① 一些过度消费会对人类健康、社会秩序、生态环境等方面造成危害的特殊消费品（如烟、酒、鞭炮）；② 奢侈品、非生活必需品（如化妆品、贵重首饰、珠宝）；③ 高能耗及高档消费品（如小汽车、摩托车）；④ 不可再生的资源（如汽油、柴油）；⑤ 有财政意义的产品。

消费税的纳税义务人是在我国境内从事生产和进口税法规定的应税消费品的单位和个人，实行价内征收，即消费税是价内税，只在应税消费品的生产、委托加工和进口环节缴纳，是对特定消费品和消费行为在特定的环节征收的一种间接税。企业交纳的消费税计入销售税金，抵减产品的销售收入。消费税采用从量定额和从价定率两种征收办法，应纳消费税额计算公式如下：

$$实行从价定率法计算：应纳消费税额 = 销售额 \times 税率$$

$$实行从量定额法计算：应纳消费税额 = 销售数量 \times 单位税额$$

采用从价定率计征办法的，按不含增值税税金但含有消费税税金在内的价格和规定税率计算征收消费税，销售额为纳税人销售应税消费品向购买方收取的全部价款和价外费用，不包括向买方收取的增值税税款。

3）城市维护建设税和教育费附加

城市维护建设税是为了加强城市的维护建设，扩大和稳定城市维护建设资金的来源，以纳税人实际缴纳的消费税和增值税税额为计税依据征收的一种地方税。城市维护建设税按纳税人所在地区实行差别税，其收入专用于城乡公用事业和公共设施的维护建设，计算公式如下：

$$城市维护建设税=（增值税+消费税）\times 适用税率$$

教育费附加是国家为了发展教育事业，提高公民的文化素质，自1984年开始在全国对缴纳增值税、消费税的单位和个人征收的一种附加费。主要作为教育专项基金，用于发展地方教育事业，扩大地方教育经费的资金来源。教育费附加以增值税税额为计税依据，按项目所在地的教育费附加征收并计算，计算公式如下：

$$应纳教育费附加=（增值税+消费税）\times 教育费附加费率$$

4）资源税

资源税是以各种应税自然资源为课税对象，为了调节资源级差收入并体现国有资源有偿使用，对在我国境内从事某些初级资源（如石油、天然气、煤炭、金属矿产品和其他非金属矿产品资源）开发的单位和个人征收的一种税。资源税的计税依据为销售量，包括销售、自用和捐=捐赠的数量。资源税的应纳税额，按照应税产品的课税数量和规定的单位税额计算。应纳资源税额计算公式如下：

$$应纳资源税额=课税数量\times 单位税额$$

式中，课税数量是指纳税人开采或者生产应税产品的销售数量或自用数量。对于开采或者生产应税产品销售的，以销售数量为课税数量；对于开采或者生产应税产品自用的，以自用数量为课税数量。单位税额根据开采或生产应税产品的资源状况而定。

5）房产税、城镇土地使用税、车船税和印花税

房产税是以房产为征税对象，依据房产价格或房产租金收入向房产所有人或经营人征收的一种税。房产税的计税依据是房产的计税价值或房产的租金收入，按照房产的计税价值征税的称为从价计征，按照房产的租金收入征税的称为从租计征。

车船税是指在中华人民共和国境内的车辆、船舶的所有人或者管理人按照中华人民共和国车船税法应缴纳的一种税。该税种对节能汽车，减半征收车船税；对新能源车船，免征车船税。

印花税是对经济活动和经济交往中订立、领受具有法律效力的凭证的行为征收的一种税，因采用在应税凭证上粘贴印花税票作为完税的标志而得名。印花税的纳税人包括在中国境内设立和领受规定经济凭证的企业、行政单位、事业单位、军事单位、社会团体、其他单位、个体工商户和其他个人。印花税纳税人的应纳税额，根据应纳税凭证的性质，分别按比例税率或者定额税率计算。

城镇土地使用税是指国家在城市、县城、建制镇、工矿区范围内，对使用土地的单位和个人，以其实际占用的土地面积为计税依据，按照规定的税额计算征收的一种税。开征城镇土地使用税，有利于通过经济手段，加强对土地的管理，变土地的无偿使用为有偿使用，促进合理、节约使用土地，提高土地使用效益；有利于适当调节不同地区、不同地段之间的土地级差收入，促进企业加强经济核算，理顺国家与土地使用者之间的分配关系。

6）企业所得税

企业所得税是对企业生产、经营所得和其他所得征收的一种税。企业所得税以企业每一

纳税年度的收入总额，减去不征税收入、免税收入、各项扣除以及允许弥补的以前年度亏损后的余额作为应纳税所得额，适用税率为25%。收入总额包括生产经营收入、财产转让收入、利息收入、租赁收入、特许权使用费收入以及股息收入等。企业应纳所得税额的计算公式如下：

$$应纳所得税额 = 应纳税所得额 \times 适用税率$$

习 题

1. 什么是现金流量？如何画现金流量图？现金流量图的作用是什么？
2. 投资由哪几部分组成？投资与资产的关系是什么？
3. 什么是无形资产？无形资产具有什么特点？
4. 作图表示经营成本与总成本费用的关系。
5. 阐述我国税务体系的基本情况。

第3章　资金的时间价值与资金等值计算

资金若存入银行会获得利息，投入到工程建设中可获得利润，而向银行借贷也需要支付利息。以上反映了资金在时间运动中能产生新的价值。本章详细介绍资金的时间价值以及相关计算。具体框架安排如下。

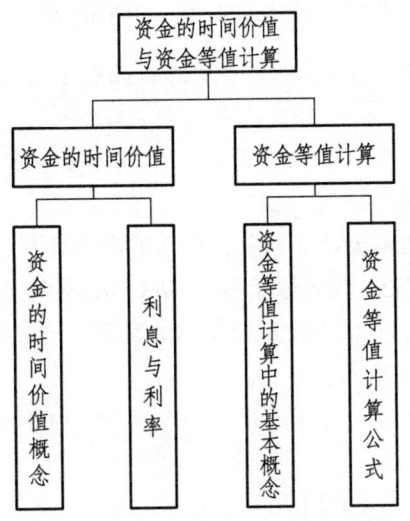

3.1 资金的时间价值

3.1.1 资金的时间价值概念

对于资金的时间价值，可以从以下两个方面理解：

首先，资金随着时间的推移，其价值会增加。增值的原因是资金的投资和再投资，先到手的资金可以用来投资而产生新的价值，因此今年的 1 元钱比明年的 1 元钱更值钱。从投资者的角度来看，资金的增值特性使资金具有时间价值。

其次，资金一旦用于投资，就不能用于现期消费。牺牲现期消费是为了能在将来得到更多的利益，个人储蓄的动机和国家积累的目的都是如此。从消费者的角度来看，资金的时间价值体现为对放弃现期消费的损失所做的必要补偿。

在工程经济分析中，资金时间价值的计算方法与银行利息的计算方法相同。实际上，银行利息也是资金时间价值的一种表现方式。

资金时间价值的重要意义在于，它明确了资金存在时间价值，树立起使用资金是有偿的观念，有助于资源的合理配置。每个企业在投资时至少能取得社会平均利润率，否则不如投资于其他项目。

在工程经济学中，由于工程项目的建设、方案的实施等都有一个时间上的持续过程，期间投入的成本资金或者获得的收益同样也具有时间价值。因此我们在对工程项目进行经济评价时,必须考虑资金的时间价值。这样才能真实、客观地评价工程项目的经济效果。这也是工程经济分析的基础方法。

3.1.2 利息和利率

利息是指放弃资金的使用权应该得到的回报(如存款利息)或者占有资金的使用权应该付出的代价(如贷款利息)。利息可以按年、季度、月、日等周期计算,这种计算利息的时间单位称为计息周期。为便于计算和学习,以下暂时假定利息的计息周期为年。

利息是根据利率来计算的。利率(Interest Rate)是一个计息周期内所得到的利息额与借贷资金额(即本金)之比,一般用百分比来表示。利率的表达式为

$$\text{计息周期内的利率} = \text{计息周期内的利息} / \text{本金} \times 100\%$$

利息分单利和复利两种。

1. 单利(Simple Interest)

所谓单利是每期均按原始本金计算利息,利息不再计算利息。

设 P(Present 的第一个字母)代表原始本金,F(Future 的第一个字母)代表未来值,n 代表计息期数(如年数、月数),i 代表计息周期内的利率,I 代表总的利息。按照单利计算,n 期内的总利息计算如式(3-1)所示:

$$I = Pni \tag{3-1}$$

n 期后的本利和的计算如式(3-2)所示:

$$F = P + Pni = P(1+ni) \tag{3-2}$$

根据式(3-1)、式(3-2),可以绘制利息 I 和计息周期 n 的关系图以及未来值 F 和计息周期 n 的关系图,分别如图 3-1、图 3-2 所示。从图 3-1 和图 3-2 可见,利息与计算利息的时间呈线性关系,未来值与计算利息的时间也呈线性关系,即不论计息周期 n 为多大,只用本金计算利息,而利息不再计算利息。

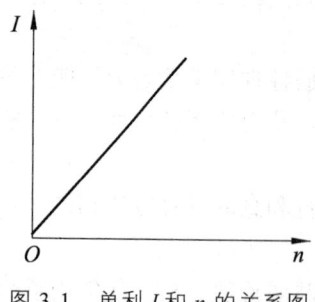

图 3-1 单利 I 和 n 的关系图

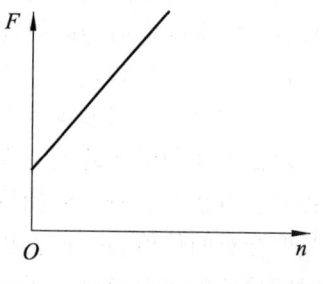

图 3-2 单利 F 和 n 的关系图

【例 3.1】某人存入银行 2 000 元,年存款利率为 2.8%,存 3 年,试按单利计算 3 年后此人能从银行取出多少钱?(不考虑利息税)

解 3 年后的本利和

$$F = P(1+ni) = 2\ 000\ (1+3\times2.8\%) = 2\ 168\ （元）$$

即 3 年后此人能从银行取出 2 168 元钱。

2. 复利（Compound Interest）

所谓复利是每期均按原始本金和上期的利息和来计算利息。也就是说，每期不仅要对本金计算利息，还要对利息计算利息，即所谓的"利滚利"。复利仍采用单利的符号及含义。按照复利计算，n 期内每期的利息及本利和如表 3-1 所示。

表 3-1　n 期内每期利息及本利和

计息周期	期初本金	本期利息	期末本利和
1	P	Pi	$F=P+Pi=P(1+i)$
2	$P(1+i)$	$P(1+i)i$	$F=P(1+i)+P(1+i)i=P(1+i)^2$
3	$P(1+i)^2$	$P(1+i)^2 i$	$F=P(1+i)^2+P(1+i)^2 i=P(1+i)^3$
⋮	⋮	⋮	⋮
n	$P(1+i)^{n-1}$	$P(1+i)^{n-1} i$	$F=P(1+i)^n$

因此，复利计算如式（3-3）所示：

$$F=P(1+i)^n \tag{3-3}$$

按照复利计算，n 期末的利息计算如式（3-4）所示：

$$I = F - P = P(1+i)^n - P = P[(1+i)^n - 1] \tag{3-4}$$

根据式（3-3）、式（3-4），可以绘制利息 I 和计息周期 n 的关系图以及未来值 F 和计息周期 n 的关系图，分别如图 3-3、图 3-4 所示。

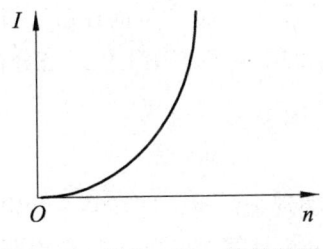

图 3-3　利息 I 和 n 的关系图

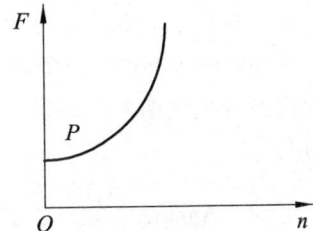

图 3-4　未来值 F 和 n 的关系图

【例 3.2】某人存入银行 2 000 元，年存款利率为 2.8%，存 3 年，按复利计算 3 年后此人能从银行取出多少钱？（不考虑利息税）

解　3 年后复利的本利和

$$F = P(1+i)^n = 2\ 000(1+2.8\%)^3 = 2\ 172.75\ （元）$$

即 3 年后此人能从银行取出 2 172.75 元钱。

从以上的计算可见，在所有条件相同的情况下，一般按复利计算的利息大于按单利计算的利息。而且，时间越长，复利利息与单利利息的差别越大。这就是银行经营与生存的方法之一。个人在银行的存款利息是按单利计算，而银行借放贷的利息则是按复利计算。

3.2 资金等值计算

在工程经济分析中，为了正确地计算和评价投资项目的经济效益，必须计算项目的整个寿命期内各个时期发生的现金流量的真实价值。但由于资金存在时间价值，在项目的整个寿命期内，各个时期发生的现金流量是不能直接相加的。为了计算项目各个时期的真实价值，必须要将各个时间点上发生的不同的现金流量转换成某个时间点的等值资金（Equivalence of Money），然后再进行计算和分析。这样一个资金转换的过程就是资金的等值计算。

3.2.1 资金等值计算中的基本概念

为了方便计算，首先介绍几个资金等值相关的概念。

1. 现值

现值，用 P（Present Value）表示，表示资金发生在某个特定的时间序列的起始时刻的现金流量，即相对于某个特定时间序列的始点开始的将来的任何较早时间的价值。它发生在特定时刻始点以后所有时刻的现金流量的最前面。而且，在工程经济分析计算中，我们一般都约定 P 发生在起始时刻点的初期，如投资发生在第 0 年（亦是第 1 年初）。在资金的等值计算中，求现值的情况是最常见的。将一个时点上的资金"从后往前"折算到某个时刻点上就是求现值。求现值的过程也叫作折现（或贴现）。在工程经济的分析计算中，折现计算是基础，许多计算都是在折现计算的基础上衍生的。

2. 终值

终值，用 F（Future Value）表示，表示资金发生在某个特定的时间序列的终点时刻的现金流量，即相对于现值的任何以后的时间价值。它发生在特定时刻终点以前所有时刻的现金流量的最后面。在资金的等值计算中，将一个序列时间点上的资金"从前往后"折算到某个时刻点上的过程就叫求终值。求资金的终值也就是求资金的本利和。在工程经济分析计算中，我们一般约定 F 发生在期末，如第 1 年末、第 2 年末等。

3. 年值

年值，用 A（Annuity）表示，表示发生在每年的等额现金流量，即在某个特定时间序列内，每隔相同时间收入或支出的等额资金。在工程经济分析计算中，如无特别说明，我们一般约定 A 发生在期末，如第 1 年末、第 2 年末等。

4. 等值

等值（Equivalence），没有特定的符号表示，因为等值相对于现值、终值和年值来说是一个抽象的概念，它只是资金的一种转换计算过程。等值既可以是现值、终值，也可以是年值。因为实际上，现值和终值也是一个相对概念。如某项目第 5 年的值相对于前面 1～4 年的值来说，它是终值，而相对于 5 年以后的值来说，它又是现值。等值是指在考虑资金的时间价值的情况下，不同时刻点上发生的绝对值不等的资金具有相同的价值。资金的等值计算非常重要，资金的时间价值计算核心就是进行资金的等值计算。

5. 折现与折现率

把将来某一时点的资金金额换算成现在时点的等值金额称为折现或贴现。折现时所用的利率称为折现率或贴现率。比如，在 2010 年 1 月 1 日得到 1 050 元，利率为 5%，单利计息，那么在 2009 年 1 月 1 日必须存入银行多少钱，就是一个折现的资金运算。

3.2.2 资金等值计算的基本公式

每个投资项目的现金流量的发生是不尽相同的，有的项目一次投资，多次收益；有的项目多次投资，多次收益；有的项目多次投资，一次收益；也有的项目一次投资，一次收益。因此，为了解决以上各种问题的投资项目经济分析计算，我们推导几种统一的计算公式。归纳起来，计算公式有图 3-5 所示的几种类型。

1. 一次支付型

一次支付型（Single-payment Type）又称整付，是指项目在整个寿命期内，其现金流量无论是流入还是流出都只发生一次。一般有两种情况：一种是发生在期初；另一种是发生在期末，如图 3-6 所示。

如果考虑资金的时间价值，若图 3-6 中的初始流出现金 P 刚好能被最终的收入补偿，那么就说 P 与 F 等值。一次支付型的计算公式有两个，分别是一次支付终值公式和一次支付现值公式。

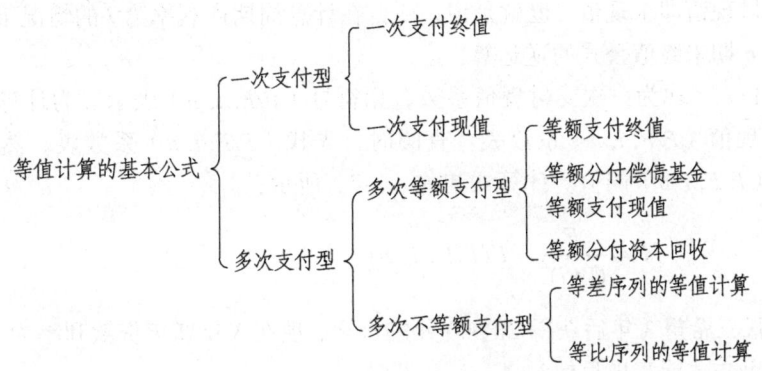

图 3-5 资金等值计算的基本类型

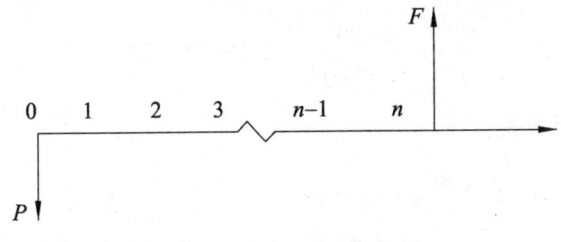

图 3-6 一次支付现金流量图

（1）一次支付终值公式（Single-payment Compound-amount Formula）。

求一次支付终值即求终值。也就是说，在项目的初期投入资金 P，n 个计息周期后，在计

息周期利率为 i 的情况下，需要多少资金来弥补初期投入资金 P 呢？这个问题与复利本利和计算相同，因此，一次支付终值公式如式（3-5）所示：

$$F = P(1+i)^n \tag{3-5}$$

式（3-5）中有高次方，因此，为计算方便，工程经济中常用系数来表示，使用时直接查复利系数表即可。把系数 $(1+i)^n$ 称为一次支付终值系数，用符号 $(F/P, i, n)$ 表示。计算式如式（3-6）所示：

$$F = P(1+i)^n = P(F/P, i, n) \tag{3-6}$$

查阅复利系数计算表，先找 $(F/P, i, n)$ 系数表，然后根据已知值 P, i, n 查系数 $(F/P, i, n)$ 的值。

【例 3.3】某企业向银行借款 50 000 元，借款时间为 10 年，借款年利率为 10%，问 10 年后该企业应还银行多少钱？

解 此题属于一次支付型，求一次支付的终值。

$$F = P(1+i)^n = 50\ 000(1+10\%)^{10} = 129\ 687.12（元）$$

也可以查 $(F/P, i, n)$ 系数表，得 $(F/P, i, n) = 1.338\ 2$，则

$$F = P(F/P, i, n) = 50\ 000 \times 2.593\ 7 = 129\ 685（元）$$

两种计算方法有一点小差别的原因是小数点的保留位数不同。

（2）一次支付现值公式（Single-payment Present-value Formula）。

求一次支付现值即求现值。也就是说，项目在计息周期内利率为 i 的情况下，一次支付现值是一次支付 n 期末终值公式的逆运算。

系数 $1/(1+i)^n$ 称为一次支付现值系数，用符号 $(P/F, i, n)$ 表示。为计算方便，同样可以查一次支付现值 $(P/F, i, n)$ 系数表。查阅时，先找 $(P/F, i, n)$ 系数表，然后根据已知值 F, i, n 查系数 $(P/F, i, n)$ 的值。计算式如式（3-7）所示：

$$P = \frac{F}{(1+i)^n} = F(P/F, i, n) \tag{3-7}$$

【例 3.4】张三希望 3 年后获得 20 000 元的资金，现在 3 年期年贷款利率为 5%，那么张三现在贷款多少出去才能实现目标？

解 此题属于一次支付求现值型，求一次支付的现值。

$$P = \frac{F}{(1+i)^n} = \frac{20\ 000}{(1+5\%)^3} = 17\ 276.75（元）$$

也可以查 $(P/F, i, n)$ 系数表，则

$$P = \frac{20\ 000}{1.157\ 6} = 17\ 277.13（元）$$

2. 多次支付型

多次支付型（Multiple-payment Type）是指现金流量发生在多个时刻点上，而不是像前面两种支付那样只集中发生在期初或期末。多次支付型分多次等额支付型和多次不等额支付型。

等额支付是指现金流量在各个时刻点等额、连续发生。多次等额支付型有等额支付终值公式、等额支付偿债基金公式、等额支付现值公式、等额支付资本回收公式等 4 种。

（1）等额支付终值公式（Uniform-payments Compound-amount Formula）。

等额支付终值是指现金流量等额、连续发生在各个时刻点上，在考虑资金时间价值情况下，各个时刻点的等额资金全部折算到期末，需要多少资金来与之等值。也就是说，求等额支付的终值。等额支付的现金流量如图 3-7 所示。

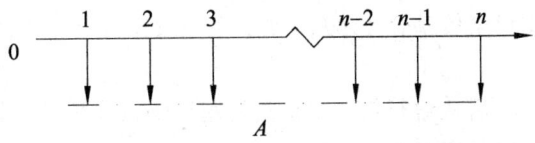

图 3-7　等额支付现金流量图

图 3-7 中，若已知等额支付值 A，求终值 F，我们可以利用一次支付终值的计算公式来求 F 值。图 3-7 中，每个 A 都相当于一次支付终值中的一个 P，这样就把每个 A 折算成第 n 年末的终值，然后再把所有的终值相加，可得等额支付的终值。即

$$F = A + A(1+i) + A(1+i)^2 + \cdots + A(1+i)^{n-2} + A(1+i)^{n-1} \tag{3-8}$$

我们可以利用等比数列求和的方法对式（3-8）求和，也可以利用代数方法求和。现在利用代数方法求和，用（$1+i$）同时乘以式（3-8）的两端，式（3-8）变成

$$F(1+i) = A(1+i) + A(1+i)^2 + A(1+i)^3 + \cdots + A(1+i)^{n-1} + A(1+i)^n \tag{3-9}$$

然后将式（3-8）、式（3-9）相减，得

$$F(1+i) - F = A(1+i)^n - A$$

上式变形得

$$F = A\left[\frac{(1+i)^n - 1}{i}\right] \tag{3-10}$$

式（3-10）是对应 A 在第 1 个计息期末开始发生而推导出来的。

式（3-10）中，系数 $[(1+i)^n-1]/i$ 称为等额支付终值系数，用符号（$F/A, i, n$）表示。可以查书末给出的等额支付终值（$F/A, i, n$）系数表来计算，方法是根据已知值 A, i, n，查系数（$F/A, i, n$）的值。

【例 3.5】某人每年存入银行 30 000 元，存 5 年准备买房用，存款年利率为 3%。5 年后此人能从银行取出多少钱？

解　此题属于等额支付型，求终值。

$$F = A\left[\frac{(1+i)^n - 1}{i}\right] = 30\,000\left[\frac{(1+3\%)^5 - 1}{3\%}\right] = 159\,274.07\,（元）$$

也可以查（$F/A, i, n$）系数表求解，则

$$F = A(F/A, i, n) = 30\,000 \times 5.309\,1 = 159\,273\,（元）$$

（2）等额支付偿债基金公式（Uniform-payments Repayment-fund Formula）。

等额支付偿债基金是指期末一次性支付的一笔终值，用每个时刻点上等额、连续发生的现金流量来偿还，需要多少资金才能偿还 F。或者说，已知终值 F，求与之等值的年值 A，这是等额支付终值公式的逆运算。由式（3-10）可以直接推导出式（3-11），即

$$A = F\left[\frac{i}{(1+i)^n - 1}\right] \qquad (3-11)$$

式（3-11）中，系数 $i/[(1+i)^n-1]$ 称为等额支付偿债基金系数，可用符号（$A/F, i, n$）表示。可以查书末给出的等额支付偿债基金（$A/F, i, n$）系数表来计算，方法是根据已知值 F, i, n，查系数（$A/F, i, n$）的值。

【例 3.6】某人想在 5 年后从银行提出 20 万元用于购买住房。若银行年存款利率为 5%，那么此人现在应每年存入银行多少钱？

解 此题属于求等额支付偿债基金的类型。

$$A = 200\,000\left[\frac{5\%}{(1+5\%)^5 - 1}\right] = 36\,194.96 （元）$$

也可以查表计算，则

$$A = F(A/F, i, n) = 200\,000 \times 0.181\,0 = 36\,200 （元）$$

（3）等额支付现值公式（Uniform-payments Present-value Formula）。

等额支付现值是指现金流量等额、连续发生在每个时刻点上，相当于期初的一次性发生的现金流量是多少。等额支付现值的现金流量如图 3-8 所示。

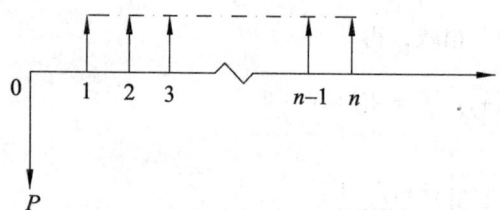

图 3-8　等额支付现值的现金流量图

图 3-8 中，若已知等额年值 A，求现值 P。图中的每个 A 相对于 P 来说都是一个未来值。计算时可将每个 A 先折算为期初的现值，然后再求和。但这样算较麻烦，我们可以利用前面已经推导出的两个公式来直接计算。

前面已经推导出 $F = P(1+i)^n$ 和 $F = A\left[\dfrac{(1+i)^n - 1}{i}\right]$，令两个公式相等，即可推出

$$P = A\left[\frac{(1+i)^n - 1}{i(1+i)^n}\right] \qquad (3-12)$$

式（3-12）中，系数 $\dfrac{(1+i)^n - 1}{i(1+i)^n}$ 称为等额支付现值系数，可用符号（$P/A, i, n$）表示。计算时也可以查书末给出的等额支付现值（$P/A, i, n$）系数表计算，方法是根据已知条件 A, i, n，查系数（$P/A, i, n$）的值。

【例 3.7】某人为其小孩上大学准备了一笔资金，打算让小孩在今后的 4 年中，每月从银

行取出 500 元作为生活费。现在银行存款月利率为 0.3%，那么此人现在应存入银行多少钱？

解 此题属于等额支付求现值型。

计算期 $n = 4×12 = 48$（月）

$$P = 500 × \left[\frac{(1+0.3\%)^{48}-1}{0.3\%(1+0.3\%)^{48}}\right] = 22\,320.93（元）$$

也可以查表计算，但因利率太小，没有编制小利率系数表，故无法查阅。

（4）等额支付资本回收公式（Uniform-payments Capital Recovery Formula）。

等额支付资本回收是指期初一次性发生一笔资金，用每个计息期等额、连续发生的年值来回收，所需要的等额年值是多少。这相当于等额支付现值公式中，已知现值 P 求等额年值 A。即

$$A = p · \left[\frac{i(1+i)^n}{(1+i)^n-1}\right] \tag{3-13}$$

式（3-13）中，系数 $\frac{i(1+i)^n}{(1+i)^n-1}$ 称为等额支付资本回收系数，用符号（$A/P, i, n$）表示。计算时可以查表计算。

【例 3.8】 某施工企业现在购买 1 台推土机，价值 15 万元，希望在今后 8 年内等额回收全部投资。若资金的折现率为 3%，试求该企业每年回收的投资额。

解 这是一个等额支付资本回收求每年的等额年值的问题。

$$A = 150\,000\left[\frac{3\%(1+3\%)^8}{(1+3\%)^8-1}\right] = 21\,368.46（元）$$

也可以查（$A/P, i, n$）系数表计算，则

$$A = 150\,000×0.142\,5 = 21\,375（元）$$

习 题

1. 解释资金的时间价值。采用单利公式和复利公式说明资金的时间价值。

2. 某人借款 10 万元，偿还期为 5 年，年利率为 5%。下面 4 种还款方式的 5 年还款总额和利息各是多少？

（1）每年末等额偿还本息。

（2）每年末支付当年利息，偿还 2 万元本金。

（3）每年末支付当年利息，第五年末一次偿还本金。

（4）第五年末一次支付本金和利息。

3. 一学生向银行贷款上学，年利率为 3%，上学期限为 4 年，承诺毕业后 5 年内还清全部贷款，预计每年偿还能力为 5 000 元，问该学生上学期间每年初可从银行等额贷款多少？

4. 某企业一年中在银行存款和取款的情况如图 3-9 所示。年利率 2%，每季度计息一次，

复利计算，年末企业能一次取出资金多少？

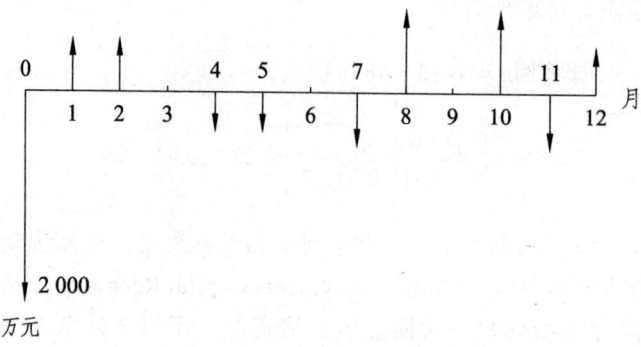

图 3-9　某企业现金流量图

5. 某公司购买一台机器设备，正常使用寿命 20 年，每 5 年进行一次大修，第一次大修费用为 3 000 元，以后每次费用增加 1 000 元。若年利率为 3%，每年末等额存储多少钱才能够支付 20 年寿命期内的大修费用？

第4章　工程经济评价指标

评价工程项目技术方案的指标很多，各种指标从不同角度反映了项目的经济性。本章只讨论那些重要而又经常用到的指标。各种指标从形态上分为两大类：一类是以货币单位计量的价值型指标，如净现值、净年值、费用现值、费用年值、将来值等；另一类是以百分比或比例表示的、反映资金利用效率的效率型指标，如投资收益率、内部收益率、外部收益率、净现值指数等。

如果按是否考虑资金的时间价值来看，各指标又可分为静态指标和动态指标。静态指标是在评价工程项目技术方案时，对不同时期的收益、费用等平等看待，不考虑资金的时间价值。而动态指标则要考虑资金的时间价值。静态指标有静态投资回收期、简单投资收益率、静态计算费用等。动态指标有净现值、净年值、费用现值、费用年值、将来值、内部收益率、外部收益率、净现值指数等。

各种指标是从不同角度考察项目的经济性，所以，在对项目进行经济效益分析时，应尽量选用不同类型的指标同时进行分析，以保证评价的合理性和全面性。

本章具体框架安排如下：

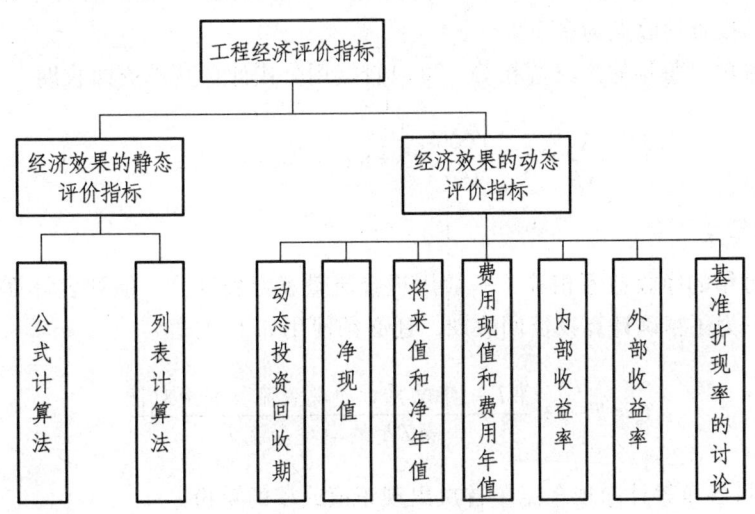

4.1 经济效果的静态评价指标

本节重点讨论不考虑资金时间价值的静态指标。用静态指标分析方案的经济性，简捷易行、方便灵活、节省时间，能够快速得出结论。一般情况下，在项目的投资决策初期，技术经济数据不完备和不精确的项目初选时使用静态指标分析。

4.1.1 静态投资回收期

静态投资回收期（Static Payback Period）是指从项目的投建之日起，用项目每年的净收益

（年收入减年支出）来回收期初的全部投资所需要的时间长度。使式（4-1）成立的 T_p 即静态投资回收期：

$$\sum_{t=0}^{T_p} NB_t = \sum_{t=0}^{T_p}(B_t - C_t) = K \tag{4-1}$$

式中　T_p——静态投资回收期（含项目建设期）；

　　　K——投资总额；

　　　B_t——第 t 年的收入，是 Benefit 的首字母；

　　　C_t——第 t 年的支出，但不包括投资，是 Cost 的首字母；

　　　NB_t——第 t 年的净收益，$NB_t = B_t - C_t$，是 Net Benefit 的两个单词的首字母。

计算投资回收期有公式计算法和列表计算法两种方法。

1. 公式计算法

如果项目每年的净收益相等，则项目的投资回收期计算公式为

$$T_p = \frac{K}{NB} + T_k \tag{4-2}$$

式中　T_p——静态投资回收期；

　　　NB——年净收益；

　　　T_k——项目的建设期。

【例 4.1】某工程项目期初投资 1 000 万元，两年建成投产。投产后每年的净收益为 150 万元。该项目的投资回收期为多少？

解 该投资项目每年的净收益相等，可以直接用公式计算其投资回收期。

$$T_p = \frac{K}{NB} + T_k = \frac{1\,000}{150} + 2 = 8.67\,（年）$$

2. 列表计算法

如果项目每年的净收益不相等，一般用现金流量表列表计算。但列表计算有时不能得到精确解。因此，为了精确计算投资回收期，还必须使用如下公式：

$$T_p = T - 1 + \frac{第\,T-1\,年的累计净现金流量的绝对值}{第\,T\,年的净现金流量}$$

式中　T——项目各年累计净现金流量首次出现正值或零的年份。

投资回收期是工程投资项目的一个评价指标，那么怎么用它对方案进行评价呢？我们一般是将计算出的投资回收期与基准投资回收期相比较来判断。设 T_0 为基准投资回收期，则 $T_p \leq T_0$ 时，说明方案的经济效益好，方案可行；$T_p > T_0$ 时，说明方案的经济效益不好，方案不可行。

当多个方案进行比较，在每个方案自身满足 $T_p \leq T_0$ 时，投资回收期越短的方案越好。

【例 4.2】某工程项目期初投资 1 000 万元，一年建成投产并获得收益。每年的收益和经营成本见表 4-1。该项目寿命期为 10 年。若基准投资回收期为 6 年，试计算该项目的投资回收期，并判断方案是否可行。

表 4-1　某工程项目的收入和成本　　　　　　　　　　　单位：万元

项目	0	1	2	3	4	5	6	7	8	9	10
投资额	−1000										
年收入		400	500	500	530	550	550	550	550	550	580
年经营成本		300	300	200	250	200	200	200	200	200	250

解　由于项目每年的净收益不等，用列表计算投资回收期。计算见表 4-2。

表 4-2　项目的净现金流量和累计现金流量　　　　　　单位：万元

项目	0	1	2	3	4	5	6	7	8	9	10
投资额	−1 000										
年收入		400	500	500	530	550	550	550	550	550	580
年经营成本		300	300	200	250	200	200	200	200	200	250
净现金流量	−1 000	100	200	300	280	350	350	350	350	350	330
累计现金流量	−1 000	−900	−700	−400	−120	230	580	930	1 280	1 630	1 960

表 4-2 中，

$$净现金流量 = 年收入 - 年经营成本$$

$$第\ T\ 年的累计净现金流量 = \sum_{T=0}^{T} 第\ T\ 年的净现金流量$$

例 4.2 中，各年累计净现金流量首次出现正值或零的年份是第 5 年。那么，本项目的投资回收期为

$$T_p = 5 - 1 + \frac{|-120|}{350} = 4.34（年）$$

本方案的投资回收期短于基准投资回收期，因此方案可行。

4.1.2　投资收益率

投资收益率（Investment Rate of Return）是指项目在正常年份的净收益与期初的投资总额的比值。其计算表达式为

$$R = \frac{NB}{K} \tag{4-3}$$

式中　K——投资总额，$K = \sum_{t=0}^{m} K_t$；

K_t——第 t 年的投资额；

M——完成投资额的年份；

NB——正常年份的净收益，根据不同的分析目的，NB 可以是税前利润、税后利润，也可以是年净现金流入等；

R——投资收益率。

根据 K 和 NB 的具体含义，R 可以表现为各种不同的具体形态。投资收益率常见的具体形

态有全部投资收益率、自有资金投资收益率、投资利税率、投资利润率等。

$$全部投资收益率 = \frac{年利润 + 折旧与摊销 + 利息支出}{全部投资额}$$

$$自有资金投资收益率 = \frac{年利润 + 折旧与摊销}{自有资金投资额}$$

$$投资利税率 = \frac{年税前利润}{全部投资额}$$

$$投资利润率 = \frac{年税后利润}{全部投资额}$$

从投资收益率的公式来看，与投资回收期极其相似。如果把投资回收期中的建设期去掉，则投资回收期与投资收益率互为倒数，即

$$R = 1/T_p$$

或

$$T_p = 1/R$$

由此可见，投资收益率与投资回收期是同一类型的评价指标，它们都没有考虑资金的时间价值。同样，用投资收益率判断方案的优劣需要用方案的投资收益率与国家或行业确定的基准投资收益率相比较。而基准投资收益率是国家或行业根据历史数据确定的。

设基准投资收益率为 R_b，判断准则：当 $R \geq R_b$ 时，项目可行，可以考虑接受；当 $R < R_b$ 时，项目不可行，应予以拒绝。

若多个方案比较，则当各个方案满足 $R \geq R_b$ 时，投资收益率越大的方案越好。

【例 4.3】某项目期初投资 2 000 万元，建设期为 3 年，投产前两年每年的收益为 200 万元，以后每年的收益为 400 万元。若基准投资收益率为 18%，该方案是否可行？

解 该方案正常年份的净收益为 400 万元，因此，投资收益率为

$$R = \frac{400}{2\,000} \times 100\% = 20\%$$

该方案的投资收益率为 20%，大于基准投资收益率 18%，因此该方案可行。

从以上的分析计算可见，投资回收期和投资收益率均没有考虑资金的时间价值，它们都具有概念清晰、简单易懂的优点。投资回收期不仅在一定程度上反映了项目的经济性，还反映了项目的风险大小。因为项目在实施过程中会遇到各种风险，时间越长，风险出现的可能性就越大，风险造成的损失也将越难以预测。为了减少风险损失，投资者必然希望投资能在短时间内收回，投资者也最关心投资回收期的长短。而投资回收期这个指标正好能满足投资者的要求，在项目的经济评价中具有独特的地位和作用，被广泛采用。

【例 4.4】现在某工程项目的建设有三个方案 A、B、C 可供选择，3 个方案每年的净现金流量和寿命见表 4-3，试用投资回收期和投资收益率判断方案的优劣。

表 4-3 各比较方案的净现金流量　　　　　　　　单位：万元

方案	0	1	2	3	4	5	6	7	8
A	-1 000	200	200	300	300	300	300	200	200
B	-800	150	150	250	250	250	250		
C	-900	150	200	250	300	300	300	250	

解　A 方案前四年的净现金流量累计为 -1 000+200+200+300+300=0（万元）

　　　B 方案前四年的净现金流量累计为 -800+150+150+250+250=0（万元）

　　　C 方案前四年的净现金流量累计为 -900+150+200+250+300=0（万元）

所以，三个方案的投资回收期均为

$$T_p = 4 （年）$$

从投资回收期来看，三个方案的优劣程度相同，难以选择。但从整个寿命来看，方案 A 的净收益为 1 000 万元，方案 B 的净收益为 500 万元，方案 C 的净收益为 850 万元，即 A 方案最好。

由此可见，用投资回收期来选择方案，出现困难时，就需要用其他评价指标来选择方案了，这里不再展开，将在后面的内容学习。从例 4.4 可以看出，投资回收期的缺点：太粗糙，没有全面考虑投资方案整个寿命期内现金流量发生的大小和时间，它舍去了方案投资回收期以后各年的收益和费用。因此，在项目的经济效果分析中，投资回收期只能作为辅助性的评价指标来使用。

投资回收期可以反映投资方案的原始投资得到补偿的速度，所以，当未来的情况很难预测，或者在项目决策初期资料不全或功能要求不准确，而投资者又特别关心资金的补偿时，投资回收期还是可以使用的。

4.2　经济效果的动态评价指标

所谓动态指标，指考虑了资金的时间价值，并从项目或方案的整个寿命期来考察项目经济性的指标。常见的动态经济评价指标有净现值、净年值、将来值、费用现值、内部收益率和外部收益率等。

4.2.1　动态投资回收期

所谓动态投资回收期（Dynamic Payback Period），指在考虑资金时间价值的情况下，用项目或方案每年的净收益去回收全部投资额所需要的时间。使得式（4-4）成立的 T_p^* 为项目或方案的动态投资回收期，即

$$\sum_{t=0}^{T_p^*} NB_t = \sum_{t=0}^{T_p^*} (B_t - C_t)(1+i)^{-t} = K \tag{4-4}$$

式中　T_p^*——动态投资回收期；

　　　I——折现率。

其他符号与静态投资回收期的表达式中符号的含义相同。

利用动态投资回收期来评价方案或项目，也是与基准折投资回收期 T_0 相比较来判断。判断准则：$T_p^* \leq T_0$ 时，说明方案的经济效益好，方案可行；$T_p^* > T_0$ 时，说明方案的经济效益不好，方案不可行。

当多个方案进行比较，在每个方案自身满足 $T_p^* \leq T_0$ 时，投资回收期越短的方案越好。同样，动态投资回收期的计算也有两种方法，即公式计算法和列表计算法。

1. 公式计算法

如果项目每年的净收益相等，则项目的动态投资回收期计算公式为

$$T_p^* = \frac{K}{NB} + T_k \qquad (4-5)$$

式中　T_p^*——动态投资回收期。

其他符号与静态投资回收期公式中符号的含义相同。

2. 列表计算法

如果项目每年的净收益不相等，一般用现金流量列表并兼用下面公式计算：

$$T_p^* = T - 1 + \frac{第 T-1 年的累计净现金流量现值的绝对值}{第 T 年的净现金流量现值}$$

式中　T——项目各年累计净现金流量现值首次出现正值或零的年份。

4.2.2 净现值

1. 净现值指标的含义

净现值（Net Present Value，NPV）是对投资项目进行动态经济评价的最常用的指标，是指按照一定的利率将各年的净现金流量折现到同一时刻（通常是期初）的现值之和。其表达式为

$$NPV = \sum_{t=0}^{n}(CI_t - CO_t)(1+i_0)^{-t} \qquad (4-6)$$

式中　NPV——项目或方案的净现值；

　　　CI_t——第 t 年的现金流入额；

　　　CO_t——第 t 年的现金流出额（包括投资）；

　　　N——项目寿命周期；

　　　i_0——基准折现率。

利用净现值判断方案时，对单一方案而言，若 $NPV \geq 0$，方案可行，可以接受；若 $NPV < 0$，则方案不可行，应予以拒绝。在使用净现值指标判断不同方案时，要考虑统一的计算时间。

利用净现值指标进行投资方案的经济效果分析，也存在两个缺点：

（1）折现率和各年的收益都是事先确定的。由于项目的资金来源渠道很多，各种资金来源渠道的资金成本不同，折现率和资金成本很难准确确定，这使得资金成本仅具有理论上的意义，在实际应用上会受到很大的限制。

（2）在方案的比较上，当采用不同方案对应投资额不同时，由于比较的基数不同，单纯

看净现值的绝对大小,不能直接反映资金的利用率,难以进行比选,必须使用净现值衍生出的另一种评价指标——净现值率。

2. 净现值率(Net Present Value Rate,NPVR)

某工程项目有两个投资方案 A 和 B。方案 A 的年初投资额为 1 000 万元,计算出的净现值为 500 万元。方案 B 的年初投资额为 1 200 万元,计算出的净现值也是 500 万元。如果仅从净现值来看,两个方案优劣程度相同。但实际上,它们的优劣程度是有差别的。实际上方案 A 优于方案 B。因为它们的净现值率不同,方案 A 的净现值率大于方案 B 的净现值率。

那么,什么是净现值率呢?所谓净现值率,指项目或方案的净现值与其投资的现值之比。其计算公式为

$$INPV = \frac{NPV}{\sum_{t=0}^{m} K_t (1+i)^{-t}} \tag{4-7}$$

式中　m ——项目发生投资额的年限;

　　　K_t ——第 t 年的投资额。

用净现值率指标判断方案的准则:$NPVR \geq 0$ 时,项目或方案可行;$NPVR < 0$ 时,项目或方案不可行。当多方案进行比较时,$NPVR$ 最大的方案最优。

净现值率在有些书上又叫"净现值指数",是在净现值的基础上提出的,单独使用时同净现值指标是一致的。但对多方案比较时,其作用比净现值大。因为净现值率是一个相对数,考虑了不同投资额的基数问题,以投资额为基数计算出的相对数使得不同投资额的方案具有了可比性。因此,当多方案比较且各方案的投资额不同时,就应该用净现值率来进行比较。

3. 净现值函数

净现值是按照一个给定的折现率计算项目的现值之和。这样,不同的折现率会得出不同的净现值,而且净现值与折现率之间存在一定的关系,即函数关系。净现值函数就是研究净现值与折现率之间的函数关系。

下面通过一个例子来研究净现值函数。某投资项目期初投资 1 000 万元,投资后一年建成并投产获益。寿命期为 4 年,每年的净收益为 400 万元。那么该项目的净现值表达式为

$$NPV = 400(P/A, i, 4) - 1\ 000$$

现在讨论净现值 NPV 随折现率 i 的变化情况,见表 4-4。

根据表 4-4 中数据,以横轴表示折现率,以纵轴表示净现值,净现值函数如图 4-1 所示。

表 4-4　不同折现率下的净现值计算　　　　　　　　　　单位:万元

i	0	5%	10%	15%	20%	22%	25%	30%	40%	$+\infty$
NPV	600	418.38	267.95	141.99	35.49	0	−55.36	−133.5	−260.31	−1 000

从图 4-1 可见,随着折现率的增加,净现值逐渐减少,当折现率达到某个值时,净现值为零。当折现率继续增加时,净现值变成负值。净现值函数曲线与横轴的交点就是内部收益率,这将在以后章节进行讨论。

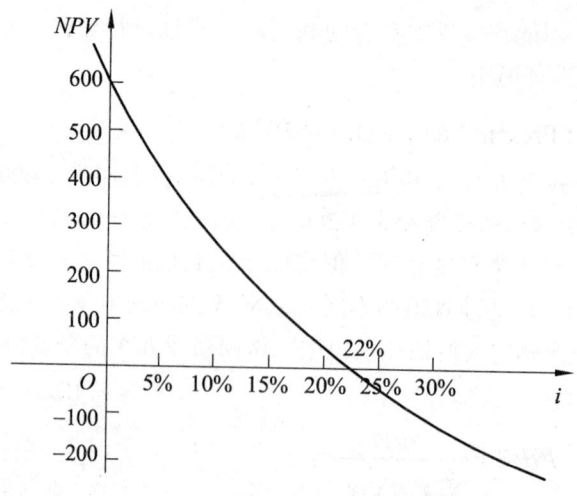

图 4-1 净现值与折现率之间的关系

4. 净现值指标的经济合理性

利用工程经济分析项目或方案的经济性进行投资决策时，其任务有两个：一是判断项目是否可行，是否应该投资；二是项目一旦投资，决定应采取多大规模投资。方案的优劣取决于它对投资者目标贡献的大小，在不考虑其他非经济目标的情况下，企业追求的目标可以简化为同等风险条件下净盈利的最大化，而净现值和净现值率都是反映这种净盈利的指标。所以，在多方案比选中，采用净现值指标和净现值率最大化的准则都是合理的。那么，什么情况下用净现值指标？什么情况下用净现值率指标呢？下面进行讨论。

对于一般工业项目而言，经济效果的好坏与其生产规模有密切关系。而经济规模又取决于投资规模，最佳投资规模就是使企业获得最大净现值的投资规模。在式（4-8）中，我们将投资的现值和各年的净收益现值分离出来，并用 NB_p 表示各年净收益的现值，用 K_p 表示投资的现值。NPV 公式变成

$$NPV = \sum_{t=0}^{N}(CI_t - CO_t)(1+i_0)^{-t} = \sum_{t=0}^{N} NB_t(1+i_0)^{-t} - \sum_{t=0}^{N} K_t(1+i_0)^{-t}$$

$$= NB_p - K_p \tag{4-8}$$

这样，NPV 可以看成投资现值 K_p 的函数。NB_p 与 K_p 的关系曲线如图 4-2 所示。图中，NB_p 为纵坐标，K_p 为横坐标，与横坐标成 45°的直线是 $NPV=0$（即 $NB_p=K_p$）的方案集合。

按照经济规模的原理，随着投资规模的增大，边际投资带来的边际净收益现值 NB_p 开始时逐渐递增，超过最佳投资规模后逐渐递减。要使企业获得的 NPV 最大，必须满足

$$\frac{dNPV}{dK_p} = \frac{d(NB_p - K_p)}{dK_p} = \frac{dNB_p}{dK_p} - 1 = 0$$

即

$$dNB_p = dK_p \tag{4-9}$$

式（4-9）表明，在 NB_p 曲线上，斜率为 1 的点对应的投资规模 K_p^* 为最佳投资规模，在

这一投资规模下的净现值 NPV^* 最大，该点就是图 4-2 中的 A 点。

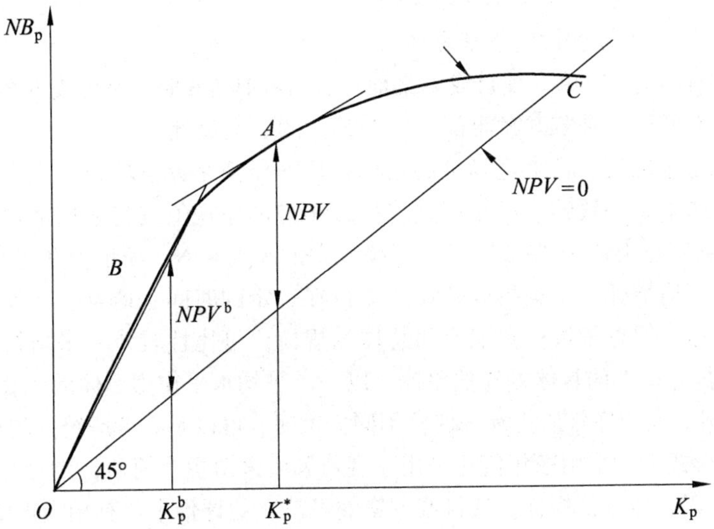

图 4-2　最佳经济规模的确定

4.2.3　将来值和净年值

1. 将来值（Net Future Value，NFV）

所谓将来值，是以项目计算期为准，把不同时间发生的净现金流量按照一定的折现率计算到项目计算期末的未来值之和。其公式表示为

$$NFV = \sum_{t=0}^{N}(CI_t - CO_t)(1+i_0)^{n-t} \quad (4\text{-}10)$$

式（4-10）中，所有符号与净现值公式中的含义相同。

显然，NFV 的公式与 NPV 的公式是等价的，并且它们之间存在如下关系：

$$NFV = NPV(F/P,i,n)$$

即将来值等于净现值乘以一个常数（$F/P,i,n$）。由此可见，用两个指标来评价项目或方案的结论是一致的，只是二者计算的时间点不同。

将来值的判断准则：对单方案或项目而言，当 $NFV \geq 0$ 时，方案或项目可行；当 $NFV < 0$ 时，方案或项目不可行。对多方案而言，NFV 最大的方案最优。

2. 净年值（Net Annual Value，NAV）

净年值是指通过资金等值换算，将项目的净现值或将来值分摊到寿命期内各年的等额年值。其表达式为

$$NAV = NPV(A/P,i_0,n) = \sum_{t=0}^{N}(CI_t - CO_t)(1+i_0)^{-t}(A/P,i_0,n) \quad (4\text{-}11)$$

或

$$NAV = NFV(A/F,i_0,n) = \sum_{t=0}^{N}(CI_t - CO_t)(1+i_0)^{-t}(A/F,i_0,n) \quad (4\text{-}12)$$

式中 NAV——净年值;

$(A/P, i_0, n)$——等额支付资本回收系数;

$(A/F, i_0, n)$——等额支付偿债基金系数。

净年值的判断准则:对单一项目或方案而言,当 $NAV \geq 0$ 时,项目或方案可行;当 $NAV<0$ 时,项目或方案不可行。对多方案而言,NAV 最大的方案最优。

净年值是可与净现值、将来值等价的指标,用净年值来评价项目或方案与用净现值、将来值来评价,其结果是一致的。净年值是将项目年初的净现值或将来值平均分摊到每年的等额年值,所以,它有点类似于"平均值"。用统计学的观点来看,净现值和将来值是总量指标,而净年值是一个平均指标。总量指标是反映项目在一定的时间、地点、条件下所达到的规模和水平的统计指标。但总量指标只能说明总体的规模,可比性较差。平均指标是将总体内各单位在某一数量标志值上的具体差异抽象掉,以一个平均水平作为总体的代表值,因而具有很好的可比性。此外,使用净年值指标来评价不同方案时,可以不必考虑统一的计算时间。因此,在某些决策结构形式下,采用净年值比采用净现值和将来值更为简便,更具有可比性(后面章节将要详述)。所以,净年值指标在项目或方案的经济效益评价中占有相当重要的地位。

由于净现值、将来值和净年值相互间只差一个系数,所以,不同的方案之间存在比例关系。如有 A、B 两个方案,则有如下关系:

$$\frac{NPV_A}{NPV_B} = \frac{NFV_A}{NFV_B} = \frac{NAV_A}{NAV_B} \tag{4-13}$$

即两方案的各指标成比例关系。

4.2.4 费用现值和费用年值

在对多方案进行比较时,有时方案的产出难以计量或预测,如企业里的一些后方生产用设备、环保项目、教育项目、社会公益项目等的产出是难以计量和预测的,对这些项目的方案进行比较时,往往只考虑费用。也有一些产出相同的方案,在比较时为了简便起见,不考虑产出。仅用费用来比较方案时,常见的指标有两种,即费用现值和费用年值。

1. 费用现值 (Present Cost,PC)

所谓费用现值,指按照一定的折现率,在不考虑项目或方案收益时,将项目或方案每年的费用折算到某个时刻(一般是期初)的现值之和。其表达式为

$$PC = \sum_{t=0}^{n} CO_t (1+i_0)^{-t} \tag{4-14}$$

式中 PC——项目或方案的费用现值;

n——项目的寿命周期(或计算期);

CO_t——项目或方案第 t 年的费用;

i_0——折现率。

用费用现值判断方案时,必须要满足相同的需要,如果不同的项目满足不同的需要,就无法进行比较。因此,费用现值的判断准则:在满足相同需要的条件下,费用现值最小的方案最优。

2. 费用年值（Annul Cost，AC）

所谓费用年值，指通过资金等值换算，将项目的费用现值分摊到寿命期内各年的等额年值。其表达式为

$$AC = [\sum_{t=0}^{n} CO_t (1+i_0)^{-t}](A/P, i_0, n) = PC(A/P, i_0, n) \quad (4-15)$$

式中　AC——项目或方案的费用年值；

$(A/P, i_0, n)$——等额支付资本回收系数。

其他符号与 PC 表达式中符号的含义相同。

由于费用现值和费用年值成系数关系，所以这两个指标是可等价换算的。费用年值指标评价的准则：费用年值最小的方案最优。同样，用费用年值指标进行方案比较时，也应满足相同的需要。但是，费用年值相当于一个"年平均值"，比费用现值更具有可比性。

4.2.5 内部收益率

内部收益率（Internal Rate of Return，IRR）是指净现值为零时对应的折现率。

图 4-1 中，随着折现率的不断增加，净现值逐渐减少。当折现率增加到 22%时，项目的净现值为零，这个 22%就是该项目的内部收益率。换句话说，内部收益率 IRR 就是 NPV 曲线与横坐标交点处对应的折现率。那么，内部收益率可以通过 NPV 的表达式来求解。满足式（4-16）的折现率为内部收益率，即

$$NPV = \sum_{t=0}^{n} (CI_t - CO_t)(1+IRR)^{-t} = 0 \quad (4-16)$$

式中　IRR——内部收益率。

其他符号与 NPV 公式中符号的含义相同。

但是，将式（4-16）展开后是一个高次方程，难以直接求解。为了求解，通常采用"试算内插法"来求 IRR 的近似解。如图 4-3 所示，给出 i_m 和 i_n 两个折现率，计算出它们对应的净现值 $NPV(i_m)$，$NPV(i_n)$，并且 $NPV(i_m) > 0$，$NPV(i_n) < 0$，然后用线性内插法计算 IRR 的近似值。

根据相似性原理，图 4-3 中有如下关系：

$$\frac{i^* - i_m}{i_n - i^*} = \frac{NPV(i_m)}{|NPV(i_n)|}$$

等比例变换，得

$$IRR = i_m + \frac{NPV(i_m) \cdot (i_n - i_m)}{|NPV(i_n)| + NPV(i_m)}$$

具体计算步骤如下：

（1）先列出 NPV 的表达式。

（2）给出一个折现率 i_1，计算对应的 $NPV(i_1)$，并不断试算，使得 $NPV(i_1) > 0$，且接近于 0。

（3）再给出一个折现率 i_2，计算对应的 $NPV(i_2)$，并不断试算，使得 $NPV(i_2)<0$，且接近于 0。

（4）计算 $+i=i_2-i_1$。但选取的 i_2 和 i_1 的差别不能太大，要求 $i_2-i_1<5\%$，目的是减少内插的误差。

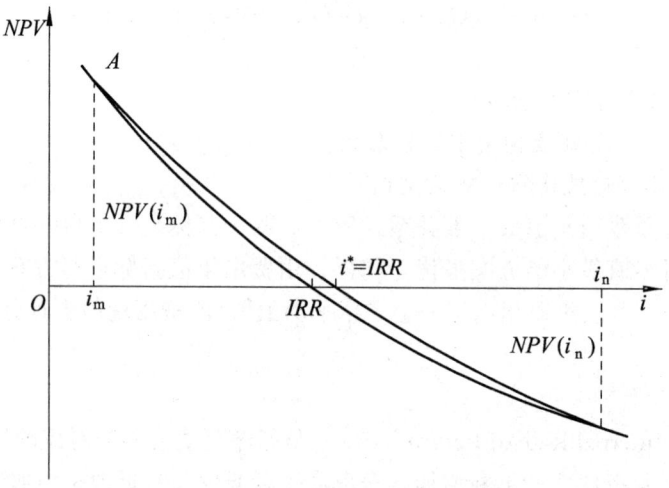

图 4-3 用内插法求解 IRR 图解

将上述数据代入式（4-17）来计算 IRR：

$$IRR = i_1 + (i_1 - i_2)\frac{NPV_1}{NPV_1 + |NPV_2|} \tag{4-17}$$

IRR 的判断准则：设基准折现率为 i_0，若 $IRR \geq i_0$，项目可行；若 $IRR<i_0$，则项目不可行。另外，在利用内部收益率判断方案时，应结合净现值函数图形进行比较，更准确。

从上面的计算可见，内部收益率不是事先外生给定的，是内生决定的，即由项目现金流量计算出来的。这也是它为什么称为内部收益率的缘故。

实际上，在净现值函数图形中，内部收益率相当于项目的盈亏平衡点。当利率低于盈亏平衡点时，项目的净现值大于零，项目盈利；当利率高于盈亏平衡点时，项目的净现值小于零，项目亏损。

内部收益率被普遍认为是项目投资的盈利率，反映了投资的使用效率，概念清晰明确。相比净现值和将来值，各行各业的实际经济工作者更喜欢采用内部收益率。

前面已了解内部收益率的概念及计算方法，但怎样从经济上解释内部收益率呢？从经济上说，内部收益率就是使得项目在寿命期结束时，投资刚好被全部收回的折现率。也就是说，在项目的整个寿命期内，按照利率 $I=IRR$ 计算，一直存在未能收回的投资，而在寿命期结束时，投资刚好被全部收回。即在项目寿命期内的各个时刻，项目始终处于"偿付"未被收回的投资状况。因此，项目的"偿付"能力完全取决于项目内部，故有"内部收益率"的称谓。

在某些特殊情况下，静态投资回收期和内部收益率是"等价"的。如投资发生在年初（第 0 年），以后各年末的收益相等时，静态投资回收期和内部收益率是"等价"的。这时给定项目的寿命期为 N 年，按照内部收益率的定义有

$$-P + A(P/A, IRR, N) = 0 \Rightarrow (P/A, IRR, N) = \frac{P}{A} \qquad (4\text{-}18)$$

由静态投资回收期的公式可知,式(4-18)右边即静态投资回收期 T_p。因此,有公式

$$T_p = \frac{(1+IRR)^N - 1}{IRR(1+IRR)^N} \qquad (4\text{-}19)$$

4.2.6 外部收益率

计算投资项目或方案的内部收益率时,隐含一个基本假定,即项目寿命期内所获得的净收益全部用于再投资,且再投资的收益率等于项目的内部收益率。这种隐含假定是现金流计算中采取复利计算方法导致的。

根据内部收益率的经济含义,可以把 IRR 的方程写成

$$\sum_{t=0}^{n}(NB_t - K_t)(1+IRR)^{-t} = 0 \qquad (4\text{-}20)$$

式中 K_t——第 t 年的净投资;

NB_t——第 t 年的净收益。

式(4-20)两端同乘以 $(1+IRR)^n$,得

$$\sum_{t=0}^{n}(NB_t - K_t)(1+IRR)^{n-t} = 0 \qquad (4\text{-}21)$$

对式(4-21)进行变换,得

$$\sum_{t=0}^{n} NB_t(1+IRR)^{n-t} = \sum_{t=0}^{n} K_t(1+IRR)^{n-t} \qquad (4\text{-}22)$$

等式(4-22)意味着,每年的净收益以 IRR 为收益率进行再投资,到寿命期末历年净收益的终值和与历年投资按 IRR 折算寿命期末的终值相等。

内部收益率中的假定,往往受投资机会的限制,难以与实际情况相符。这种假定也是造成非常规项目的 IRR 方程出现多个解而可能不存在内部收益率的原因。出现这种情况,最好用修正后的内部收益率——外部收益率来判断方案。

外部收益率(External Rate of Return,ERR)是假设项目寿命期内所获得的净收益全部用于再投资,且再投资的收益率等于基准折现率。通过这种假设求出的解,即外部收益率。外部收益率的计算公式为

$$\sum_{t=0}^{n} NB_t(1+i_0)^{n-t} = \sum_{t=0}^{n} K_t(1+ERR)^{n-t} \qquad (4\text{-}23)$$

式中 ERR——外部收益率;

K_t——第 t 年的净投资;

NB_t——第 t 年的净收益;

i_0——基准折现率。

式(4-23)一般不会出现多个正实数解的情况,而且通常可以用代数方法直接求解。ERR

指标用于判断投资方案的经济效果时,需要与基准折现率 i_0 进行比较。其判断准则:若 $ERR \geq i_0$,项目可行,可以接受;若 $ERR < i_0$,项目不可行,不能接受,应予以拒绝。

4.2.7 基准折现率的讨论

综合前面的各指标可见,凡是动态指标都要使用基准折现率才能进行判断比较。所以,在项目或方案的经济评价中,基准折现率是一个非常重要的参数,它反映投资者对资金时间价值大小的一种估计,它的大小对项目或方案的选择有时起到决定性的作用。因此,恰当地、正确地确定基准折现率是一个十分重要而又相当困难的问题。基准折现率受到许多因素的影响,它不仅受资金来源构成和未来的投资机会的影响,还受到项目风险和通货膨胀等因素的影响。下面分析影响基准折现率的各种因素,并讨论如何确定基准折现率。

使用或占用资金是要付出代价的,这个代价就是资金成本(Cost of Capital)。资金成本包括筹集资金的筹资费用和使用资金的使用费用两部分。企业使用的资金有各种来源渠道,资金的来源渠道不同,其资金成本也不同。目前企业投资活动主要有三种资金来源:借贷资金、新增权益资本和企业再投资资金。其中,借贷资金是指以负债的形式取得的资金,包括金融机构的贷款或借款、发行债券等筹集的资金。新增权益资本是指企业通过扩大资本金筹集的资金,包括接纳新的投资合伙人的资金、增发股票、将企业法定公积金转增为资本金等。企业再投资资金是指企业为了以后的发展,从内部筹集的资金,包括保留盈余、公益金、过剩资产出售所取得的资金、提取折旧和摊销费以及会计制度规定的用于企业再投资的其他资金。

最低希望收益率(Minimum Attractive Rate of Return,MARR)又称最低可接受收益率或最低要求收益率,是投资者从事投资活动可接受的下临界值。最低希望收益率受各种因素的影响,确定时必须对投资的各种条件作深入的分析,综合考虑各种影响因素。

截止收益率(Cut-off Rate of Return,CRR)是由资金的需求与供给两种因素决定的投资者可以接受的最低收益率。一般情况下,对于一个经济项目或经济单位而言,随着投资规模的增大,筹资成本会越来越高。而在有众多投资机会的情况下,如果将筹集到的资金优先投资于收益率高的项目,则随着投资规模的扩大,新增投资项目的收益率会越来越低。当新增投资带来的收益仅能补偿其资金成本时,投资规模的扩大就应停止。

基准折现率(Basis Rate of Return,BRR)是投资项目经济评价中非常重要的参数,有时它的大小对项目的取舍起到决定性的作用。因此,应恰当地确定基准折现率。确定基准折现率时必须遵循两个原则:一是要从具体项目投资决策的角度考虑,即所取基准折现率应反映投资者对资金时间价值的估计;二是要从企业投资计划整体优化的角度考虑,即所取基准折现率应有助于作出使企业全部投资净收益最大化的投资决策。从前面的分析可以看出,最低希望收益率主要体现投资者对资金时间价值的估计,而截止收益率则主要体现投资计划整体优化的要求。如果企业追求投资净收益总额最大化的假定成立,由于在确定最低希望收益率时考虑了投资的机会成本,所以,在信息充分、资金市场发育完善的条件下,对于企业全部投资项目选择的最终结果来说,在项目评价中以最低希望收益率为基准折现率和截止收益率为基准折现率的效果是一致的。也就是说,在信息充分、市场发育完善、条件成熟的条件下,可以以最低希望收益率和截止收益率为基准折现率。但实际上,最多的是以最低希望收益率为基准折现率,即 i_0=MARR。有时,企业难以确定具体项目的投资机会成本,进而难以确定最低希望收益率。

习 题

1. 某项目的净现金流量、折现值和累计折现值如表 4-5 所示，计算其动态回收期。基准回收期为 9 年，判断该项目的可行性。

表 4-5 项目的净现金流量、折现值和累计折现值　　　　　　　　单位：元

年份	0	1	2	3	4	5
净现金流量	-6 000	0	0	800	1 200	1 600
折现值	-6 000	0	0	601.04	819.60	993.44
累计折现值	-6 000	-6 000	-6 000	-5 398.96	-4 579.39	-3 585.95
年份	6	7	8	9	10	
净现金流量	2 000	2 000	2 000	2 000	2 000	
折现值	1 129	1 026.4	933	848.2		
累计折现值	-2 456.95	-1 430.55	-497.55	350.65		

2. 某仓库初始投资为 9 000 元。期末无残值，假定每年净收益为 1 350 元。
（1）若使用 7 年，内部收益率（IRR）为多少？
（2）如果 i_c =12%，则该仓库至少应使用多少年才值得投资？

第 5 章　多方案经济评价

在进行项目投资决策时,常会存在多个待选方案,不同方案可能采用不同的技术、工艺与设备。当这些方案在技术上均可行、经济上均合理时,则需要通过经济评价选择出最优方案。本章介绍了多方案经济评价方法。本章主要框架安排如下:

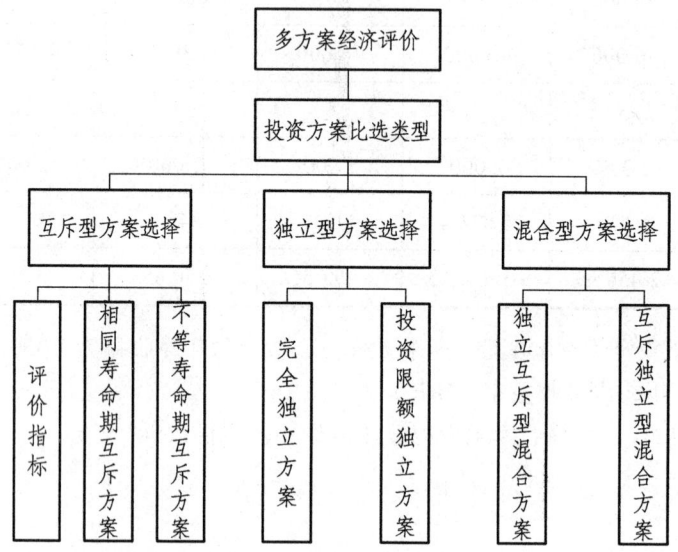

5.1　投资方案比选类型

投资方案类型是指一组备选投资方案之间所具有的相互关系。这种关系一般分为互斥型、独立型、混合型三种类型。

5.1.1　互斥型

互斥型方案是指同一项目内的不同投资项目或方案之间相互排斥,可以互相替代,选择几个方案中的某一个方案,必须放弃其他方案的情况,即备选方案间互相排斥,不能同时存在的一组方案。在现实生活中,互斥方案大量存在,例如,新增的厂址应设在北京、上海还是深圳?新征土地是用于建居民住房还是建写字楼?企业设备购置,设备 A、B、C 均可满足企业生产经营需求,选哪个?在这些问题中,所列的方案只能选择其中之一,其他的都将被淘汰。

在工程建设中,互斥方案还可按以下因素进行分类。

按服务寿命长短不同分类:①寿命期相等的互斥方案;②寿命期不相等的互斥方案;③寿命期无限长的互斥方案。

在工程建设中,永久性工程可视为无限长寿命工程,如大型水坝、运河工程等。

按规模不同分类：① 相同规模的方案；② 不同规模的方案。

相同规模的方案，即参与对比或评价的方案具有相同的产出量或容量，在满足相同功能的数量方面具一致性和可比性。

不同规模的方案，参与评价的方案具有不同的产出量或容量，在满足相同功能的数量方面具有一致性和可比性。

项目互斥方案比较，是工程经济评价工作的重要组成部分，也是寻求合理决策的必要手段。

5.1.2　独立型

独立型方案是指备选方案间现金流互不干扰、在经济上互不相关，且任一方案的采用与否都不影响其他方案是否采用的一组方案。例如，国家为实施西部开发，需要建设机场项目、铁路项目、高速公路项目以及矿山开采项目等；个人投资，可以购买国债，也可以购买股票，还可以购置房产等。在这些方案中，可以选择其中一个方案，也可选择其中两个或三个方案之间的效果与选择不受影响，互相独立。

独立方案的特点是具有"可加性"。比如，A与B两个投资方案，只选择A方案时，投资30万元，净收益36万元；只选择B方案时，投资40万元，净收益47万元；当A与B一起选择时，共需投资30+40=70万元，净收益共36+47=83万元，那么，A与B具有可加性，在这种情况下，认为A与B之间是独立的。

5.1.3　混合型

混合型方案是指备选方案中，方案间既具有互斥关系又具有独立关系的一组方案。例如，某房地产开发集团在深圳、上海、北京的分公司分别有一个开发项目，项目目标市场互不影响，相互独立，每个开发项目又有若干个开发方案，开发方案间互相排斥，此时集团面临的决策问题就属于混合型方案选择。

混合型方案在结构上可分为两种形式，分别是独立—互斥型混合方案、互斥—独立型混合方案。

独立—互斥型混合方案，即在一组独立多方案中，每个独立方案下又有若干个互斥方案的形式。例如，某房地产开发集团在上海、北京的分公司分别有一个开发项目，项目目标市场互不影响，显然相互是独立的，每个开发项目又有若干个开发方案，上海分公司目前有三个开发方案可供选择，北京分公司的项目有两个开发方案可供选择，且开发方案之间是互斥关系。

互斥—独立型混合方案，即在一组互斥多方案中，每个互斥方案下又有若干个独立方案的形式。例如，某房地产开发商在某城市以出让方式取得一块熟地的使用权，按当地城市规划的规定，该块地只能建居住物业或建商业物业，不能建商居混合物业或工业物业，显然居住物业和商业物业这两者是互斥关系，但对于居住物业和商业物业的具体类型是没有严格的规定的，如居住物业有豪华套型、高档套型、普通套型可供选择，商业物业有餐饮酒楼、写字楼、商场、娱乐休闲服务可供选择，居住物业和商业物业的类型是相互独立的。

5.2　互斥型方案的选择

在对互斥方案进行评价时，经济效果评价包含两部分的内容：一是考察各个方案自身的经济效果,即进行绝对效果检验,用经济效果评价标准(如 $NPV \geq 0$,$NAV \geq 0$,$ER \geq i_0$)检验方案自身的经济性,称为"绝对(经济)效果检验"。凡通过绝对效果检验的方案,就认为它在经济效果上是可以接受的,否则应予以拒绝;二是考察哪个方案相对最优,称为"相对(经济)效果检验"。

绝对经济效果评价:方案的经济指标与基准相比较,判断方案可行与否。

相对经济效果评价:方案之间的经济效果比较,判断最佳方案(或按优劣排序)。

一般先用绝对经济效果方法筛选方案,然后以相对经济效果方法优选方案。

在关于建设项目的工程技术方案的经济分析中,较多的是互斥型方案的比较和选择问题。由于技术的进步,为实现某种目标可能形成众多的工程技术方案,这些方案或是采用不同的技术工艺和设备,或是具有不同的规模和坐落位置,或是利用不同的原料和半成品等,当这些方案在技术上都是可行的、经济上也合理的时候,项目经济评价的任务就是从中选择最好的方案。绝对和相对经济效果见表 5-1。

表 5-1 评价指标

评价指标	具体指标
绝对经济效果指标	投资回收期、净现值、净年值、内部投资收益率
相对经济效果指标	净现值率、总投资收益率、资本金净利润率、利息备付率、偿债备付率、资产负债率、净年值

5.2.1 寿命期相同的互斥方案的选择

1. 净现值法

净现值法是利用净现金效益量的总现值与净现金投资量算出净现值,然后根据净现值的大小来评价投资方案。净现值为正值,投资方案是可以接受的;净现值是负值,投资方案就是不可接受的。净现值越大,投资方案越好。净现值法是一种比较科学也比较简便的投资方案评价方法。

基本步骤:① 计算各方案的净现值,剔除 $NPV<0$ 的方案;② 对所有的 $NPV \geq 0$ 的方案比较其净现值;③ 根据净现值最大原则,选择净现值最大的方案为最佳方案。

【例 5.1】A、B 是两个互斥方案。基准折现率为 10%。各方案的净现金流量见表 5-2。

表 5-2 净现金流量

年份	0	1~10	NPV
A 的净现金流量/万元	-200	39	39.64
B 的净现金流量/万元	-100	20	22.89

分析:$NPV_A = 39.6$(万元)>0,$NPV_B = 22.89$(万元)>0,方案 A 和方案 B 均可行,因为 $NPV_A > NPV_B$,所以方案 A 优于方案 B。

比较投资方案 A、B 的实质:① 投资大的方案相对于投资小的方案,其多投入的资金(增量投资)能否带来满意的增量收益?② 如果增量投资能够带来满意的增量收益,则投资大的方案更优,反之则投资小的方案更优。③ 反映增量现金流经济性的指标有差额净现值、差额内部收益率、差额投资回收期。

2. 差额净现值法

对于寿命期相同的互斥方案，各方案间的差额净现金流量按一定的基准折现率计算的累计折现值即为差额净现值（或相比较方案的净现值之差）。

设 A、B 为投资额不等的互斥方案，$K_A > K_B$，则

$$\Delta NPV = \sum_{t=0}^{n}[(CI_A - CO_A)_t - (CI_B - CO_B)_t](1+i_0)^{-t}$$
$$= \sum_{t=0}^{n}(CI_A - CO_A)_t(1+i_0)^{-t} - \sum_{t=0}^{n}(CI_B - CO_B)_t(1+i_0)^{-t} \quad (5\text{-}1)$$
$$= NPV_A - NPV_B$$

即差额净现值为净现值的差额。

$\Delta NPV \geqslant 0$，表明增加的投资在经济上是合理的，即投资大的方案优于投资小的方案；$\Delta NPV < 0$，表明投资小的方案较经济。满足 $\max\{NPV_j \geqslant 0\}$ 的方案为最优方案。

对于互斥方案而言，净现值最大准则总是正确的。当有多个互斥方案时，直接用净现值最大准则选择最优方案比两两比较的增量分析更为简便。判别准则：净现值最大且非负的方案为最优方案。

【例 5.2】 A、B 是两个互斥方案。基准折现率为 10%。各方案的净现金流量见表 5-3。

差额净现值：

$$\Delta NPV = -100 + 19(P/A, 10\%, 10) = 16.75（万元）> 0$$

所以多投入资金是值得的，即方案 A 优于方案 B。

表 5-3　净现金流量

年份	0	1～10	NPV
A 的净现金流量/万元	−200	39	39.64
B 的净现金流量/万元	−100	20	22.89
增量净现金流量/万元	−100	19	16.75

在运用差额净现值法进行方案选择时需要注意以下两点：① 多个互斥方案比较时，可先将诸方案按投资额由小到大排列，然后从小到大进行比较，每比较一次淘汰一个方案，从而可减少比较次数；② 差额净现值只能用来检验差额投资的经济效果，差额净现值大于零，只说明增加的部分是合理的，并不表明全部投资是合理的，因此，首先要保证参与比较的方案都是可行的。

3. 差额投资回收期法

差额投资回收期是指在不计利息的条件下，一个方案比另一个方案多支出的投资，用年经营成本的节约额（或用年净收益的差额）逐年回收所需要的时间，亦称追加投资回收期。

设方案 1、2 的投资 $K_2 > K_1$、经营成本 $C_1' > C_2'$（或净收益 $NB_2 > NB_1$），两方案产量相等，即 $Q_1 = Q_2$。此时，差额投资回收期的计算公式如式（5-2）、式（5-3）所示：

$$P_\mathrm{a} = \frac{\Delta K}{\Delta C'} = \frac{K_2 - K_1}{C'_1 - C'_2} \tag{5-2}$$

$$P_\mathrm{a} = \frac{\Delta K}{\Delta NB} = \frac{K_2 - K_1}{NB_2 - NB_1} \tag{5-3}$$

式中 P_a——差额投资回收期；

ΔK——投资差额；

$\Delta C'$——年经营成本差额；

ΔNB——净收益差额。

两方案产量不相等，即 $Q_1 \neq Q_2$。此时，差额投资回收期的计算公式如式（5-4）所示：

$$P_\mathrm{a} = \frac{\dfrac{K_2}{Q_2} - \dfrac{K_1}{Q_1}}{\dfrac{C'_1}{Q_1} - \dfrac{C'_2}{Q_2}} \quad \text{或} \quad P_\mathrm{a} = \frac{\dfrac{K_2}{Q_2} - \dfrac{K_1}{Q_1}}{\dfrac{NB_2}{Q_2} - \dfrac{NB_1}{Q_1}} \tag{5-4}$$

式中 K/Q——单位产量的投资；

C'/Q——单位产量的经营成本；

NB/Q——单位产量的净收益。

评价准则：$P_\mathrm{a} \leq P_\mathrm{c}$（基准投资回收期），投资大的方案为优；$P_\mathrm{a} > P_\mathrm{c}$，投资小的方案为优。

特点：没有考虑资金的时间价值，只能用于初步评估。

【例5.3】有两个投资方案 A 和 B，A 方案投资 100 万元，年净收益 14 万元，年产量 1 000 件；B 方案投资 144 万元，年净收益 20 万元，年产量 1 200 件。设基准投资回收期为 10 年。问：（1）A、B 两方案是否可行？（2）哪个方案较优？

解 （1）判别两方案的可行性：

$$P_t^\mathrm{A} = \frac{1}{R_\mathrm{A}} = \frac{100}{14} = 7.1 < 10，\text{可行}$$

$$P_t^\mathrm{B} = \frac{1}{R_\mathrm{B}} = \frac{144}{20} = 7.2 < 10，\text{可行}$$

（2）判别方案的优劣：

$$P_\mathrm{a} = \frac{\dfrac{K_\mathrm{B}}{Q_\mathrm{B}} - \dfrac{K_\mathrm{A}}{Q_\mathrm{A}}}{\dfrac{NB_\mathrm{B}}{Q_\mathrm{B}} - \dfrac{NB_\mathrm{A}}{Q_\mathrm{A}}} = \frac{\dfrac{144}{1\,200} - \dfrac{100}{1\,000}}{\dfrac{20}{1\,200} - \dfrac{14}{1\,000}} = 7.5 < 10$$

所以，投资大的方案 B 为优选方案。

5.2.2 寿命期不等的互斥方案的选择

寿命期不等时，要解决方案的时间可比性问题，可以设定共同的分析期。对寿命期不等于共同分析期的方案，选择合理的方案持续假定或余值回收假定，主要采用年值法和净现值法。

1. 年值法

年值法是指将投资方案在计算期的收入及支出按一定的折现率换算成年值，用各方案的年值进行比较，选择方案。指标有净年值（NAV）和费用年值（AC）。

设 m 个互斥方案的寿命期分别为 $n_1, n_2, \cdots, n_m$，方案 j（$j=1,2,\cdots,m$），在其寿命期内的净年值计算如式（5-5）所示：

$$NAV_j = NPV_j(A/P, i_0, n_j)$$
$$= \sum_{t=0}^{n_j}(CI_j - CO_j)_t(P/F, i_0, n_j)(A/P, i_0, n_j) \quad (5\text{-}5)$$

净年值最大且非负的方案为最优可行方案。

【例 5.4】 设互斥方案 A、B 的寿命分别为 3 年和 5 年，各自寿命期内的净现金流量见表 5-4，试用年值法评价选择（$i_0 = 12\%$）。

表 5-4 净现金流量   单位：万元

方案	0	1	2	3	4	5
A	-300	96	96	96	96	96
B	-100	42	42	42		

解

$$NAV_A = [-300 + 96(P/A, 12\%, 5)](A/P, 12\%, 5)$$
$$= -300 \times 0.277 + 96 = 12.78（万元）$$

$$NAV_B = [-100 + 42(P/A, 12\%, 3)](A/P, 12\%, 3)$$
$$= -100 \times 0.416 + 42 = 0.365（万元）$$

由于 $NAV_A > NAV_B > 0$，所以选取 A 方案。

用年值法进行寿命不等的互斥方案比选，实际上隐含着这样一种假定：各备选方案在其寿命结束时均可按原方案重复实施或以与原方案经济效果水平相同的方案接续。

2. 净现值法

使用现值指标，对计算期不同的互斥方案进行比较和选优时，必须设定一个共同的分析期。分析期的设定应根据决策的需要和方案的技术经济特征来决定。通常的处理方法有寿命期最小公倍数法、合理分析期法、年值折现法。

（1）寿命期最小公倍数法。

取各备选方案寿命期的最小公倍数作为共同的分析期。在此分析期内，各方案分别以分析期对寿命期的倍数作为项目重复的周期数，然后计算各方案在分析期内的净现值，用分析期内的净现值比选方案。

【例 5.5】 投资方案 A 和 B 详情见表 5-5，其基准折现率为 12%。

解 共同的分析期（最小公倍数）为 24，则 A 方案重复 4 次，B 方案重复 3 次。

$$NPV_A' = -800[1+(P/F,12\%,6)+(P/F,12\%,12)+(P/F,12\%,18)]+360(P/A,12\%,24)$$
$$= 1287.7（万元）$$

$$NPV_B' = -1200[1+(P/F,12\%,8)+(P/F,12\%,16)]+480(P/A,12\%,24)$$
$$= 1856.1（万元）$$

表 5-5 投资方案详情　　　　　　　　　　　　　　　　　单位：万元

方案	投资	年净收益	寿命期
A	800	360	6
B	1 200	480	8

因为 $NPV'_A < NPV'_B$，所以方案 B 优于方案 A。

（2）合理分析期法。

根据对未来市场状况和技术发展前景的预测直接选取一个合理的分析期，假定寿命期短于此分析期的方案重复实施，并对各方案在分析期末的资产余值进行估价，到分析期结束时回收资产余值。在备选方案寿命期比较接近的情况下，一般取最短的方案寿命期作为分析期。

（3）年值折现法。

按某一共同的分析期将各备选方案的年值折现得到用于方案比选的现值。这种方法实际上是年值法的一种变形，隐含着与年值法相同的接续方案假定。

设方案 j（$j = 1, 2, \cdots, m$）的寿命期为 n_j，共同分析期为 N，方案 j 净现值的计算公式如式（5-6）所示：

$$NPV_j = \sum_{t=0}^{n_j}(CI_j - CO_j)_t(P/F, i_0, t) \times (A/P, i_0, n_j)(P/A, i_0, N) \quad (5\text{-}6)$$

用年值折现法求净现值时，共同分析期 N 取值的大小不会影响方案比选结论，但通常 N 的取值不大于最长的方案寿命期，不小于最短的方案寿命期。

判别准则：净现值，$\max\{NPV''_j \geq 0\}$；费用现值，$\min\{PC''_j\}$。

【例 5.6】设互斥方案 A、B 的寿命分别为 3 年和 5 年，各自的净现金流量见表 5-6，$i_0 = 12\%$，试用现值法比选方案。

表 5-6 净现金流量　　　　　　　　　　　　　　　　　　单位：万元

方案	0	1	2	3	4	5
A	−300	96	96	96	96	96
B	−100	42	42	42		

解（寿命期最小公倍数法）以 A 与 B 的最小公倍数 15 年为计算期，A 方案重复实施 3 次，B 方案重复实施 5 次。此时，如果以净现值为评价指标，则 15 年各方案的净现值为

$$NPV_A = -300 - 300(P/F, 12\%, 5) - 300(P/F, 12\%, 10) + 96(P/A, 12\%, 15)$$
$$= 87.02（万元）$$

$$NPV_B = -100 - 100(P/F, 12\%, 3) - 100(P/F, 12\%, 6) - 100(P/F, 12\%, 9) -$$
$$100(P/F, 12\%, 12) + 42(P/A, 12\%, 15)$$
$$= 66.554（万元）$$

因为 $NPV_A > NPV_B > 0$，所以 A 方案较优。

（年值折现法）取最短的方案寿命期 3 年作为共同分析期。各方案的净现值为

$$NPV_A = [-300(A/P, 12\%, 5) + 96](P/A, 12\%, 3) = 30.70（万元）$$
$$NPV_B = -100 + 42(P/A, 12\%, 3) = 0.88（万元）$$

因为 $NPV_A > NPV_B > 0$，所以 A 方案较优。

5.3 独立方案的选择

独立方案的选择可分为完全独立方案的选择和有投资限额的独立方案的选择。

5.3.1 完全独立方案的选择

完全独立方案的采用与否，取决于方案自身的经济性。首先判断方案是否可行，再决定方案是否采用。采用绝对评价指标来评价，如净现值、净年值、内部收益率等。其评价方法与单一方案的评价方法相同。

5.3.2 有投资限额的独立方案的选择

采用独立方案互斥化法和净现值率排序法，把受投资限额约束的独立方案组合成多个相互排斥的方案，用互斥方案的比选方法，选择最优的方案组合。

【例 5.7】某公司有一组投资项目，受资金总额的限制，只能选择其中部分方案（投资方案见表 5-7）。设资金总额为 400 万元。求最优的投资组合。（方案数 $m=3$）

列出全部相互排斥的组合方案，见表 5-8。（$N=2^m-1$）

在所有组合方案中除去不满足约束条件的组合，并且按投资额大小排序，见表 5-9。

用净现值等方法选择最佳组合方案。用净现值指标比选结果见表 5-10。由表 5-10 可以得出，投资方案 A 和 B，可以获得好的经济效果。

净现值率排序法就是在计算各方案 $NPVR$ 的基础上，将 $NPVR \geqslant 0$ 的方案按 $NPVR$ 大小排序，并以此顺序选取方案，直至所选取方案的投资总额最大限度地接近或等于投资限额为止。本法所要达到的目标是在一定的投资限额的约束下使所选方案的净现值最大。

表 5-7 投资方案情况

项目	投资现值/万元	净现值/万元
A	100	54.33
B	300	89.18
C	250	78.79

表 5-8 互斥组合方案

序号	A	B	C	组合方案
1	1	0	0	A
2	0	1	0	B
3	0	0	1	C
4	1	1	0	A+B
5	1	0	1	A+C
6	0	1	1	B+C
7	1	1	1	A+B+C

表 5-9 排序结果

序号	A	B	C	组合方案	$\sum K$
1	1	0	0	A	100
2	0	0	1	C	250
3	0	1	0	B	300
4	1	1	0	A+B	400
5	1	0	1	A+C	350
6	0	1	1	B+C	550
7	1	1	1	A+B+C	650

表 5-10 比选结果

序号	A	B	C	组合方案	$\sum K$	$\sum NPV$
1	1	0	0	A	100	54.33
2	0	1	0	B	300	89.18
3	0	0	1	C	250	78.79
4	1	1	0	A+B	400	143.51
5	1	0	1	A+C	350	133.12
6	0	1	1	B+C	~~550~~	
7	1	1	1	A+B+C	~~650~~	

【例 5.8】限额 400 万元，各方案投资情况见表 5-11。求最优的投资组合。

表 5-11 投资情况   单位：万元

项目	投资现值	NPV	$NPVR$
A	100	13	0.13
B	220	17.3	0.08
C	120	1.5	0.01
D	80	15.05	0.19
E	90	18.5	0.21

采用净现值率：

若取前 4 个方案，则 $K_{EDAB} > 400$ 万元，所以选择 EDAC，则

$$K_{EDAC} = 390（万元），NPV_{EDAC} = 48.05（万元）$$

采用净现值：

若取前 3 个方案 EDB，则

$$K_{EDB} = 390（万元），NPV_{EDB} = 50.85（万元）$$

这种方法不能保证现有资金充分利用，不一定能达到效益最大化。

由于项目的不可分性，在下列情况中用 NPVR 排序法能得到接近或达到净现值最大目标的方案群：各方案投资占总预算的比例很小；各方案投资额相差无几；各入选方案投资累加与投资预算限额相差无几。实际上，在各种情况下都能保证实现最优选择的可靠方法是互斥方案组合。

5.4 混合方案的选择

5.4.1 独立—互斥型混合方案

独立—互斥型混合方案是指在一组独立多方案中，每个独立方案下又有若干个互斥方案的类型。一般采用方案组合法进行比较选择，其基本方法和过程与独立方案是相同的，不同的是在方案组合构成上，其组合方案数目比独立方案的组合方案数目少，如果 S 代表相互独立的方案数目，m_j 代表第 j 个独立方案下互斥方案的数目，则这一组混合方案可以组合成互斥的组合方案数目的计算公式：

$$N = \prod_{j=1}^{s}(m_j + 1) = (m_1 + 1)(m_2 + 1)\cdots(m_s + 1) \tag{5-7}$$

各组合方案的现金流量为被组合方案的现金流量的叠加，所有组合方案形成互斥关系，按互斥方案的比较方法确定最优组合方案，最优组合方案中被组合的方案即为该混合方案的最佳选择。

5.4.2 互斥—独立型混合方案

互斥—独立型混合方案是指在一组互斥多方案中，每个互斥方案下又有若干个独立方案的情形。在这种情况下，可分别对独立方案按照独立方案的选择方法确定最优组合方案，然后再按互斥方案的方法确定哪一个组合方案最优。

总之，混合型方案的选择是在互斥型和独立型方案的选择基础之上，选择步骤比较烦琐。选择的程序按组际方案相互独立、组内方案相互排斥的原则，形成所有各种可能的方案组合。以互斥型方案比选的原则筛选组内方案。在总投资限额内，以独立方案比选原则选择最优的方案组合。

【例 5.9】各方案投资情况见表 5-12。求最优的投资组合。

表 5-12　各方案投资情况　　　　　　　　　　单位：万元

投资方案		投资	净现值	净现值率
互斥型	A	500	250	0.500
	B	1 000	300	0.300
独立型	C	500	200	0.400
	D	1 000	275	0.275
	E	500	175	0.350
	F	500	150	0.300

总额 1 000 万元，NPVR 选 A、C，得

$$NPV_{AC}=450（万元），K_{AC}=1\ 000（万元）$$

所以，选择 AC 组合。

总额 2 000 万元，NPVR 选 A、C、E、F，得

$$NPV_{ACEF}=775（万元），K_{ACEF}=2\ 000（万元）$$

所以，选择 ACEF 组合。

习　题

1. 设两个方案的产出效果相同，其基本情况见表 5-13。基准折现率 $i_c=5\%$，判断哪个方案最优。

表 5-13　方案 1、2 的基本情况

	方案 1	方案 2
初始投资/元	12 000	40 000
服务寿命/年	10	25
期末残值/元	0	10 000
每年维护费/元	2 200	1 000

2. 某公司有一组投资项目（A、B、C 三种方案供选择），三种方案互相独立，其现金流量见表 5-14。受资金总额的限制，只能选择其中部分方案。设资金总额为 6 000 万元，基准折现率 $i_c=15\%$，求最优的投资组合。

表 5-14　投资方案的现金流量表　　　　单位：万元

年末	现金流量		
	A	B	C
0	-1 000	-3 000	-5 000
1~3	600	1 500	2 000

3. 某公司为了增加现有生产能力，打算购买一部新机器。有五种机器可以考虑，五种机器的生产能力相同，寿命周期均为 10 年，现金流量见表 5-15。基准折现率 $i_c=10\%$，计算年度费用并选择机器。

表 5-15　五种机器的现金流量表　　　　单位：元

机器	初始投资	年运行费用
1	50 000	11 500
2	60 000	20 550
3	75 000	17 100
4	80 000	15 500
5	100 000	22 500

第 2 篇　工程项目管理

第 6 章　工程项目管理概述

工程项目管理是以建设项目为对象，对有关项目活动的知识、技能、工具和技术的运用，以达到项目需求。通过运用一定的知识、技能、工具和技术等使具体项目能够在计划时间内按照实际需求，高质量、高效率地完成。项目管理是集成的努力和活动。如果某一活动失败，这一部分通常会影响其他的部分；这些交互作用常常在项目目标之间取得平衡，一部分绩效的提高可能需要牺牲另一部分绩效作为代价；成功的项目管理，需要主动地管理这些交互的活动，以提高整个项目的绩效；项目管理通过启动、计划、实施、控制、收尾等过程完成。

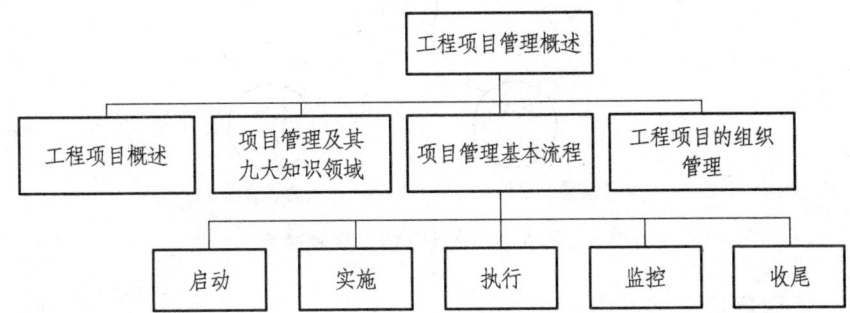

6.1　工程项目概述

6.1.1　项目定义

项目的定义：为了提供一个独特的产品或服务而暂时承担的任务。

项目的特征：临时性和唯一性。

项目的特点：a. 有具体的起始时间；b. 有具体的终止日期；c. 有严格定义的最终目标；d. 只发生一次；e. 包含有时间、质量和成本的详细计划；f. 有具体的结果；g. 随时都具有风险性。

任何工作，只要涉及以下方面，都可以看作是项目：

（1）明确的结果（目的）。每个项目都应该有一个明确的目标，例如一个期望的产品或服务，或者是谋求利润和创造有益的变化等。

（2）资源（一般包括人力和其他要素）。项目需要使用资源，资源的类型和来源一般会有很多种，包括人、硬件设施、软件配置和其他一些东西。为了实现项目的特定目标，许多项目都会是跨部门（或其他类型的边界）的。例如，对于信息技术协作项目来说，需要来自信息技术、营销、销售、渠道和其他不同部门的人员群策群力，研究方略。也许还要输入外部资源，必须有效地利用各种资源，以满足项目的需要和达成组织的其他目标。

（3）一段时间。项目是一次性（或者说是临时性）的，每个项目都具有明确的开始和结尾。

建立项目时，重要的是把握住每个项目的3个基本要素，即时间、成本和质量。

时间指完成项目所需的时间。时间在大多数的项目中都是一个很重要的因素，它反映在项目的日程中。而项目的"日程"，就是项目中任务的时间和顺序安排。日程主要由任务、任务相关性、工期、限制和面向时间的项目信息所构成。

成本即项目的预算，是指通过比较基准计划所设定的预计项目成本，它取决于资源的成本。项目中的资金，不单是指金钱，广泛地解释，应该包括人力、原材料与设备等。

质量是项目成功的必须与保证，也是项目管理最重要的因素。项目管理三要素关系如图6-1 所示。

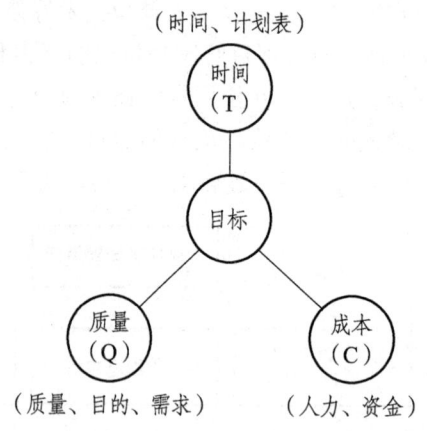

图 6-1　项目管理三要素关系

6.1.2　工程项目

1. 工程项目的含义和特征

1）工程项目的含义

工程项目是最常见、最典型的项目类型，它属于投资项目中最重要的一类，是一种既有投资行为又有建设行为的项目活动。这里的"工程"不是一般广义的工作或劳动，而是指最终成果，是一个"实体"的工作或劳动。因此，工程项目是指通过特定工作劳动建造某种"工程实体"的过程。工程实体一般指建筑物或构筑物。建筑物是满足人们生产、生活需要的场所，如工业建筑、民用建筑、农业建筑和园林建筑等。构筑物是人们不能在其上活动、生活的场所，如路桥、隧道、水坝、线路、电站等。

建设工程项目是为完成依法立项的新建、扩建、改建等各类工程，由起止日期、需要达到规定要求、相互关联的受控活动组成的特定过程，包括策划、勘察、设计、采购、施工、试运行、竣工验收和考核评价等。

2）工程项目的特征

（1）在一定的约束条件下，以形成固定资产为特定目标。约束条件主要包括：时间约束，即建设工期目标；资源约束，即资金、设备、材料等投入目标；功能性约束，即个工程项目都有预期的生产能力、技术和质量水平或使用效益目标。

（2）工程项目的建设需要遵循必要的建设程序和经过特定的建设过程。即一个项目从提出建设设想、方案拟定、评估决策、勘察设计、施工到竣工投产是一个有序的全过程，这个过程也就是项目的生命周期。

（3）工程项目建设的周期长、投资大、不确定因素多、风险大。一项工程项目的建设少则需要几百万元，多则需要数亿元的资金投入。例如，三峡工程静态投资 900 亿元、动态投资 2500 亿元，总工期 17 年；英吉利海峡隧道工程耗资 150 亿美元，历时 8 年，工程技术人员 1.1 万名，全长 50 千米，水下长 38 千米，是世界上最长的海底隧道，缩短了英国伦敦到法国巴黎的距离，只需 3 小时即可到达。

（4）工程项目建设活动具有特殊性，表现为建设地点的固定性、设计施工任务的一次性、机械设备及生产力的流动性。

2．工程项目的分类

为了适应科学管理的需要，可以从不同角度对工程项目进行分类，如图 6-2 所示。

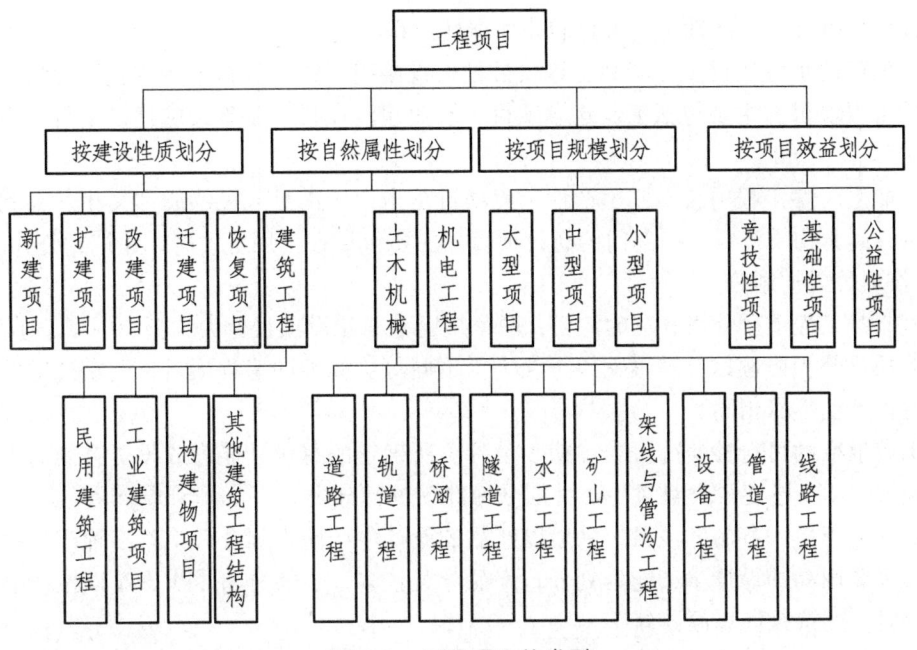

图 6-2　工程项目的类型

1）按自然属性划分

工程项目可以分为建筑工程、土木工程和机电工程三类。原国家人事部和原建设部联合下发的《关于建造师资格考试相关科目专业类别调整有关问题的通知》（国人厅发〔2006〕213号）中，工程项目分为 10 个类别，分别是：建筑工程、公路工程、铁路工程、民航机场工程、港口与航道工程、水利水电工程、市政公用工程、通信与广电工程、矿业工程、机电工程。

2）按建设性质划分

工程项目可分为新建项目、扩建项目、改建项目、迁建项目和恢复项目。

（1）新建项目。新建项目是指根据国民经济和社会发展的近远期规划，按照规定的程序立项，从无到有、"平地起家"建设的工程项目。

（2）扩建项目。扩建项目是指现有企事业单位在原有场地内或其他地点，为扩大产品的生产能力或增加经济效益而增建的生产车间、独立的生产线或分厂的项目，以及事业和行政单位在原有业务系统的基础上扩充规模而进行的新增固定资产投资项目。

（3）改建项目。改建项目包括挖潜、节能、安全、环境保护等工程项目。

（4）迁建项目。迁建项目是指原有企事业单位根据自身生产经营和事业发展的要求，按照国家调整生产力布局的经济发展战略需要，或出于环境保护等其他特殊要求，搬迁到异地而建设的项目。

（5）恢复项目。恢复项目是指原有企事业或行政单位，因在自然灾害或战争中使原有固定资产遭受全部或部分报废，需要进行投资重建来恢复生产能力、业务工作条件、生活福利设施等的工程项目。这类项目，不论是按原有规模恢复建设，还是在恢复过程中同时进行扩建，都属于恢复项目。但对尚未建成投产或交付使用的项目，受到破坏后，若仍按原设计重建的，原建设性质不变；如果按新设计重建，则根据新设计内容来确定其性质。

3）按投资作用划分

工程项目可分为生产性工程项目和非生产性工程项目。

（1）生产性工程项目。生产性工程项目是指直接用于物质资料生产或直接为物质资料生产服务的工程项目。主要包括工业建设项目、农业建设项目、基础设施建设项目、商业建设项目等。

（2）非生产性工程项目。非生产性工程项目是指用于满足人民物质和文化、福利需要的建设项目，或非物质资料生产部门的建设项目。主要包括办公用房、居住建筑、公共建筑等。

4）按项目规模划分

为适应对工程项目分级管理的需要，国家规定基本建设项目分为大型、中型、小型三类，更新改造项目分为限额以上和限额以下两类。不同等级标准的工程项目，国家规定的审批机关和报建程序也不尽相同。

（1）按批准的可行性研究报告（初步设计）所确定的总设计能力或投资总额的大小，依据国家颁布的《基本建设项目大中小型划分标准》进行分类。

（2）凡生产单一产品的项目，一般以产品的设计生产能力划分；生产多种产品的项目，一般按其主要产品的设计生产能力划分；产品分类较多，不易分清主次，难以按产品的设计能力划分时，可按投资总额划分。

（3）对国民经济和社会发展具有特殊意义的某些项目，虽然设计能力或全部投资达不到大、中型项目标准，经国家批准已列入大、中型计划或国家重点建设工程的项目，也按大、中型项目管理。

（4）更新改造项目一般只按投资额分为限额以上和限额以下项目，不再按生产能力或其他标准划分。

（5）基本建设项目的大、中、小型和更新改造项目限额的具体划分标准，根据各个时期经济发展和实际工作需要而有所变化。

5）按项目效益划分

工程项目可划分为竞争性项目、基础性项目和公益性项目三种。

（1）竞争性项目。竞争性项目主要指投资效益比较高、竞争性比较强的工程项目。其投资主体一般为企业，由企业自主决策、自担投资风险。

（2）基础性项目。基础性项目是指具有自然垄断性、建设周期长、投资额大而收益低的基础设施或需要政府重点扶持的一部分基础工业项目，以及直接增强国力的符合经济规模的支柱产业项目。政府应集中必要的财力、物力通过经济实体进行投资，同时，还应广泛吸收企业参与投资，有时还可吸收外商直接投资。

（3）公益性项目。公益性项目主要包括科技、文教、卫生、体育和环保等设施，政府机关、社会团体办公设施，国防建设设施等。公益性项目的投资主要由政府用财政资金安排。

6）按投资来源划分

工程项目可划分为政府投资项目和非政府投资项目。

（1）政府投资项目。政府投资项目在国外也称为公共工程，是指为了适应和推动国民经济或区域经济发展，满足社会文化、生活需要，以及出于政治、国防等因素的考虑，由政府通过财政投资、发行国债或地方债券、利用外国政府赠款以及国家财政担保的金融组织贷款等方式独资或合资兴建的工程项目。

（2）非政府投资项目。非政府投资项目是指企业、集体单位、外商或私人投资兴建的工程项目。这类项目一般实行项目法人责任制，使项目的建设和运营实现一条龙管理。

3. 工程项目的组成

工程项目即单位工程，对于规模特别大的工程，单位工程可划分为若干个子单位工程。根据工程特点，按结构分解的原则将单位（子单位工程）划分为若干个分部工程。分部工程按相近工作内容和系统，又划分为若干个子分部工程。每个分部工程（子分部工程）又划分为若干个分项工程。

1）单位工程

单位工程是指具备独立的设计文件、施工条件并能形成独立使用功能的建筑物或构筑物，但竣工后不能独立发挥生产能力或效益的工程。对于建筑工程，单位工程的划分应按下列原则确定：

（1）具备独立施工条件并能形成独立使用功能的建筑物或构筑物为一个单位工程。例如：一所学校的一个教学楼、办公楼、传达室，某城市的广播电视塔的土建或安装工程等。

（2）对于规模较大的单位工程，可将其能形成独立使用功能的部分划分为一个子单位工程。子单位工程的划分一般可根据工程的建筑设计分区、使用功能的显著差异、结构缝的设置等实际情况，施工前应由建设、监理、施工单位商定划分方案，并据此收集整理施工技术资料和验收。

（3）对于室外工程，可根据专业类别和工程规模划分单位工程或子单位工程、分部工程。

2）分部工程

分部工程是单位工程的组成部分。一般按专业性质、工程部位或特点、功能和工程量确定。对于建筑工程，分部工程的划分应按下列原则确定：

（1）分部工程的划分应按专业性质、工程部位确定，如建筑工程划分为地基与基础、主体结构、建筑装饰装修、屋面、智能建筑、建筑节能、电梯等分部工程。

（2）当分部工程较大或较复杂时，可按材料种类、施工特点、施工程序、专业系统及类别将分部工程划分为若干个子分部工程，如主体结构分部工程中包含混凝土结构、砌体结构、钢结构、钢管混凝土结构、型钢混凝结构、铝合金结构、木结构等子分部工程。

3）分项工程

分项工程是分部工程的组成部分。一般按主要工种、材料、施工工艺设备类别进行划分。如混凝土结构子分部工程按主要工种分为模板、钢筋、混凝土等分项工程，按施工工艺可分为预应力、现浇结构、装配式结构等分项工程。

4. 工程项目建设程序

建设程序是指项目在建设过程中，各项工作必须遵循的先后顺序。建设程序是对基本建设工作的科学总结，是项目建设过程中客观规律的集中体现。

1）决策阶段

（1）项目建议书阶段。

项目建议书是拟建某一项目的建议文件，是投资决策前对拟建项目的轮廓设想和初步说明。建设单位通过项目建议书的形式，向国家推荐项目，供国家决策部门选择项目，也是建设单位向有关部门报请立项的主要文件和依据。

项目建议书应根据国民经济发展规划、市场条件，结合矿藏、水利等资源条件和现有生产力布局状况，按照国家产业政策进行编制。其主要论述建设的必要性、建设条件的可行性和获利的可能性，并按国家现行规定权限向主管部门申报审批。项目建议书被批准后，可开展下一阶段的工作，但项目建议书不是项目的最终决策。

（2）可行性研究阶段。

可行性研究是在投资决策之前，对拟建项目进行全面技术经济分析和论证，是投资前期工作的重要内容和基本建设程序的重要环节。项目建议书被批准后，可组织开展可行性研究工作。对项目有关的社会、技术和经济等方面进行深入的调查研究，论证项目建设的必要性，并对各种可能的建设方案进行技术经济分析和比较，对项目建成后的经济效益进行科学的预测和评价，是对建设项目能否成立进行决策的依据和基础。

可行性研究报告经批准后，不得随意修改和变更。如果在建设规模、产品方案、主要协作关系等方面有变动，以及突破投资控制数额时，应经原批准机关复审同意。可行性研究报告批准后，应正式成立项目法人，并按项目法人责任制实行项目管理。经过批准的可行性研究报告，是项目最终决策立项的标志，是据此进行初步设计的重要文件。

（3）项目投资决策行政管理程序。

根据《国务院关于投资体制改革的决定》（国发〔2004〕20号），政府投资项目实行审批制，企业投资项目实行核准制或登记备案制。

① 政府投资项目。对使用政府性资金投资建设的项目，实行审批制管理。第一，实行审批制的政府投资项目，项目单位应首先向发展改革等项目审批部门报送项目建议书；第二，项目单位依据项目建议书批复文件分别向城乡规划、国土资源和环境保护等政府部门申请办理规划选址预审、用地预审和环境影响评价审批手续；第三，项目单位向发展改革等项目审批部门申报可行性研究报告，并附规划选址预审、用地预审和环境影响评价审批文件；第四，项目单位依据可行性研究报告批复文件，向城乡规划部门申请办理规划许可手续，向国土资源部门申请办理正式用地手续；第五，项目单位依据相关批复文件，向建设主管部门申请办理项目开工手续。

② 企业投资项目。企业投资建设《政府核准的投资项目目录》内的固定资产投资项目，

须按照规定报送有关项目核准机关核准。企业投资建设目录外的项目，实行备案管理。事业单位、社会团体等投资建设的项目，按照目录执行。

（a）核准制。实行核准制的企业投资项目，第一，项目单位分别向城乡规划、国土资源和环境保护部门申请办理规划选址预审、用地预审和环境影响评价审批手续；第二，履行相关手续后，项目单位向发展改革等项目核准部门申报核准项目申请报告，并附规划选址预审、用地预审和环境影响评价审批文件；第三，项目单位依据项目核准文件，向城乡规划部门申请办理规划许可手续，向国土资源部门申请办理正式用地手续；第四，项目单位依据相关批复文件，向建设主管部门申请办理项目开工手续。

（b）备案制。备案制项目由企业自主决策，但需向政府备案管理部门提交备案申请，履行备案手续后方可办理其他手续。第一，实行备案制的企业投资项目，项目单位必须首先向发展改革等备案管理部门办理备案手续；第二，备案后分别向城乡规划、国土资源和环境保护部门申请办理规划选址、用地和环境影响评价审批手续；第三，项目单位依据相关批复文件，向建设主管部门申请办理项目开工手续。

对于钢铁、电解铝、水泥、平板玻璃、船舶等产能严重过剩行业的项目，要严格执行《国务院关于化解产能严重过剩矛盾的指导意见》（国发〔2013〕41号），各地方、各部门不得以其他任何名义、任何方式备案新增产能项目，各相关部门和机构不得办理土地（海域）供应、能评、环评审批和新增授信支持等相关业务，并合力推进化解产能严重过剩矛盾的各项工作。

2）实施阶段

（1）设计阶段。

可行性研究报告批准后，工程建设进入设计阶段。我国大、中型建设项目在设计阶段一般采用两阶段设计，即初步设计和施工图设计。重大项目或特殊项目，根据各行业的特点，实行初步设计、技术设计、施工图设计三个阶段。民用项目，一般采用方案设计、初步设计、施工图设计三个阶段。

（2）建设准备。

项目在开工建设之前要切实做好各项准备工作，其主要内容包括：征地、拆迁和场地平整；完成施工用水、电、通信、道路等接通工作；组织招标，选择工程监理单位、承包单位及设备、材料供应商；准备必要的施工图纸；办理工程质量监督和施工许可手续。

① 工程质量监督手续的办理。建设单位在办理施工许可证之前应当到规定的工程质量监督机构办理工程质量监督注册手续。办理质量监督注册手续时需提供下列资料：施工图设计文件审查报告和批准书；中标通知书和施工、监理合同；建设单位、施工单位和监理单位工程项目的负责人和机构组成；施工组织设计和监理规划（监理实施细则）；其他需要的文件资料。

② 施工许可证的办理。从事各类房屋建筑及其附属设施的建造、装修装饰和与其配套的线路、管道、设备的安装，以及城镇市政基础设施工程的施工，建设单位在开工前应当向工程所在地的县级以上人民政府建设行政主管部门申请领取施工许可证。必须申请领取施工许可证的建筑工程未取得施工许可证的，一律不得开工。工程投资额在30万元以下或者建筑面积在300 m^2 以下的建筑工程，可以不申请办理施工许可证。

（3）施工安装。

工程项目经批准新开工建设，项目即进入施工安装阶段。项目新开工时间是指工程项目设计文件中规定的任何一项永久性工程第一次正式破土开槽开始施工的日期。不需开槽的工程，正式开始打桩的日期就是开工日期。铁路、公路、水库等需要进行大量土石方工程的，以开始进行土方、石方工程的日期作为正式开工日期。工程地质勘察、平整场地、旧建筑物的拆除、临时建筑、施工用临时道路和水、电等工程开始施工的日期不能算作正式开工日期。分期建设的项目分别按各期工程开工的日期计算，如二期工程应根据工程设计文件规定的永久性工程开工的日期计算。

施工安装活动应按照工程设计要求，施工合同及施工组织设计，在保证工程质量、工期、成本及安全、环保等目标的前提下进行，达到竣工验收标准后，由施工承包单位移交给建设单位。

（4）生产准备。

生产准备是项目投产前所要进行的一项重要工作，是建设阶段转入生产经营的必要条件。建设单位在项目进入施工阶段以后，应加强施工管理，并适时做好有关生产准备工作，保证工程一旦竣工，即可投入生产。生产准备是从建设到生产的桥梁，是保证收回投资的重要环节。生产准备的主要内容有生产组织人员准备、生产技术准备、生产物资准备、正常的生活福利设施准备等。

（5）竣工验收。

竣工验收是投资成果转入生产或使用的标志，是全面考核基本建设成果、检验设计和工程质量好坏的重要环节。竣工验收合格的项目即从基本建设转入生产或使用。竣工验收对促进建设项目及时投产、发挥投资效果、总结建设经验，都有重要作用。当建设项目的建设内容全部完成，并经过单位工程验收，符合设计要求，完成竣工报告、竣工决算等文件的编制后，项目法人按规定，向验收主管部门提出申请，根据国家有关部门规定的验收规程，组织验收。国家对建设项目竣工验收的组织工作，一般按隶属关系和建设项目的重要性而定。大中型项目，由各部门、各地区组织验收；特别重要的项目，由国务院批准组织国家验收委员会验收；小型项目，由主管单位组织验收。经验收合格的项目，写出工程验收报告，办理固定资产移交手续，交付生产使用。

3）项目后评价

建设项目竣工投产后，一般经过 1~2 年生产运营后，要进行一次系统的项目后评价，主要内容包括影响评价、效益评价、过程评价。项目后评价一般按三个层次组织实施，即项目法人的自我评价、项目行业的评价、主要投资方的评价。

为规范建设活动，国家通过监督、检查、审批等措施加强工程项目建设程序的贯彻和执行力度。除对项目建议书、可行性研究报告、初步设计等文件的审批外，对项目建设用地、工程规划等实行审批制度，对建筑抗震、环境保护、消防、绿化等实行专项审查制度。项目建设程序及其管理审批制度如图 6-3 所示。

6.1.3 工程项目生命周期

项目生命周期是一个项目从概念到完成所经过的所有阶段。所有项目都可分成若干阶段，且所有项目无论大小，都有一个类似的生命周期。其最简单的周期主要由四个阶段构成：概念阶段、开发或定义阶段、执行（实施）阶段和结束（试运行或结束）阶段。阶段数量取决于项目复杂程度和所处行业,每个阶段还可再分解成更小的阶段,项目各阶段投入力量曲线如图 6-4 所示,一般工程建设项目生命期、里程碑和可交付成果示意图如图 6-5 所示。

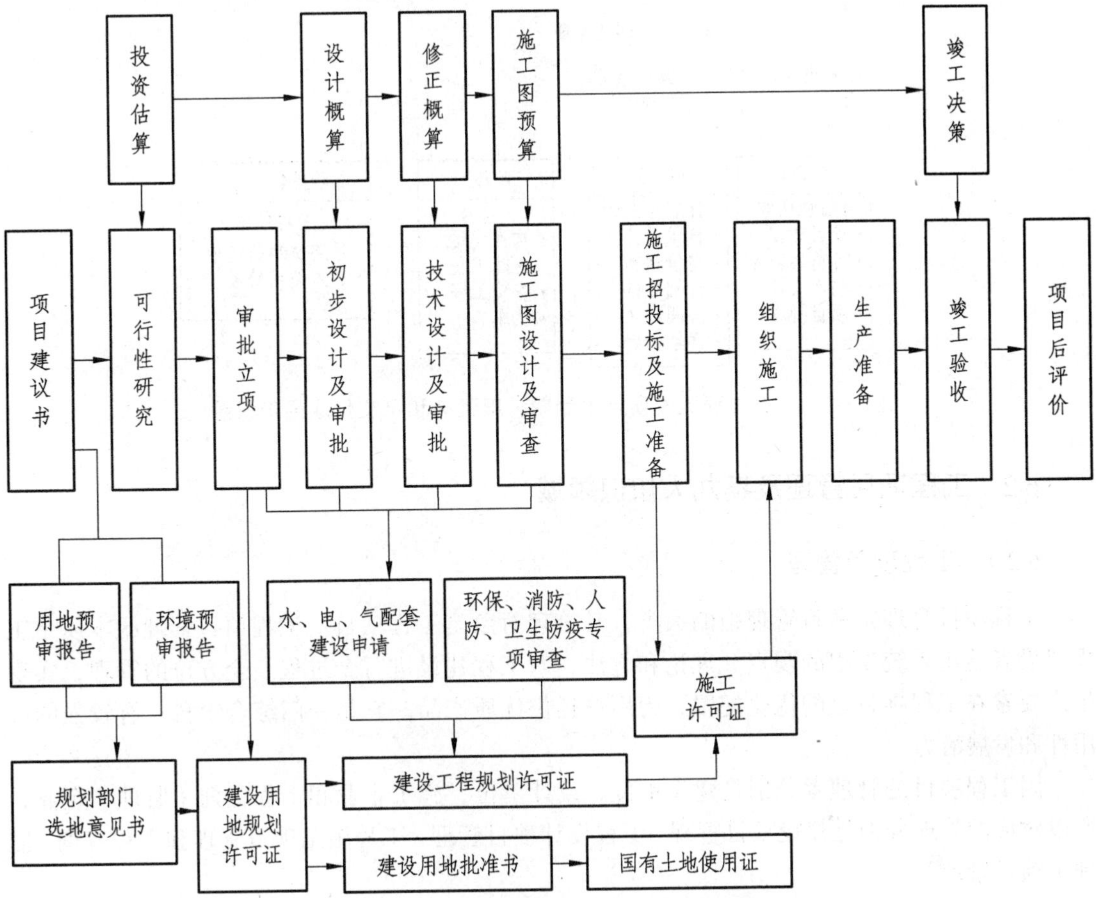

图 6-3 项目建设程序及其管理审批制度

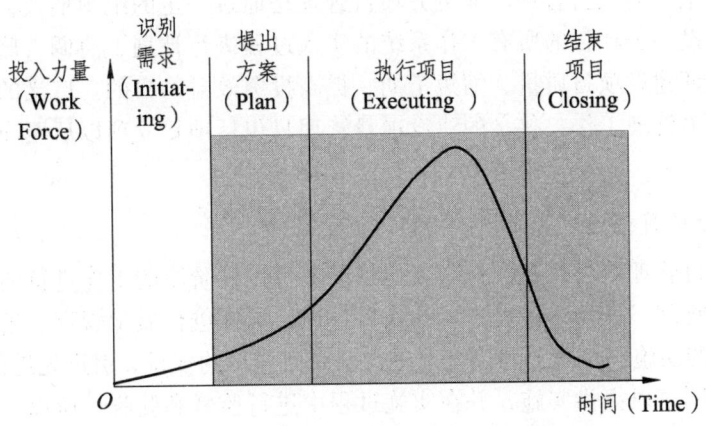

图 6-4 项目各阶段投入力量曲线

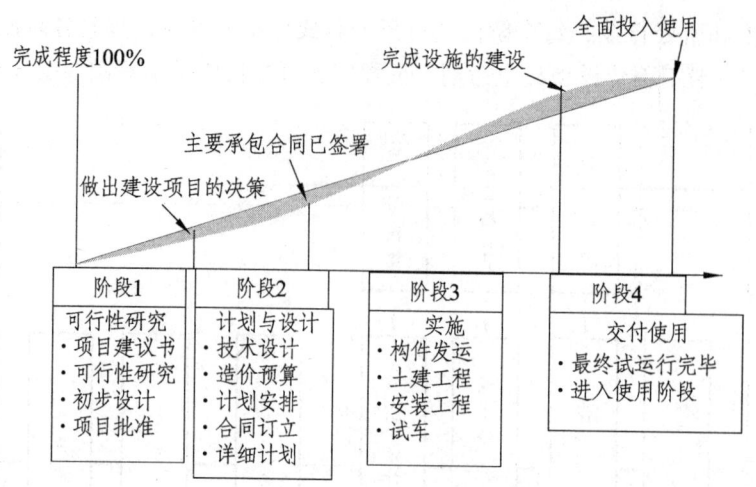

图 6-5　一般工程建设项目生命期、里程碑和可交付成果示意图

6.2　工程项目管理及其九大知识领域

6.2.1　工程项目管理

工程项目管理是项目管理中的大类，其管理对象是工程项目。工程项目管理的本质是工程建设者运用系统工程的观点、理论和方法，对工程建设进行全过程、全方位的管理，实现生产要素在工程项目上的优化配置，为用户提供优质产品。它是一门综合学科，有较强的应用性和发展潜力。

因工程项目的管理者分别是建设单位、设计单位、施工企业和工程咨询（监理）企业，所以对应的管理分别是建设项目管理、工程设计项目管理、工程施工项目管理和工程咨询（监理）项目管理。

1. 建设项目管理

建设项目管理是站在项目法人（建设单位、业主）的立场对项目建设进行的综合性管理工作，也称为业主方的项目管理。业主方项目管理是通过一定的组织形式，采取各种措施、方法，对投资建设一个项目的所有工作系统的实施过程进行计划、协调、监督、控制和总结评价，以达到保证建设项目质量、缩短工期、提高投资效益的目的。广义的建设项目管理包括投资决策的相关管理工作，狭义的建设项目管理只包括项目立项以后至交付使用的全过程管理。

2. 工程设计项目管理

工程设计项目管理是设计单位对参与的建设项目设计阶段的工作进行的自我管理，也称为设计方的项目管理。设计单位通过设计项目管理，同样进行质量管理、进度管理和投资管理，对拟建工程的实施在技术上和经济上进行全面而详尽的安排，引进先进技术和科研成果，形成设计图和说明书以提供实施，并在实施过程中进行监督和验收。所以，工程设计项目管理包括以下内容：设计投标、签订设计合同、设计条件准备、设计计划、设计实施阶段目标控制、设计文件验收与归档、设计工作总结，以及建设实施中的设计控制与监督、竣工验收。

由此可见，工程设计项目管理不仅局限于设计阶段，而是延伸到施工阶段和竣工验收阶段。

3. 工程施工项目管理

工程施工项目管理具有以下特征：

（1）工程施工项目的管理主体是工程施工企业，包括施工总承包商和分包商，故其对项目的管理也称为施工方的项目管理。建设单位和设计单位都不进行工程施工项目管理。建设单位或监理单位进行的工程项目管理中所涉及的施工阶段管理仍属建设项目管理。

（2）工程施工项目管理的对象是工程施工项目。工程施工项目管理的内容包括工程投标、签订工程项目施工合同、施工准备、施工、交工验收及用后服务等。工程施工项目管理的任务包括进度管理、质量管理、成本管理、安全管理、环境管理、合同管理、资源管理、信息管理、沟通管理、风险管理及组织协调等。

工程施工项目的以上特征使得工程施工项目管理具有特殊性，主要是：生产活动与市场交易活动同时进行；先有交易活动，后有"产成品"（竣工项目）；买卖双方都投入生产管理，生产活动涉及复杂的经济关系、技术关系、法律关系、行政关系和人际关系等。以上原因使工程施工项目管理中的组织协调工作变得艰难、复杂、多变，必须通过强化组织协调的办法才能保证施工顺利进行。主要强化方法是优选项目经理，建立调度机构，配备称职的调度人员，努力使调度工作科学化、信息化，建立起动态的控制体系。

工程施工项目管理与建设项目管理在管理主体、管理目的、管理内容和管理范围方面都不同：第一，建设项目的管理主体是建设单位或受其委托的建设工程项目管理企业；工程施工项目管理的主体是施工企业。第二，建设项目的管理目的是取得符合要求、能发挥应有效益的固定资产；工程施工项目的管理目的是把项目施工做好并取得利润。第三，建设项目的管理内容是涉及投资周转和建设的全过程管理；工程施工项目的管理内容涉及从投标开始到回访保修为止的全部生产组织管理。第四，建设项目的管理范围是一个建设项目，是由可行性研究报告确定的所有工程；工程施工项目的管理范围是由工程施工合同约定的承包范围，是建设项目或单项工程、单位工程施工过程的管理。

4. 工程咨询（监理）项目管理

工程咨询项目是由咨询单位进行中介服务的工程项目。咨询单位是中介组织，它具有相应的专业服务知识与能力，可以接受建设单位的委托进行项目管理。通过咨询单位提供的服务，有助于提高工程项目管理水平，并可作为政府、市场和企业之间的联系纽带。在市场经济体制中，由咨询单位进行工程项目管理和监理已经成为一种国际惯例。

工程监理项目是由监理企业进行管理的项目。一般是监理企业受建设单位的委托，签订监理委托合同，进行建设项目管理。监理企业也是中介组织，是依法成立的专业化、高智能型的组织，具有服务性、科学性与公正性，按照有关监理法规进行项目管理。监理企业是一种特殊的工程咨询机构。它受建设单位的委托，对设计和施工单位在承包活动中的行为和责权利进行必要的协调与约束，对建设项目进行投资管理、进度管理、质量管理、合同管理、信息管理与组织协调。

6.2.2 工程项目管理的九大知识领域

工程项目管理是"管理科学与工程"的一个分支，是介于自然科学和社会科学之间的一门边缘学科。项目经理要努力实现项目的范围、时间、成本和质量等目标，必须协调整个项目过程，以满足项目参与者及其他利益相关者的需要和期望。工程项目管理按照 PMI 体系可以划分为如下九个知识领域，完整的项目管理按图 6-6 所示的管理框架进行。

范围管理：对项目所要完成的工作范围进行管理和控制的过程与活动的总和。

进度管理：在项目的进展过程中，为了确保项目能够在规定的时间内按时实现项目的目标，对项目活动的进度及日程安排进行的管理过程。

成本管理：为保证项目实际发生的成本低于项目预算成本进行的管理过程与活动。

质量管理：为保证项目的可交付成果能够满足客户的需求，围绕项目的质量进行的计划、协调和控制等活动。

人力资源管理：项目组织对该项目的人力资源进行的科学的规划、适当的培训、合理的配置、准确的评估和有效的激励等一系列管理工作。

沟通与冲突管理：沟通管理是为了确保项目信息合理收集和传递，对项目信息的内容、信息传递的方式、信息传递的过程进行的全面管理。冲突管理是指分析冲突、解决冲突和防范冲突的过程。

风险管理：通过风险识别、风险评估去认识项目的风险，并以此为基础合理地使用各种管理方法、技术和手段对项目风险实行有效的控制、防范并减少损失的过程。

采购管理：为达到项目的目标而从项目组织的外部获取物料、工程和服务所需的过程。

整体管理：保证项目各要素相互协调的全部工作和活动过程。其内容有项目整体计划的编制、项目整体计划的执行和项目变更的整体控制。

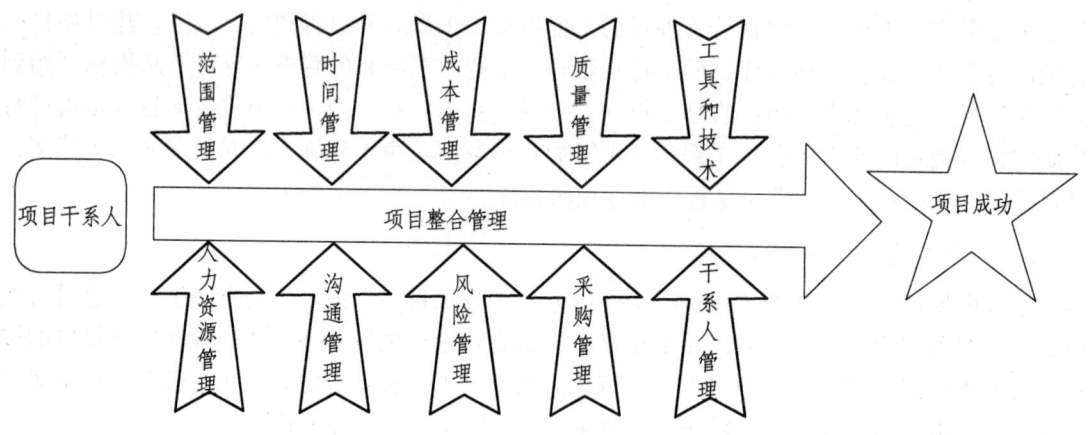

图 6-6　项目的管理框架

6.3　工程项目管理基本流程

项目管理的基本流程（见图 6-7）由以下 5 个阶段构成：
启动：制定项目章程并确定初步范围；
计划：制订项目管理计划；
执行：制导和管理项目的执行活动；
监控：监控项目执行并进行整体变更控制；

收尾：项目收尾和结束。

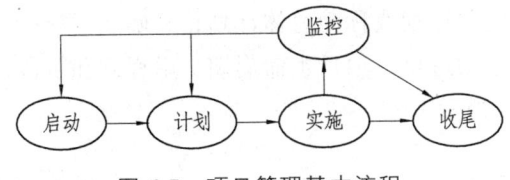

图 6-7　项目管理基本流程

6.3.1　项目管理流程——启动

项目存在及运作于比其自身概念大得多的环境之中，所以项目的成功依赖于项目在萌芽阶段的定义。而这个阶段往往取决于很多重要的因素（政治政策、法律法规、商业环境、组织运营、人际影响等）并进行缜密的论证后得出项目的目标（可行的）。

也就是说，项目启动是一个过程，它始于某个触发条件（招标、上级命令、商业机会等）而结束于项目目标的渐进明细（量化）。通常在发达国家该阶段会持续比较长的时间用于论证，以免给投资人造成损失。而在项目目标达成一致后，项目经理也会被委任，并带领早期项目团队开展各项目的计划工作。

项目管理在启动阶段需要明确以下 7 个内容：明确项目的需求；确定项目的目标；定义项目干系人的期望值；描述基本的项目范围；选择基本的项目组成员；明确项目经理；确认需要交付的文档。

在启动阶段，项目经理有以下责任：与领导层沟通协商，明确项目需求和所需资源等；挑选项目组成员，得到项目组的支持；在项目实施过程中不断修正项目计划；在项目计划过程中领导和指导项目组成员；保证与项目相关人的沟通并汇报项目进程；监控项目的进程，保证项目按时间计划执行。项目组成员有以下责任：项目核心成员对项目经理负责，保证项目的完成，参与项目计划的制定；服从项目经理的指挥，执行计划分配的任务；配合其他小组成员的工作；保持与项目经理的沟通。项目管理中的"三驾马车"如图 6-8 所示。

启动阶段的三个关键点：与高层间的沟通，明确需求并获得相关支持；明确项目目标；开会讨论，明确团队及执行相关要求。

启动阶段常见问题：需求不明确及需求沟通不够；项目组成员选择；为促成项目，过于乐观地分析项目可行性。

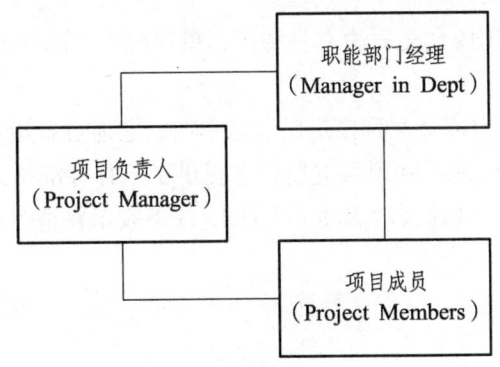

图 6-8　项目管理中的"三驾马车"

6.3.2 项目管理流程——计划

项目管理计划是项目的主计划或称为总体计划,它确定了执行、监控和结束项目的方式与方法,包括项目需要执行的过程、项目生命周期、里程碑和阶段划分等全局性内容。项目管理计划具体内容如图 6-9 所示。

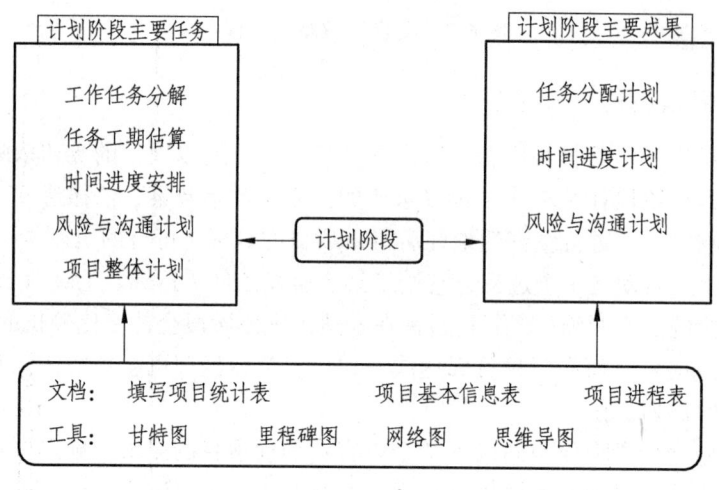

图 6-9　项目管理计划

1. 计划的主要内容

在质量、时间和资源中取得平衡,从而进一步明确范围;具体工作任务和执行次序;具体阶段及时间进度表;风险分析;管理计划(时间、范围、成本、沟通等);得到相应的项目干系人批准的项目计划。

2. 项目计划编制的步骤

定义项目的目标、可交付成果,对项目进行描述,项目描述中的关键信息有:①项目名称;②项目目标;③项目交付物;④交付物验收标准;⑤项目主要工作的描述;⑥项目的前提假设和基准原则;⑦参考标准;⑧项目约束;⑨主要里程碑;⑩进度总结;⑪标志信号。

3. 项目进度计划的方法

制定项目进度计划常用的主要方法有甘特图、里程碑图、网络图和思维导图。

(1)甘特图。

甘特图(Gantt Chart,GC)又称横道图、条形图,它通过日历形式列出项目活动工期及其相应的开始和结束日期,为反映项目进度信息提供了一种标准格式。某项目的甘特图如图 6-10 所示。横轴表示时间,纵轴表示活动(项目),线条表示在整个期间计划和实际的活动完成情况。

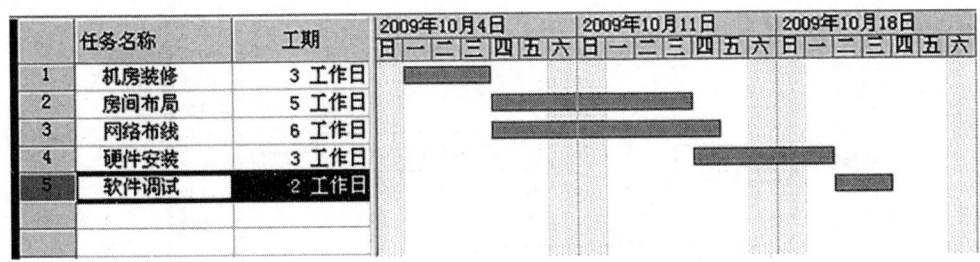

图 6-10 某项目的甘特图

在甘特图中，项目活动在表的左侧列出，时间在表的顶部列出，可以依据计划的详细程度，以年、月、周、天或小时作为度量项目进度的时间单位。

（2）里程碑图。

建立里程碑和检验各个里程碑的到达情况，来控制项目工作的进展和保证实现总目标。它是一个目标计划，表明为了达到特定的里程碑，去完成一系列活动。里程碑图示例如图 6-11 所示。

里程碑事件	1月	2月	3月	4月	5月	6月	7月	8月	9月
A		▲							
B			▲						
C					▲				
D							▲		
E									

图 6-11 里程碑图示例

（3）网络图。

项目网络图，由工序和事件组成的具有一个发点和一个收点的有向赋权图。网络图示例如图 6-12 所示。

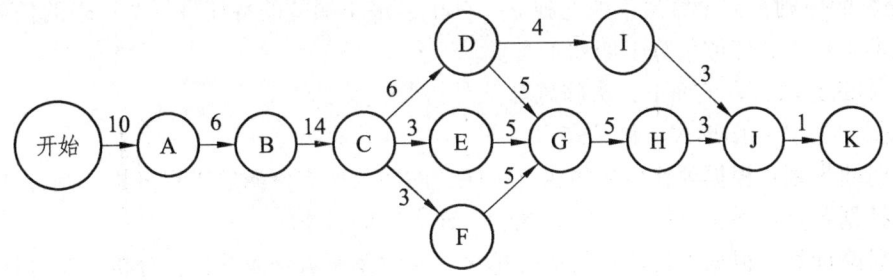

图 6-12 网络图示例

（4）思维导图。

思维导图又称心智图，是表达发射性思维的有效的图形思维工具。它简单却又极其有效，是一种革命性的思维工具。思维导图示例如图 6-13 所示。

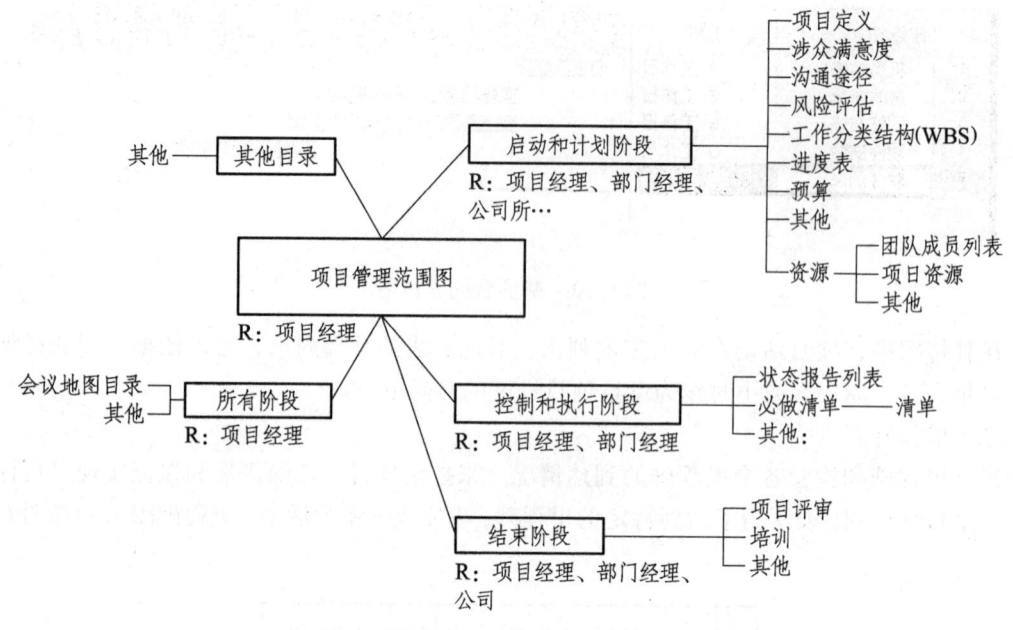

图 6-13 思维导图示例

4. 计划阶段主要成果

（1）任务分配计划。工作任务分解，将项目分解到可预测、可管理的单个小任务，工作任务分解方法示例如图 6-14 所示。

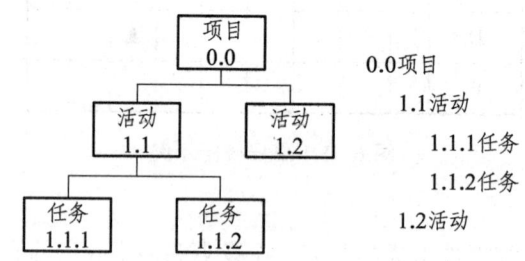

图 6-14 工作任务分解方法示例

① 分解的原则：完全穷尽，彼此独立。其中，最小颗粒的特征是一个清晰的任务完成，一个清晰的责任人，能够估算工期和工作量。

② 分解的方法：自上而下，头脑风暴。

③ 表达的形式：图形式、目录式。

（2）时间计划：根据项目任务的执行排序、时间及所需资源等进行分析，制订计划。

时间计划要点：强化"第一时间"观念，建立时间日志。

（3）风险计划：根据项目任务的执行排序、时间及所需资源等进行分析，制订计划。

风险计划要点：识别风险，评估风险等级，明确风险响应计划。

假设所列计划中有可能出现的风险，分析任务执行中哪里会出现问题，与项目组成员一同头脑风暴回顾以往项目中曾出现的问题。

（4）沟通计划：根据项目任务的执行排序、时间及所需资源等进行分析，制订计划。

四个"适当"：在适当的时间将适当的信息通过适当的渠道传达给适当的人，并确保相关人的正确理解。

三大原则：及时、准确、信息恰到好处。

计划阶段的 3 个关键点：明确项目范围及具体任务；全面的风险认识；各关键人员的识别与沟通。

计划阶段常见问题：① 对工作任务的分解不充分；② 风险意识不强及没有沟通计划；③ 计划通常由个人制定，项目组没有达成共识。

6.3.3　项目管理流程——实施

项目管理实施规划是在项目开工之前由项目经理主持编制的，目的在于指导施工项目实施阶段管理的文件。项目管理实施规划是项目实施过程的管理依据。它对整个项目管理过程提出管理目标，又为实现目标做出管理规划，对项目管理取得成功有重要意义。

项目实施的 6 项内容：保证执行计划所需的资源；领导团队；和团队成员开会；识别并解决问题；化解冲突；与项目干系人沟通。

项目沟通要点：项目组成员对目标达成共识，沟通项目计划、规章，相互尊重主动倾听。项目沟通方式如图 6-15 所示。

有效沟通的关键要素：会前准备，会中阐述，会后落实。

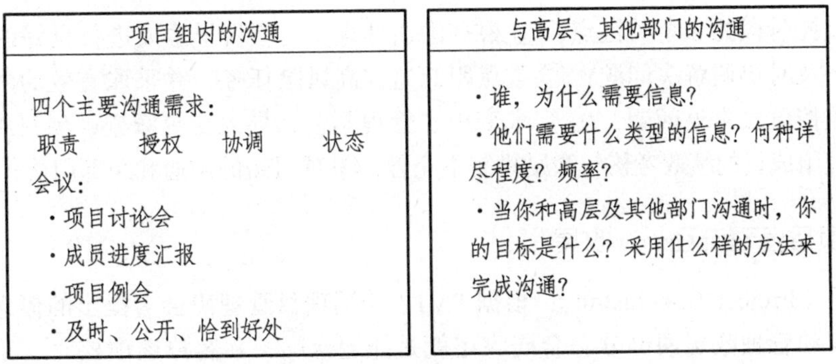

项目组内的沟通	与高层、其他部门的沟通
四个主要沟通需求： 职责　授权　协调　状态 会议： ·项目讨论会 ·成员进度汇报 ·项目例会 ·及时、公开、恰到好处	·谁，为什么需要信息？ ·他们需要什么类型的信息？何种详尽程度？频率？ ·当你和高层及其他部门沟通时，你的目标是什么？采用什么样的方法来完成沟通？

图 6-15　项目沟通方式

6.3.4　项目管理流程——监控

项目监控是围绕项目实施计划，跟踪进度、成本、质量、资源，掌握各项工作现状，以便进行适当的资源调配和进度调整，确定活动的开始和结束时间，并记录实际的进度情况，在一定情况下进行路径、决策、度量、量化管理、风险等方面的分析。在实施项目的过程中，要随时对项目进行跟踪监控，以使项目按计划的进度、技术指标完成，并提供现阶段工作的反馈信息，以利于后续阶段的顺利开展和整个项目的完成。

项目监控所需完成的任务：① 识别计划的偏离；② 采取矫正措施以使实际进展与计划保持一致；③ 评估和接受来自项目干系人的项目变更请求；④ 必要时重新调整项目活动；⑤ 必要时调整资源水平；⑥ 得到授权者批准后，变更项目范围、调整项目目标；⑦ 监控项目进展，把控项目实施进程。

项目监控的要点：① 高风险任务；② 项目进度；③ 资源和费用；④ 人员表现。

监控的方法和工具：① 应用项目进度计划表；② 召集会议；③ 观察/检查；④ 跟踪行动计划；⑤ 定期反馈及报告。

监控过程中进度延误解决办法：① 投入更多的人；② 现有的人投入更多的时间（加班）；③ 换工作效率更好的人员去做；④ 改进工作方法和工具，提高效率；⑤ 缩小项目范围或降低活动质量要求。

项目变更管理流程如图 6-16 所示，项目变更的源头有以下 3 个方面：① 领导层，不断变化的想法与欲望；② 项目团队，成员技能与团队冲突；③ 项目优先级，市场变化、资源变化、其他项目的影响。

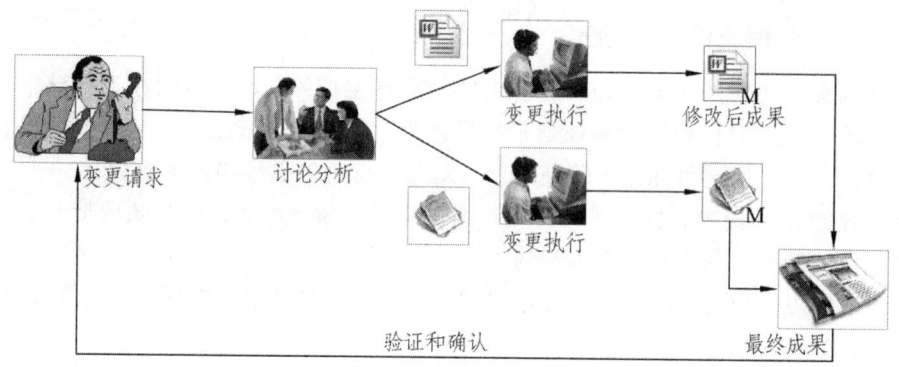

图 6-16 变更管理流程

实施与监控阶段的 3 个关键点：① 根据沟通计划，与项目干系人进行良好的沟通；② 严格监控进度，及时协调解决问题；③ 重点跟踪监控高风险任务，并采取有效的防范措施。

实施与监控阶段常见问题：① 需求变更、管理不善，导致变更频繁，项目组运作混乱；② 跨部门项目组成员的绩效考核与激励机制不完善；③ 项目组的沟通和跨部门协作难度比较大。

6.3.5 项目管理流程——收尾

项目收尾（Project Conclusion）：根据 PMI（美国项目管理协会）提出的概念，项目收尾包括合同收尾和管理收尾两部分。合同收尾就是抓起合同，和客户逐项核对，是否完成了合同所有的要求，是否可以把项目结束掉，也就是我们通常所讲的验收。项目收尾过程各项指标因素如图 6-17 所示。

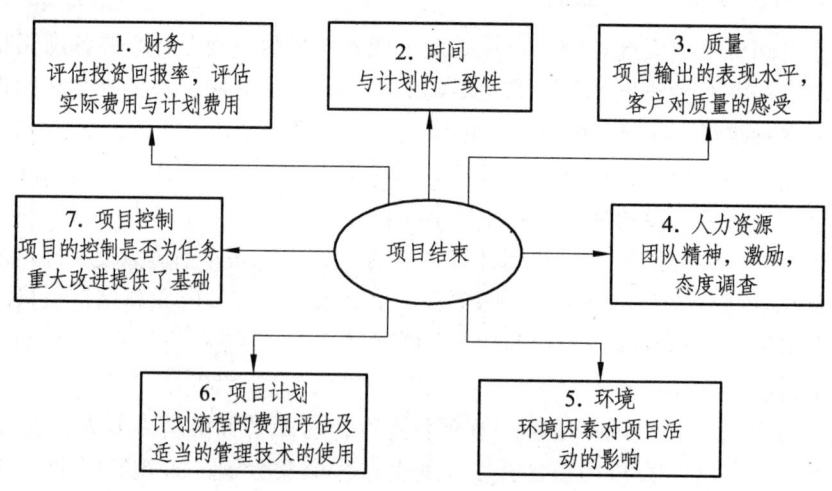

图 6-17 收尾过程各项指标因素

项目收尾阶段主要有 3 项工作：① 评估与验收，领导审核并确认；② 项目总结；③ 文档归档。

项目总结需要召开项目总结会，并完成项目总结表，总结表主要包括项目总结、问题与收获、贡献度 3 个内容，项目总结后续工作便是进行文档归档，具体各阶段文档归档内容如表 6-1 所示。

表 6-1　文档归档

步骤	归档文档
启动	方案、项目基本信息表
计划	阶段时间安排、项目综合计划等
实时监控	项目会议纪要、变更说明、审核记录、阶段性报告、相关文献等
收尾	项目结果文档/项目评审验收报告、项目总结报告、项目交付的其他文档

项目收尾阶段的 3 个关键点：① 顺利完成项目评估和验收；② 项目总结，经验总结；③ 完整的项目信息归档。

项目收尾阶段常见问题：① 经验、教训的总结不够；② 项目组成员对网站的重要性认识不足；③ 项目的移交。

6.4　工程项目的组织管理

6.4.1　工程项目的组织结构

项目组织是按照项目的目标以一定的形式组建起来的。常见的组织结构形式有职能型组织结构、项目型组织结构和矩阵型组织结构。

1. 职能型组织结构

职能型组织结构是一种传统的、松散的项目组织结构，它的出现是社会化大生产、专业化分工的结果。其具体结构如图 6-18 所示。

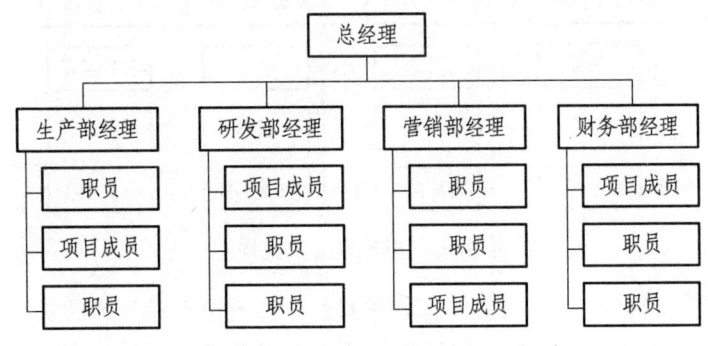

图 6-18　职能型组织结构图

职能型组织结构的优点：① 层次清晰，结构分明；② 充分利用内部人力资源；③ 人员专业性强；④ 项目成员有职业保障。

职能型组织结构的缺点：①人员兼职，容易造成工作和利益的冲突；②项目成员有一定的流动性；③项目成员之间缺乏合作；④项目经理权利受限。

2. 项目型组织结构

项目型组织结构的部门是按照项目来设置的，每个部门相当于一个微型的职能型组织，每个部门都有自己的项目经理及其下属职能部门。其具体结构如图6-19所示。

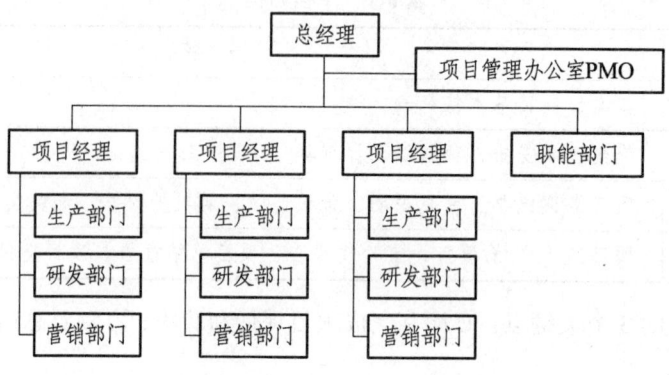

图6-19　项目型组织结构图

项目型组织结构的优点：①项目成员为专职，责任明确；②项目成员目标明确，能充分发挥团队精神；③项目经理具有决策自主权；④项目经理可以直接与高层管理人员沟通。

项目型组织结构的缺点：①项目组织设有自己的职能部门，不利于资源共享；②项目成员忙闲不均，造成人力资源浪费；③项目成员职业缺乏保障。

3. 矩阵型组织结构

矩阵型组织结构是为了最大限度地利用组织中的资源而发展起来的，是由职能型和项目型组织结构组成的一个混合体。其具体结构如图6-20所示。

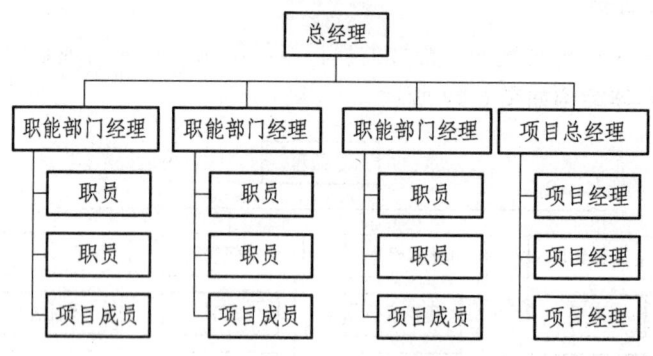

图6-20　矩阵型组织结构图

矩阵型组织结构的优点：①灵活性；②项目经理能充分调动项目的资源；③公司可以对多个项目进行总体协调和平衡，保证项目的完成；④项目成员日后工作有保障。

矩阵型组织结构的缺点：①对项目经理的能力要求较高；②项目成员可能接受多重领导，造成工作无所适从；③项目经理与职能部门经理对各自成员的影响力不同，会对项目进度造成影响。

4. 项目组织结构的选择

项目组织结构的选择对于项目的运营至关重要，具体选择可参考表 6-2。

表 6-2 项目组织结构选择考虑的关键因素

因素	职能型	项目型	矩阵型
项目风险程度	小	大	大
项目采用的技术	标准	创新性强	复杂
项目复杂程度	小	大	适中
项目持续时间	短	长	适中
项目投资规模	小	大	适中
客户的类型	多	单一	一般

6.4.2 项目经理

1. 项目经理概述

项目经理在领导项目团队达成项目目标方面发挥至关重要的作用。在整个项目期间，这个角色的作用非常明显。很多项目经理从项目启动时开始参与项目，直到项目结束。不过，在某些组织内，项目经理可能会在项目启动之前就参与评估和分析活动。这些活动可能包括管理层和业务部门领导者的想法，以推进战略目标的实现、提高组织绩效，或满足客户需求。某些组织可能还要求项目经理管理或协助项目商业分析、商业论证以及项目组合管理事宜。项目经理还可能参与后续跟进活动，以实现项目的商业效益。不同组织对项目经理的角色有不同的定义，但本质上都需要符合项目需求。

（1）成员与角色。一个大型项目可能包括由一位项目经理领导的上百位项目成员。这些团队成员需要承担各种不同的角色，例如设计、制造和设施管理，项目团队成员也组成了多个业务单元或小组。

（2）在团队中的职责。项目经理需要为团队的成果负责，需要从整体的角度来看待团队成果，以便进行规划、协调和完成项目成果。首先，应审查各自组织的愿景、使命和目标，确保成果与之保持一致。其次，解释与成功完成成果相关的愿景、使命和目标。最后，向团队沟通自己的想法，激励团队成功完成目标。

（3）知识和技能。项目经理无须承担项目中的每个角色，但应具备项目管理知识、技术知识、理解能力和经验。项目经理通过沟通领导项目团队进行规划和协调。项目经理采用书面沟通（如文档计划和进度计划），还通过会议和口头或非口头形式与团队进行实时沟通。

从职业角度讲，项目经理岗位是指企业建立以项目经理责任制为核心，对项目实行质量、成本、时间、范围等管理的责任保证体系和全面提高项目管理水平设立的重要管理岗位。项目经理必备的七大能力：领悟能力、判断能力、计划能力、写作能力、指挥能力、授权能力、纠偏能力。

2. 项目经理的定义

项目经理的角色不同于职能经理或运营经理。一般而言，职能经理专注于对某个职能领域或业务部门的管理监督，运营经理负责保证业务运营的高效性。而项目经理是由执行组织委派，领导团队实现项目目标的个人。

项目经理在其影响力范围内担任多种角色。这些角色反映了项目经理的能力，体现了项目经理这一职业的价值和作用。本节将重点讲述项目经理在图 6-21 所示的各种影响力范围内的角色。

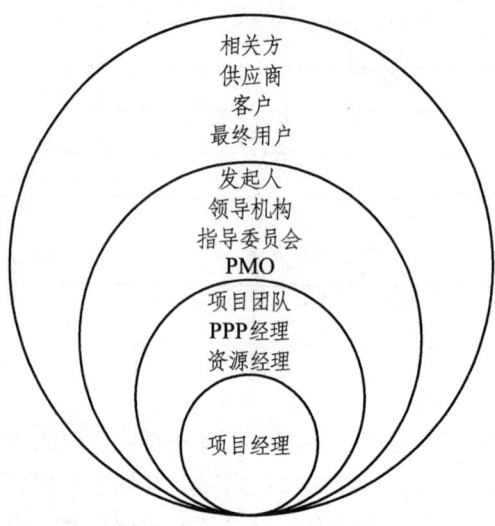

图 6-21　项目经理的影响力范围实例

项目经理领导项目团队实现项目目标和相关方的期望。项目经理利用可用资源，以平衡相互竞争的项目制约因素。

项目经理还充当项目发起人、团队成员与其他相关方之间的沟通者，包括提供指导和展示项目成功的愿景。项目经理使用软技能（例如人际关系技能和人员管理技能）来平衡项目相关方之间相互冲突和竞争的目标，以达成共识。这种情况下的共识指即便不是 100% 赞同，相关方还会支持项目决定和行动。

研究表明，成功的项目经理可以持续和有效地使用某些基本技能。研究指出，在由上级和团队成员指定的项目经理中，排名前 2% 的项目经理之所以脱颖而出，是因为他们展现出了超凡的人际关系和沟通技能以及积极的态度。

与团队和发起人等相关方沟通的能力适用于项目的各个方面，包括（但不限于）以下各个方面：

（1）通过多种方法（例如口头、书面和非口头）培养完善的技能；

（2）创建、维护和遵循沟通计划和进度计划；

（3）以可预见且一致的方式进行沟通；

（4）寻求了解项目相关方的沟通需求（沟通可能是某些相关方在最终产品或服务完成之前获取信息的唯一渠道）；

（5）以简练、清晰、完整、简单、相关和经过裁剪的方式进行沟通；

（6）包含重要的正面和负面消息；

（7）合并反馈渠道；

（8）人际关系技能，即通过项目经理的影响力范围拓展广泛的人际网络。

这些人际网络包括正式的人际网络，例如组织架构图；但项目经理发展、维护和培养的非正式人际网络更加重要。非正式人际网络包括与主题专家和具有影响力的领导者建立的个人人际关系。通过这些正式和非正式的人际网络，项目经理可以让很多人参与解决问题并探询项目中遇到的官僚主义障碍。

3. 项目经理的胜任力

近期项目管理协会（Project Management Institute，PMI）通过 PMI 人才三角（见图 6-22）研究提出了项目经理根据《项目经理能力发展（PMCD）框架》需要具备的技能。人才三角重点关注三个关键技能组合：① 技术项目管理。与项目、项目集和项目组合管理特定领域相关的知识、技能和行为，即角色履行的技术方面。② 领导力。指导、激励和带领团队所需的知识、技能和行为，可帮助组织达成业务目标。③ 战略和商务管理。关于行业和组织的知识和专业技能，有助于提高绩效并取得更好的业务成果。

虽然技术项目管理技能是项目集和项目管理的核心，但 PMI 研究指出，当今全球市场越来越复杂，竞争也越来越激烈，只有技术项目管理技能是不够的。各个组织正在寻求其他有关领导力和商业智慧

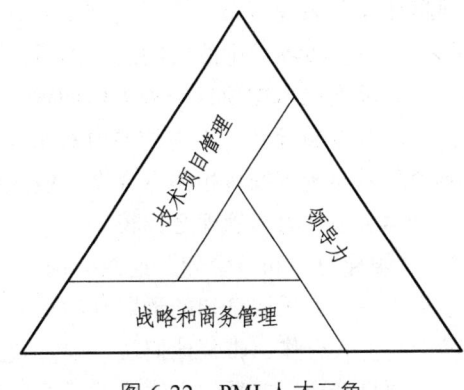

图 6-22　PMI 人才三角

技能。来自不同组织的成员均提出，这些能力可以有助于支持更长远的战略目标，以实现赢利。为了最有效地开展工作，项目经理需要平衡这三种技能。

（1）技术项目管理技能。

技术项目管理技能指有效运用项目管理知识实现项目集或项目的预期成果的能力。有很多技术项目管理技能。本指南的知识领域部分描述了很多必要的项目管理技能。项目经理经常会依赖专家判断来有效开展工作。要获得成功，重要的是项目经理必须了解个人专长以及如何找到具备所需专长的其他人员。

研究表明，顶尖的项目经理会具备 4 种关键技能，包括（但不限于）：

① 重点关注所管理的各个项目的关键技术项目管理要素。简单来说，就是随时准备好合适的资料。最主要的是：项目成功的关键因素；进度计划；指定的财务报告；问题日志。

② 针对每个项目裁剪传统和敏捷工具、技术和方法。

③ 花时间制定完整的计划并谨慎排定优先顺序。

④ 管理项目要素，包括（但不限于）进度、成本、资源和风险。

（2）战略和商务管理技能。

战略和商务管理技能包括纵览组织概况，有效协商并执行有利于战略调整和创新的决策与行动的能力。这项能力可能涉及其他职能部门的工作知识，如财务部、市场部和运营部。战略和商务管理技能可能还包括发展和运用相关的产品与行业专业知识。这种业务知识也被称为领域知识。项目经理应掌握足够的业务知识，以便能够：

① 向其他人解释关于项目的必要商业信息；

② 与项目发起人、团队和主题专家合作制定合适的项目交付策略；

③ 以实现项目商业价值最大化的方式执行策略。

为制定关于项目成功交付的最佳决策，项目经理应咨询具备关于组织运营的专业知识的运营经理。这些经理应了解组织的工作以及项目计划会对工作造成的影响。对项目经理而言，对项目主题的了解越多越好，至少应能够向其他人说明，同时为项目提出合适的决策和建议。随着条件的变化，项目经理应与项目发起人持续合作，使业务战略和项目策略保持一致。

（3）领导力技能。

领导力技能包括指导、激励和带领团队的能力。这些技能可能包括协商、抗压、沟通、解决问题、批判思考和人际关系技能等基本能力。随着越来越多的公司通过项目执行战略，项目变得越来越复杂。项目管理不仅仅涉及数字、模板、图表、图形和计算机系统方面的工作。人是所有项目中的共同点。人可以计数，但不仅仅是数字。

人际交往占据项目经理工作的很大一部分。项目经理应研究人的行为和动机，应尽力成为一个好的领导者，因为领导力对组织项目是否成功至关重要。项目经理需要运用领导力技能和品质与所有项目相关方合作，包括项目团队、团队指导和项目发起人。

（4）领导力与管理之比较。

"领导力"和"管理"这两个词经常被互换使用，但它们并不是同义词。"管理"更接近于指挥一个人采取已知的预期行动从一个位置到另一个位置。相反，"领导力"指通过讨论或辩论与他人合作，带领他们从一个位置到另一个位置。

项目经理所选择的方法体现了他们在行为、自我认知和项目角色方面的显著差异。表6-3从几个重要的层面对管理和领导力进行比较。

为获得成功，项目经理必须同时采用领导力和管理这两种方式。技巧在于如何针对各种情况找到恰当的平衡点。项目经理的领导风格通常体现了他们所采用的管理和领导力方式。

表 6-3　团队管理与团队领导力之比较

管理	领导
直接利用职位权利	利用关系权力来指导、影响和合作
维护	发展
管理	创新
关注系统和架构	关注人际关系
依赖控制	激发信任
关注近期目标	关注长期愿景
了解方式和时间	了解情况和原因
关注赢利	关注前景
接受现状	挑战现状
正确地做事	做正确的事情
关注操作层面的问题及其解决	关注愿景、一致性、动力和激励

4. 执行整合

执行项目整合时，项目经理承担双重角色：

（1）项目经理扮演重要角色，与项目发起人携手合作，来理解战略目标，并确保项目目标和成果与项目组合、项目集以及业务领域保持一致。项目经理以这种方式帮助实现战略层面的整合与执行。

（2）在项目层面上，项目经理负责指导团队关注真正重要的事务并协同工作。为此，项目经理需要整合过程、知识和人员。

1）在过程层面执行整合

项目管理可被看作为实现项目目标而采取的一系列过程和活动。有些过程可能只发生一次（例如项目章程的初始创建），但很多过程在整个项目期间会相互重叠并重复发生多次。这种重叠和多次出现的过程，比如需求变更，它会影响范围、进度或预算，并需要提出变更请求。控制范围过程和实施整体变更控制等若干项目管理过程可包括变更请求。在整个项目期间实施整体变更控制过程是为了整合变更请求。

虽然对项目过程的整合方式没有明确的定义，但如果项目经理无法整合相互作用的项目过程，那么实现项目目标的机会将会很小。

2）认知层面的整合

管理项目的方法有很多，而方法的选择通常取决于项目的具体特点，包括规模、项目或组织的复杂性，以及执行组织的文化。显然，项目经理的人际关系技能和能力与其管理项目的方式有紧密的关系。

项目经理应尽量掌握所有项目管理知识领域。熟练掌握这些知识领域之后，项目经理可以将经验、见解、领导力、技术以及商业管理技能运用到项目管理中。最后，项目经理需要整合这些知识领域所涵盖的过程才有可能实现预期的项目结果。

3）背景层面的整合

与几十年前相比，当今企业和项目所处的环境有了很大的变化，新技术不断涌现。社交网络、多元文化、虚拟团队和新的价值观都是项目所要面临的全新现实。例如，开展一个涉及多个组织的大型跨职能项目，就需要整合许多的知识和人员。项目经理在指导项目团队进行沟通规划和知识管理时需要考虑这个背景所产生的影响。

在管理整合时，项目经理需要充分认识项目背景和这些新因素，然后项目经理可以决定如何在项目中最好地利用这些新环境因素，以获得项目成功。

4）整合与复杂性

有些项目可能非常复杂，难以管理。简单来说，"复杂"一词通常被用来描述难以理解或错综复杂的事物。

项目的复杂性来源于组织的系统行为、人类行为以及组织或环境中的不确定性。《项目复杂性管理：实践指南》[1]将复杂性的三个维度定义为：

（1）系统行为。组成部分与系统之间的依赖关系。

（2）人类行为。不同个体和群体之间的相互作用。

（3）模糊性。出现问题、缺乏理解或困惑引发的不确定性。

复杂性本身指个体基于自身经验、观察和技能的一种感知，更准确的描述应该是项目包含复杂性的要素，而不是项目本身复杂。项目组合、项目集和项目可能包含复杂性的要素。

项目整合之前，项目经理应考虑项目内外的要素。项目经理应检查项目的特征或属性。

---

[1] Project Management Institute. Navigating Complexity: A Practice Guide. Newtown Square, PA: Author, 2014.

作为项目的一种特征或属性,复杂性通常被定义为:
(1)包含多个部分;
(2)不同部分之间存在一系列连接;
(3)不同部分之间有动态交互作用;
(4)这些交互作用所产生的行为远大于各部分简单的相加(例如突发性行为)。

认真审查致使项目复杂性提高的各种因素,有助于项目经理在规划、管理和控制项目时可以识别关键领域,确保完整整合。

习 题

1. 什么是项目?项目的特点有哪些?项目的三要素指的是什么?
2. 什么是工程项目?它有什么特征?
3. 项目管理的九大知识领域分别是什么?
4. 项目的基本流程是什么?
5. 项目的组织结构有哪几种类型?每种类型的特点是什么?
6. 简述项目经理的权限。
7. 团队管理与团队领导力的区别是什么?

第7章　工程项目进度计划管理

工程项目进度计划管理是一个综合性的管理过程,是工程项目管理中的重要组成部分。如何在确保合同工期和主要里程碑时间的前提下,对设计、采办和施工的各项作业进行时间和逻辑上的合理安排,并达到合理利用资源、降低费用支出和减少施工干扰的目的,是工程项目进度计划管理的主要研究内容。本章将分别从制订计划和进度控制两部分展开介绍。

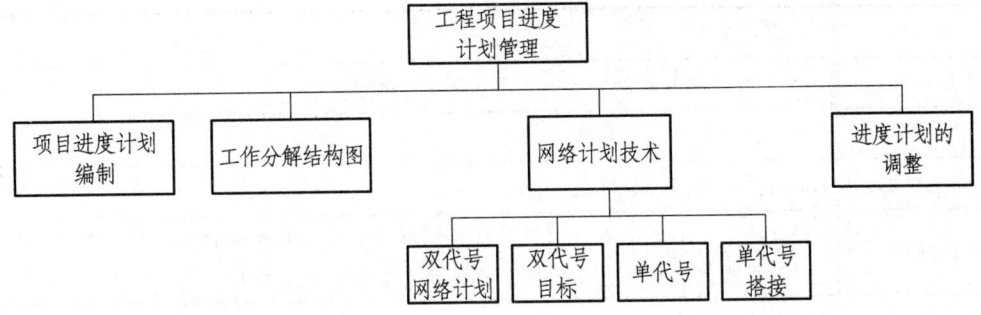

7.1 项目进度计划编制

项目进度计划管理包括制订项目进度计划和进度控制。其中,项目进度计划是表达项目中各项工作的开展顺序、开始及完成时间以及相互衔接关系的计划。项目计划编制是根据项目本身特点,按照科学程序和方法制订计划的过程。它具体可分为定义产品、确定任务、开发优先秩序图表、分配时间等步骤。常用工具是工作分解结构图、线性责任图及项目行动计划表三种。遵循的原则包括：目的性、系统性、动态性、职能性、完整性、相对稳定性。用于制订项目计划的方法主要为计划评审技术、甘特图、关键路线法和里程碑系统。项目计划进度的编制过程如图7-1所示,可分为项目描述、项目分解、工作描述、工作责任分配、工作先后关系、确定工作时间、绘制网络图以及进度安排8个过程。

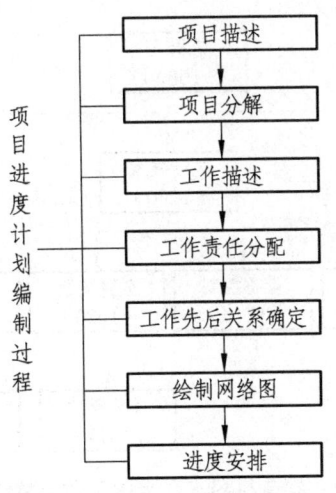

图7-1 项目计划进度的编制过程

7.1.1 项目描述

定义：项目描述是用表格的形式列出项目目标、项目范围、项目如何执行、项目完成计划等内容。

目的：项目描述的目的是对项目的总体要求作一个概要性的说明，是制作项目计划和绘制工作分解结构图的依据。

内容：项目名称、项目目标、交付物、交付物完成准则、工作描述、工作规范、所需资源估计、重大里程碑等，具体项目描述见表7-1。

表 7-1 项目描述表

项目名称	机器人开发
项目目标	25周内开发出一款机器人，开发费用100万元
交付物	满足性能要求的机器人
交付物完成准则	试运行成功，验收通过
工作描述	项目及工作信息录入、项目网络计划图绘制、项目时间计划安排、甘特图计划制定、项目执行信息录入与分析、各种计划报表输出等功能
工作规范	依据行业规范
所需资源估计	人力、材料、设备（机时）的需求预计
重大里程碑	开始日期1月1日，完成日期6月18日
项目负责人审核	签名：　　　　　　　　　　　日期：

7.1.2 项目分解

项目分解定义：把复杂的项目逐步分解成一层一层的要素（任务或活动），它是一个分级的树型结构。

项目分解的工具：工作分解结构（Work Breakdown Structure，WBS）原理。制造机器人项目的工作分解结构图如图7-2所示。

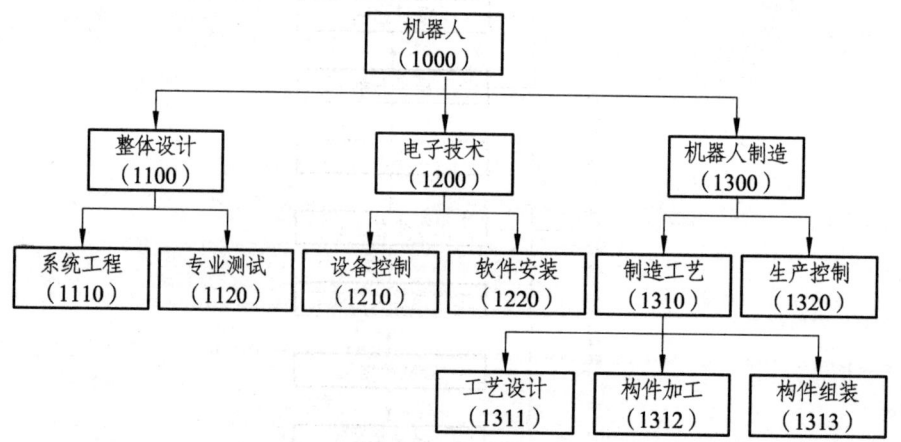

图 7-2 制造机器人项目的工作分解结构图

7.1.3 工作描述

在项目分解的基础上,对项目包含的各项工作(任务或活动)的具体内容和要求进行描述。工作描述是编制项目计划的依据。工作描述的结果是工作描述表及项目工作列表,某任务描述表见表 7-2。

表 7-2 工作(任务)描述表

任务名	订购材料
任务交付物	签名并发出订单
验收标准	部门经理签字、订单发出
技术条件	本公司采购工作程序
任务描述	根据第 x 号表格和工作程序第 y 条规定,完成订单并报批
假设条件	所需材料存在
信息源	采购部、供应商广告等
约束	必须考虑材料的价格
其他	风险:材料可能暂时短缺 防范计划:事先通知潜在的供应商,了解今后该材料的供货可能性
签名	项目组成员 A

7.1.4 工作责任分配

工作责任分配是将所分解的工作任务落实到项目有关部门或个人,明确表示他们在组织工作中的关系、责任和地位。工作责任分配的依据是工作分解结构图表和项目组织结构图表,工作责任分配的结果形成工作责任分配矩阵/表,某机器人项目的责任分配矩阵表见表 7-3。

表 7-3 某机器人项目的责任分配矩阵表

任务编号	任务名称	李某	马某	王某	刘某	王某	张某	朱某	杨某	吴某	赵某	魏某	何某
1000	机器人	P											
1100	整体设计		P		S								
1110	系统工程			S		P							
1120	专业测试			P				S					
1200	电子技术						P			S			
1210	设备控制						P	S					
1220	软件安装			S					P				
1300	机器人制造										P		
1310	制造工艺										P	S	
1311	工艺设计											P	
1312	构件加工												
1313	构件组装				S							P	
1320	生产控制						S		S				P

注:P 表示主要负责;S 表示次要负责。

7.1.5 工作先后关系确定

工作先后关系有两种：逻辑关系和组织关系。

逻辑关系是工作之间本身存在的、无法改变的关系。

组织关系是人为确定的两项工作可先可后的关系。

工作先后关系确定原则：从逻辑关系到组织关系，即先确定逻辑关系，再确定组织关系。某机器人项目工作列表见表 7-4。

表 7-4 某机器人项目工作列表（行动计划表）

任务编号	任务名称	责任人	工期（周）	紧前任务	所需资源
1100	整体设计	马某	4		
1110	系统工程	王某	3		电脑
1120	专业测试	王某	1	1110	软件
1200	电子技术	张某	2		仪器仪表
1210	设备控制	张某	1	1120	软件
1220	软件安装	朱某	1	1210	
1300	机器人制造	吴某	5		
1310	制造工艺	吴某	3		
1311	工艺设计	赵某	1	1300	电脑
1312	构件加工	魏某	1	1311	车床
1313	构件组装	何某	1	1312	机床
1320	生产控制	杨某	2	1313	控制系统软件

7.1.6 工作时间估计

工作时间估计方法有专家判断法、类比估计和模拟法。

1. 专家判断法

当项目涉及新技术领域或不熟悉的领域时，就要借助项目管理专家的知识和经验，对项目活动的时间作出权威的估算。

2. 类比估计

类比估计是将过去类似项目活动的实际时间作为估计未来活动时间的基础，通过类比来推算当前项目活动所需的时间。

3. 模拟法

模拟法是以一定的假设条件为前提，计算出多种活动时间的估算方法。最常用的方法是三点法，即乐观时间 T_a、悲观时间 T_b、正常时间 T_m，假设这三个时间服从 β 分布，运用概率的方法得出最可能时间（期望时间）：

$$T = (T_a + 4T_m + T_b)/6$$

7.1.7 绘制网络图

网络图有单代号和双代号网络图。具体内容将在项目进度计划工具中进行详细介绍。

7.1.8 进度安排

1. 目标

制订项目的详细安排计划，明确每项工作的起始终止时间，作为项目控制的有效手段。

2. 工具和技术

进度安排的工具和技术主要有数学分析方法，包括关键线路法（CPM）和计划评审技术（PERT）等。

3. 表达形式

（1）带有日历的项目网络图（见图 7-3）。

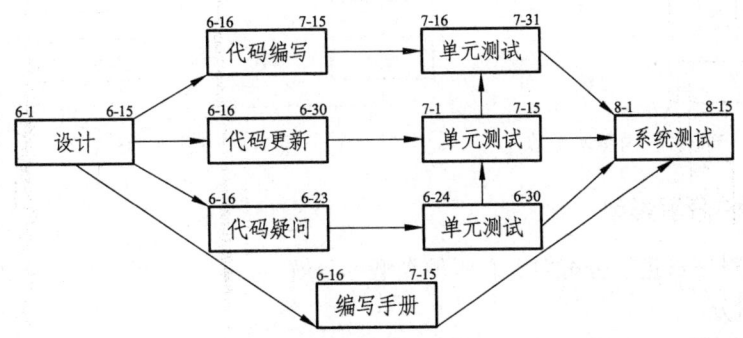

图 7-3　带有日历的项目网络图

（2）时间坐标网络图（见图 7-4）。

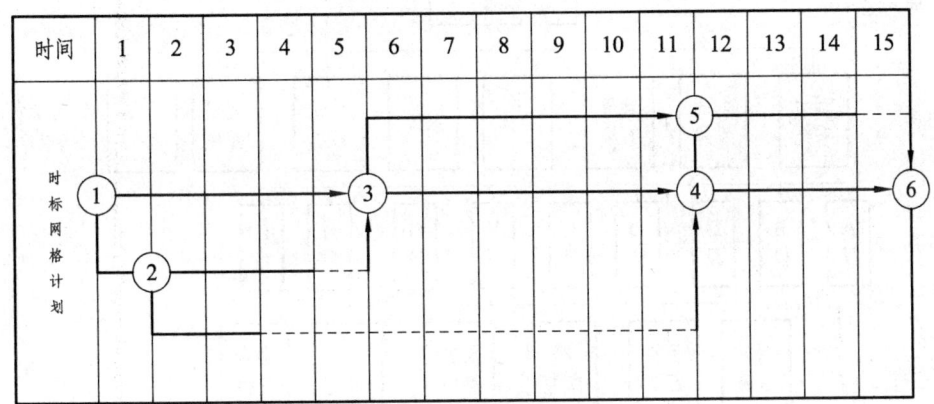

图 7-4　时间坐标网络图

（3）甘特图或条形图。
（4）里程碑事件图。
（5）项目计划表。
（6）项目行动计划表。

7.2 工作分解结构图

7.2.1 定义

工作分解结构图（WBS）是将项目按照其内在结构或实施过程的顺序进行逐层分解而形成的结构示意图。WBS 图的基本层次如图 7-5 所示，9 级 WBS 层次如图 7-6 所示。

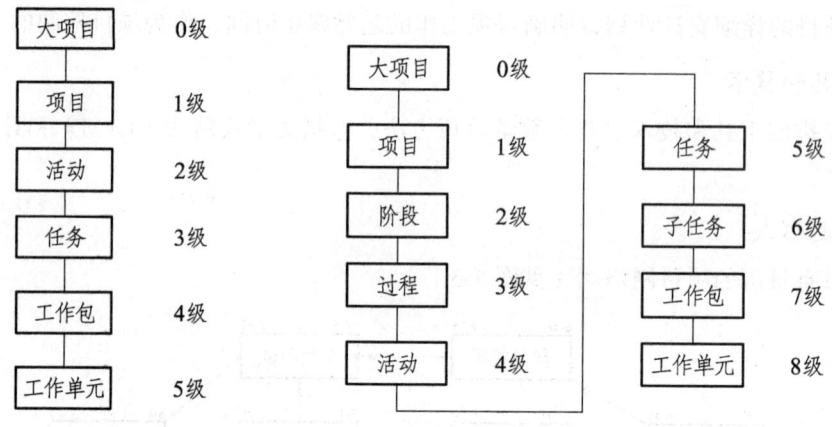

图 7-5　WBS 图的基本层次　　　　图 7-6　9 级 WBS 层次

7.2.2 WBS 分解类型

在用 WBS 对项目进行分解时，有两种类型可分解：一是基于可交付成果的划分；二是基于工作过程的划分。

基于可交付成果的划分：上层一般为可交付成果；下层一般为可交付成果的相关工作内容。某轮船建造 WBS 图如图 7-7 所示。

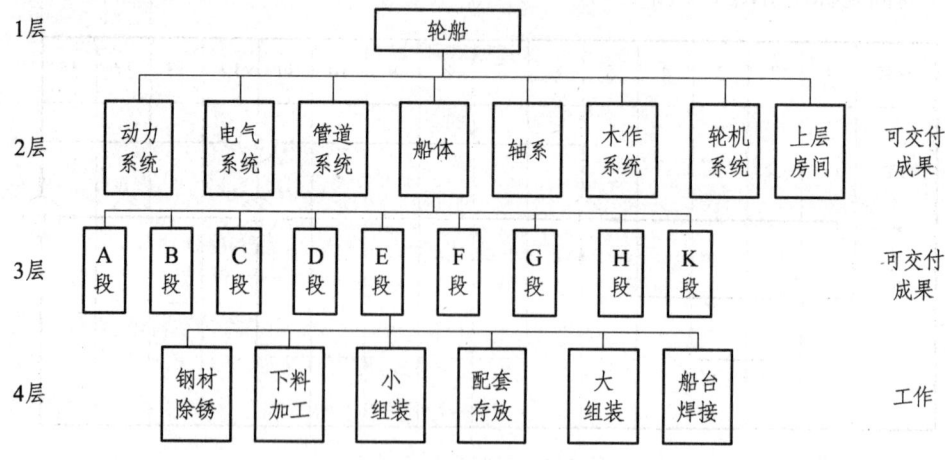

图 7-7　轮船建造 WBS 图

基于工作过程的划分：上层按照工作的流程分解；下层按照工作的内容划分。某网络系统工程 WBS 图如图 7-8 所示。

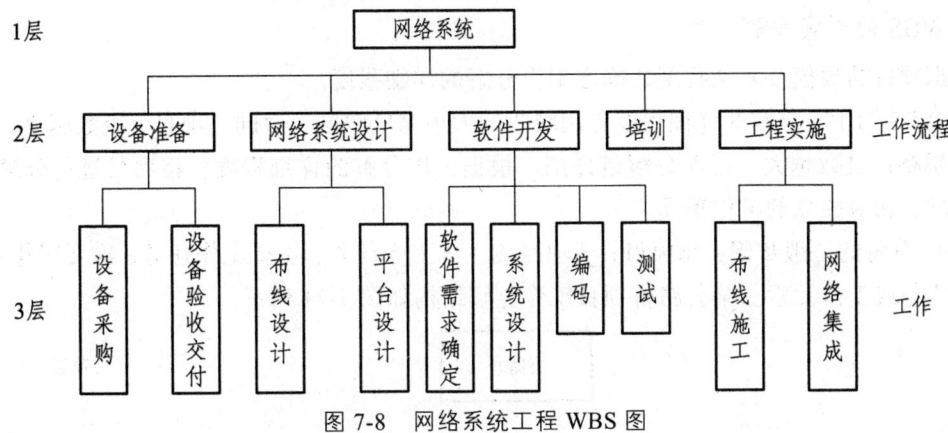

图 7-8 网络系统工程 WBS 图

1. WBS 的编码

作用：简化信息交流过程。

规则：由高层向下层用多位码编排，编码必须是唯一的，WBS 的编码如图 7-9 所示，某新设备安装 WBS 图如图 7-10 所示。

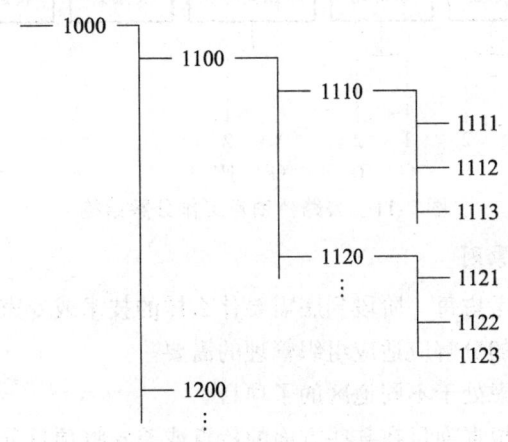

图 7-9 WBS 的编码

4 位编码只能表示三级四层结构，每层最多 1～10 项任务或活动。

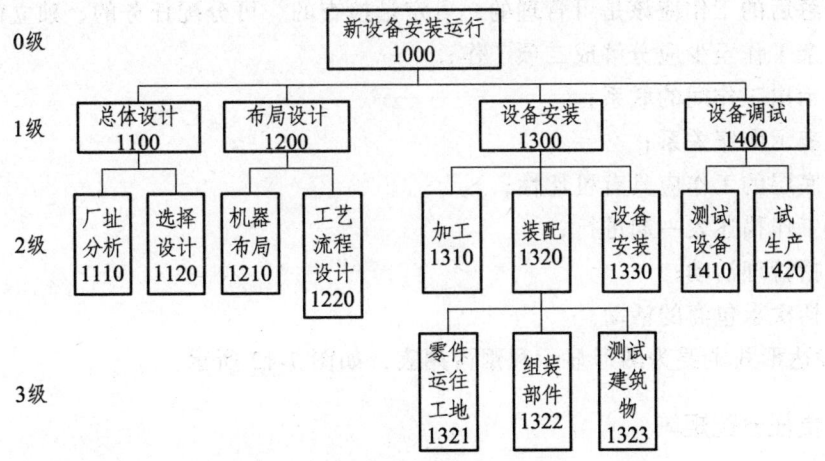

图 7-10 新设备安装 WBS 图

2. WBS 的制定步骤

根据项目的规模及复杂程度,确定工作分解的详细程度。

在 WBS 图中,分解的详细程度是用级数的大小来反映的,对同一项目,级数越小,说明分解越粗略;级数越大,说明分解越详细。根据工作分解的详细程度,将项目进行分解,直至确定的、相对独立的工作单元。

WBS 分解的一般步骤:总项目;子项目或主体工作任务;主要工作任务;次要工作任务;小工作任务或工作元素。某公路桥项目工作分解结构如图 7-11 所示。

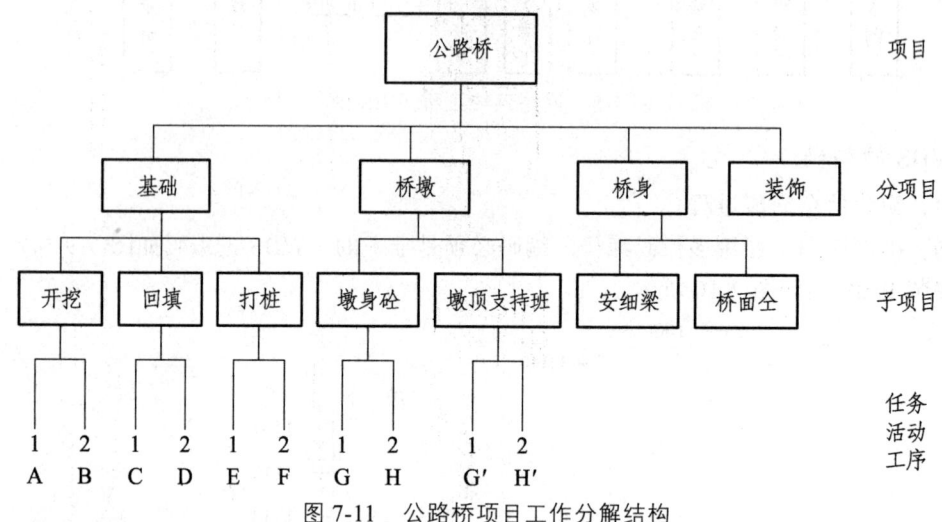

图 7-11 公路桥项目工作分解结构

3. WBS 工作分解的原则

功能或技术的原则:考虑每一阶段到底需要什么样的技术或专家。

组织结构:考虑项目的分解应适应组织管理的需要。

地理位置:主要是考虑处于不同地区的子项目。

系统或子系统原则:根据项目在某些方面的特点或差异将项目分为几个不同的子项目。

4. WBS 注意事项

(1) 分解后的工作应该是可管理的、可定量检查的、可分配任务的、独立的;

(2) 复杂工作至少应分解成二项工作;

(3) 表示出工作间的联系;

(4) 不表示顺序关系;

(5) 最底层的工作应具有可比性;

(6) 与工作描述表一起进行;

(7) 包括管理活动;

(8) 包括次承包商的活动。

WBS 表达形式主要为图形显示和锯齿列表,如图 7-12 所示。

7.2.3 责任分配矩阵

责任分配矩阵是将合同工作分解结构要素要求的工作和负责完成该工作的职能组织相结

合而形成的矩阵结构。由合同工作分解结构和计划的组织分解结构交叉生成，进而形成成本账目，责任分配表见表 7-5。

目的：对项目的每一项任务分配责任者和落实责任。

用途：明确各单位或个人的责任，便于项目管理部门在项目实施过程中的管理协调。

依据：以工作分解结构图表和项目组织结构图表为依据制作此表。

结果：工作责任分配表/矩阵。

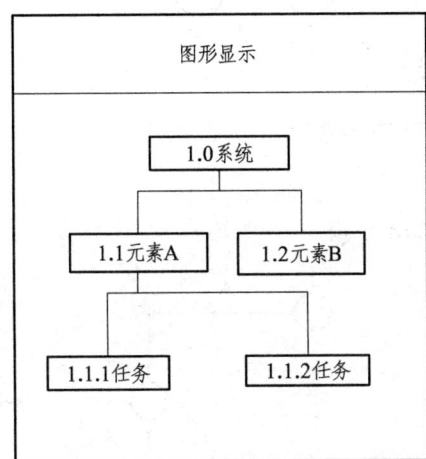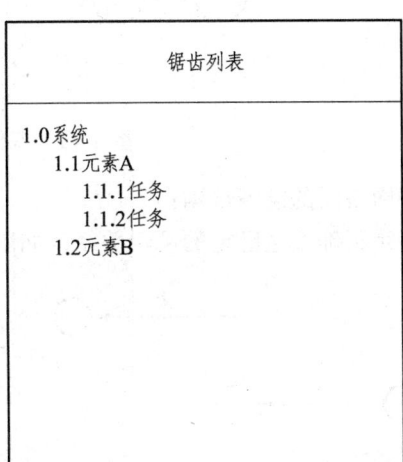

图 7-12　层次结构图和锯齿列表

表 7-5　责任分配表

图例：▲负责　●辅助　△承包		责任者（个人或组织）					
工作分解结构							
任务编码	任务名称						

项目负责人审核意见：

签名：　　　　　　日期：

7.3　网络计划技术

7.3.1　双代号网络计划

双代号网络计划的定义：双代号网络图是以箭线及其两端节点的编号表示工作的网络图。

双代号网络图的基本要素：箭线（工作）、节点（又称结点、事件）、线路、逻辑关系（包含工艺关系和组织关系）。双代号网络示意图如图 7-13 所示。

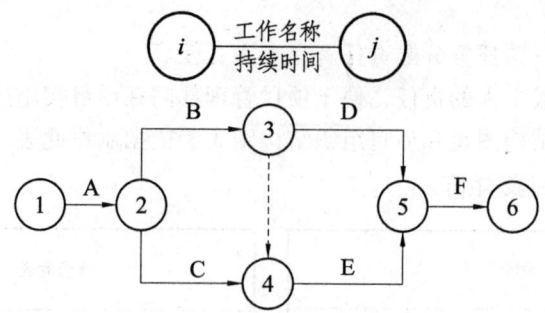

图 7-13 双代号网络示意图

双代号网络图的绘图规则：

（1）必须正确表达已定的逻辑关系，如图 7-14 所示。

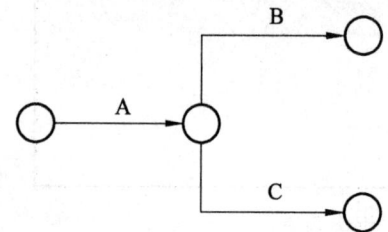

Ⅰ A 完成后进行 B 和 C

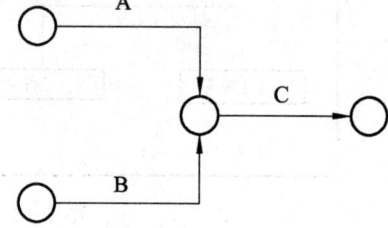

Ⅱ A、B 均完成后进行 C

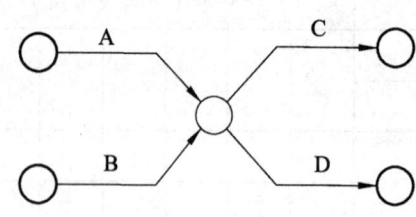

Ⅲ A、B 均完成后同时进行 C 和 D

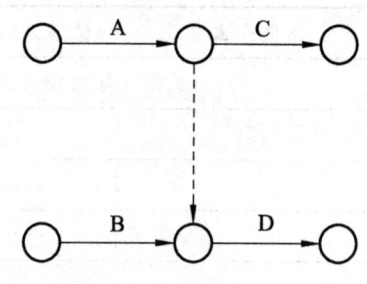

Ⅳ A 完成后进行 C，
A、B 均完成后进行 D

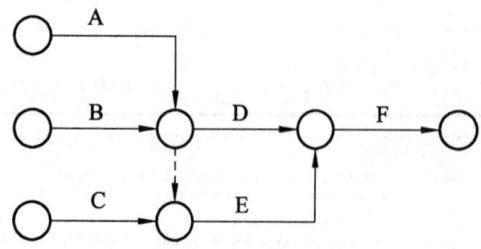

Ⅴ A、B 均完成后进行 D，
A、B、C 均完成后进行 E，
D、E 均完成后进行 F

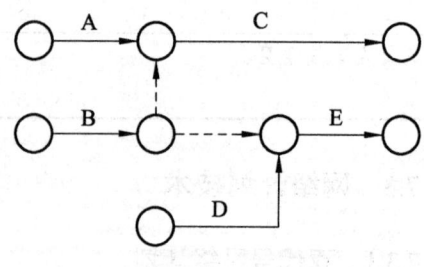

Ⅵ A、B 均完成后进行 C，
B、D 均完成后进行 E

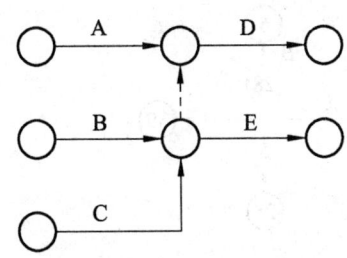
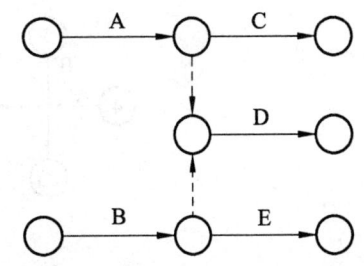

Ⅶ A、B、C 均完成后进行 D，B、C 均完成后进行 E

Ⅷ A 完成后进行 C，A、B 均完成后进行 D，B 完成后进行 E

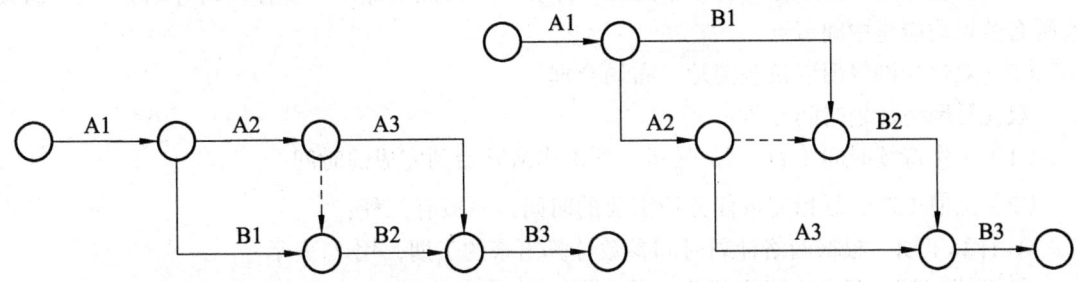

Ⅸ A、B 两项工作分成三个施工段，分段流水施工：A1 完成后进行 A2、B1，A2 完成后进行 A3、A2、B1 完成后进行 B2，A3、B2 完成后进行 B3（两种表示方法皆可）

图 7-14 正确表达已定的逻辑关系

（2）严禁出现循环回路。
（3）节点之间严禁出现带双向箭头或无箭头的连线。
（4）严禁出现没有箭头节点或没有箭尾节点的箭线。
（5）节点有多条外向箭线或多条内向箭线时，可使用母线法绘制（但应满足一项工作用一条箭线和相应的一对节点表示），如图 7-15 所示。

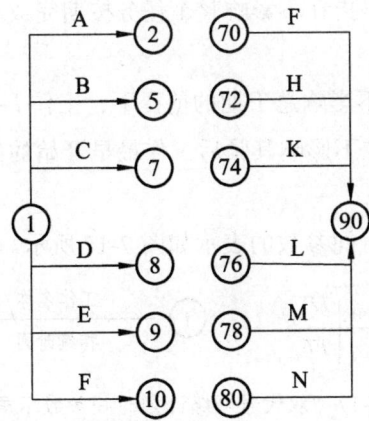

图 7-15 母线法绘图

（6）箭线不宜交叉。当交叉不可避免时，可用过桥法或指向法，如图 7-16 所示。

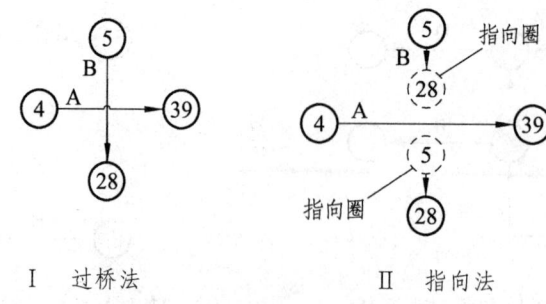

Ⅰ 过桥法　　　　　　　　Ⅱ 指向法

图 7-16　过桥法与指向法绘图

（7）双代号网络图中应只有一个起点节点和一个终点节点（多目标网络计划除外），而其他所有节点均应是中间节点。

（8）双代号网络图应条理清楚，布局合理。

双代号网络计划时间参数：

（1）工作持续时间（D_{i-j}），是指一项工作从开始到完成的时间。

（2）工期（T），泛指完成任务所需要的时间，一般有三种：

① 计算工期：根据网络计划时间参数计算出来的工期，用 T_c 表示。

② 要求工期：任务委托人所要求的工期，用 T_r 表示。

③ 计划工期：根据要求工期和计算工期所确定的实施目标工期，用 T_p 表示。

当已规定了要求工期 T_r 时，$T_p \leqslant T_r$；

当未规定要求工期时，可令计划工期等于计算工期，$T_p = T_c$。

（3）工作的六个基本时间参数。

① 最早开始时间（ES_{i-j}），指在各紧前工作全部完成后，工作 $i-j$ 有可能开始的最早时刻。

② 最早完成时间（EF_{i-j}），指在各紧前工作全部完成后，工作 $i-j$ 有可能完成的最早时刻。

③ 最迟开始时间（LS_{i-j}），指在不影响整个任务按期完成的前提下，工作 $i-j$ 必须开始的最迟时刻。

④ 最迟完成时间（LF_{i-j}），指在不影响整个任务按期完成的前提下，工作 $i-j$ 必须完成的最迟时刻。

⑤ 总时差（TF_{i-j}），指在不影响总工期的前提下，工作 $i-j$ 可以利用的机动时间。

⑥ 自由时差（FF_{i-j}），指在不影响其紧后工作最早开始的前提下，工作 $i-j$ 可以利用的机动时间。

在双代号网络图中，计划时间参数的表示如图 7-17 所示。

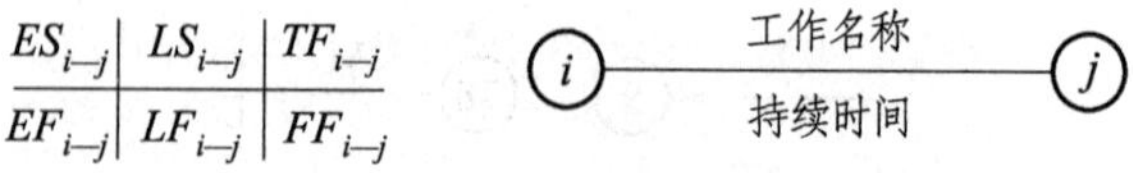

图 7-17　双代号网络计划时间参数示意图

按工作计算法计算时间参数的步骤如下：

（1）最早开始时间和最早完成时间的计算。

工作最早时间参数受到紧前工作的约束，故其计算顺序应从起点节点开始，顺着箭线方向依次逐项计算。

$$EF_{i-j} = ES_{i-j} + D_{i-j} \tag{7-1}$$

$$ES_{i-j} = \max\{EF_{h-i}\} \tag{7-2}$$

概括地讲，即"从前向后计算，用加法，取大数"。

（2）确定计算工期 T_c。

计算工期等于以网络计划的终点节点为箭头节点的各个工作的最早完成时间的最大值。当网络计划终点节点的编号为 n 时，计算工期：

$$T_c = \max\{EF_{i-n}\} \tag{7-3}$$

当无要求工期的限制时，取计划工期等于计算工期，即取 $T_p = T_c$。

（3）最迟开始时间和最迟完成时间的计算。

工作最迟时间参数受到紧后工作的约束，故其计算顺序应从终点节点起，逆着箭线方向依次逐项计算。

以网络计划的终点节点（$j=n$）为箭头节点的工作最迟完成时间等于计划工期，即

$$LF_{i-n} = T_p \tag{7-4}$$

$$LS_{i-j} = LF_{i-j} - D_{i-j} \tag{7-5}$$

$$LF_{i-j} = \min\{LS_{j-k}\} \tag{7-6}$$

概括地讲，即"从后向前计算，用减法，取小数"。

（4）计算工作总时差。

总时差等于其最迟开始时间减去最早开始时间，或等于最迟完成时间减去最早完成时间，即

$$TF_{i-j} = LS_{i-j} - ES_{i-j} \quad 或 \quad TF_{i-j} = LF_{i-j} - EF_{i-j} \tag{7-7}$$

（5）计算工作自由时差。

当工作 $i-j$ 有若干个紧后工作 $j-k$ 时，其自由时差应为

$$FF_{i-j} = \min\{ES_{j-k} - EF_{i-j}\} \tag{7-8}$$

终点节点（$j=n$）为箭头节点的工作，其自由时差 FF_{i-n} 应按网络计划的计划工期 T_p 确定，即

$$FF_{i-n} = T_p - EF_{i-n} \tag{7-9}$$

双代号网络中关键工作和关键线路的确定：① 关键工作，网络计划中总时差最小的工作是关键工作。② 关键线路，自始至终全部由关键工作组成的线路为关键线路，或线路上总的工作持续时间最长的线路为关键线路。

【例 7.1】（双代号网络计划案例）已知网络计划的资料（见表 7-6），试绘制双代号网络计划。若计划工期等于计算工期，试计算各项工作的 6 个时间参数并确定关键线路，标注在网络计划上。

表 7-6　网络计划资料

工作	紧前工作	紧后工作	持续时间	工作	紧前工作	紧后工作	持续时间
A1	—	A2、B1	2	C3	B3、C2	E、F	2
A2	A1	A3、B2	2	D	B3	G	2
A3	A2	B3	2	E	C3	G	1
B1	A1	B2、C1	3	F	C3	I	2
B2	A2、B1	B3、C2	3	G	D、E	H、I	4
B3	A3、B2	D、C3	3	H	G	—	3
C1	B1	C2	2	I	F、G	—	3
C2	B2、C1	C3	4				

案例解析：

根据表中资料，按照网络图的绘图规则，绘制双代号网络图，如图 7-18 所示。

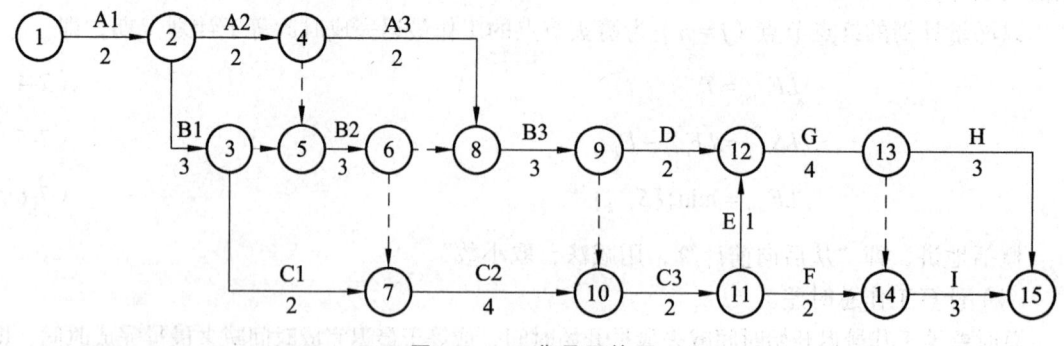

图 7-18　双代号网络图

（1）计算各项工作的时间参数。

① 计算各项工作的 ES_i 和 EF_i。

从起点节点开始向后计算到终点节点，用加法并取大数，因未规定其最早开始时间 ES_{1-2}，故 $ES_{1-2}=0$。按公式计算如下：

$$ES_{2-3}=ES_{1-2}+D_{1-2}=0+2=2$$

$$ES_{2-4}=ES_{1-2}+D_{1-2}=0+2=2$$

$$ES_{3-5}=ES_{2-3}+D_{2-3}=2+3=5$$

$$ES_{4-5}=ES_{2-4}+D_{2-4}=2+2=4$$

$$\begin{aligned}ES_{5-6}&=\max\{ES_{3-5}+D_{3-5},ES_{4-5}+D_{4-5}\}\\&=\max\{5+0,4+0\}=\max\{5,4\}=5\end{aligned}$$

工作的最早完成时间就是本工作的最早开始时间 ES_{i-j} 与本工作的持续时间 D_{i-j} 之和，按公式计算如下：

$$EF_{1-2}=ES_{1-2}+D_{1-2}=0+2=2$$

$$EF_{2-4} = ES_{2-4} + D_{2-4} = 2 + 2 = 4$$

$$EF_{5-6} = ES_{5-6} + D_{5-6} = 5 + 3 = 8$$

② 确定计算工期 T_c 及计划工期 T_p。

已知计划工期等于计算工期,即网络计划的计算工期 T_c 取以终点节点 15 为箭头节点的工作 13—15 和工作 14—15 的最早完成时间的最大值:

$$T_c = \max\{EF_{13-15}, EF_{14-15}\} = \max\{22, 22\} = 22$$

③ 计算各项工作的 LS_i 和 LF_i。

从终点节点开始向前依次逐项计算到起点节点,以网络计划终点节点为箭头节点的工作的最迟完成时间等于计划工期。网络计划结束工作 $i—j$ 的最迟完成时间按公式计算:

$$LF_{13-15} = T_p = 22$$

$$LF_{14-15} = T_p = 22$$

依次类推,计算出其他工作的最迟完成时间,如

$$LF_{13-14} = \min\{LF_{14-15} - D_{14-15}\} = 22 - 3 = 19$$

$$LF_{12-13} = \min\{LF_{13-15} - D_{13-15}, LF_{13-14} - D_{13-14}\} = \min\{22-3, 19-0\} = 19$$

$$LF_{11-12} = \min\{LF_{12-13} - D_{12-13}\} = 19 - 4 = 15$$

网络计划所有工作 $i—j$ 的最迟开始时间均按公式计算如下:

$$LS_{14-15} = LF_{14-15} - D_{13-15} = 22 - 3 = 19$$

$$LS_{13-15} = LF_{13-15} - D_{13-15} = 22 - 3 = 19$$

$$LS_{12-13} = LF_{12-13} - D_{12-13} = 19 - 4 = 15$$

④ 计算各项工作的总时差。

用最迟开始时间减去最早开始时间或用最迟完成时间减去最早完成时间,按公式计算如下:

$$TF_{1-2} = LS_{1-2} - ES_{1-2} = 0 - 0 = 0$$

$$TF_{2-3} = LS_{2-3} - ES_{2-3} = 2 - 2 = 0$$

$$TF_{5-6} = LS_{5-6} - ES_{5-6} = 5 - 5 = 0$$

⑤ 计算各项工作的自由时差。

网络中工作 $i—j$ 的自由时差等于紧后工作的最早开始时间减去本工作的最早完成时间,按公式计算如下:

$$FF_{1-2} = \min\{ES_{2-3} - EF_{1-2}, ES_{2-4} - EF_{1-2}\} = \min\{2-2, 2-2\} = 0$$

$$FF_{2-3} = \min\{ES_{3-5} - EF_{2-3}, ES_{3-7} - EF_{2-3}\} = \min\{5-5, 5-5\} = 0$$

$$FF_{5-6} = \min\{ES_{6-7} - EF_{5-6}, ES_{6-8} - EF_{5-6}\} = \min\{8-8, 8-8\} = 0$$

$$EF_{13-15} = T_p - EF_{13-15} = 22 - 22 = 0$$

$$EF_{14-15} = T_p - EF_{14-15} = 22 - 22 = 0$$

（2）确定关键工作及关键线路。

凡是总时差为 0 的工作均为关键工作。该例中的关键工作是 A1、B1、B2、C2、C3、E、G、H、I，如图 7-19 所示。

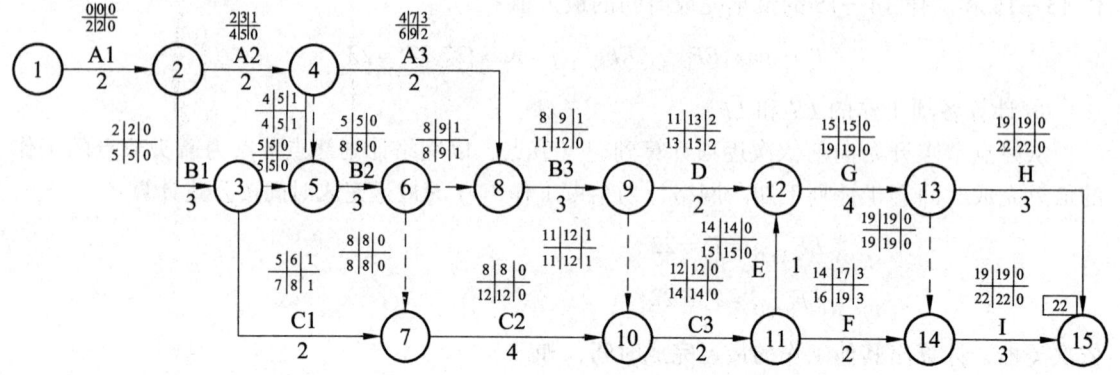

图 7-19　关键工作及关键线路

2. 双代号时标网络计划

双代号时标网络计划的特点：

（1）兼有网络计划与横道计划的优点，它能够清楚地表明计划的时间进程。

（2）能在图上直接显示出各项工作的开始与完成时间，工作的自由时差及关键线路。

（3）可以统计每一个单位时间对资源的需要量。

（4）由于箭线受到时间坐标的限制，当情况发生变化时，对网络计划的修改比较麻烦，往往要重新绘图。

时标网络计划宜按各个工作的最早开始时间编制。在编制时标网络计划之前，应先按已确定的时间单位绘制出时标计划表。时标计划表有直接法绘制与间接法绘制两种编制方法，表 7-7 为时标计划表示例。

表 7-7　时标计划表示例

日历 （时间单位）	1	2	3	4	5	6	7	8	9	10	11	12	13	14	15	16	17
网络计划 （时间单位）	1	2	3	4	5	6	7	8	9	10	11	12	13	14	15	16	17

【例 7.2】已知网络计划的资料（见表 7-8），试用直接法绘制双代号时标网络计划。

表 7-8　网络计划的资料

工作	紧前工作	紧后工作	持续时间	工作	紧前工作	紧后工作	持续时间
A1	—	A2、B1	2	C3	B3、C2	E、F	2
A2	A1	A3、B2	2	D	B3	G	2

续表

工作	紧前工作	紧后工作	持续时间	工作	紧前工作	紧后工作	持续时间
A3	A2	B3	2	E	C3	G	1
B1	A1	B2、C1	3	F	C3	I	2
B2	A2、B1	B3、C2	3	G	D、E	H、I	4
B3	A3、B2	D、C3	3	H	G	—	3
C1	B1	C2	2	I	F、G	—	3
C2	B2、C1	C3	4				

（1）将起始节点①定位在时标表的起始刻度线上。

（2）按A1工作的持续时间，画出无紧前工作的A1工作，确定节点②的位置，双代号网络时标计划如图7-20所示。

（3）自左至右依次确定其余各节点的位置。如②、③、④、⑥、⑨、⑪前只有一条内向箭线，则在其内向箭线绘制完成后即可在其末端将上述节点绘出。

（4）其余节点则必须待其前面的两条内向箭线都绘制完成后，才能在这些内向箭线中最晚完成的时刻处定位。

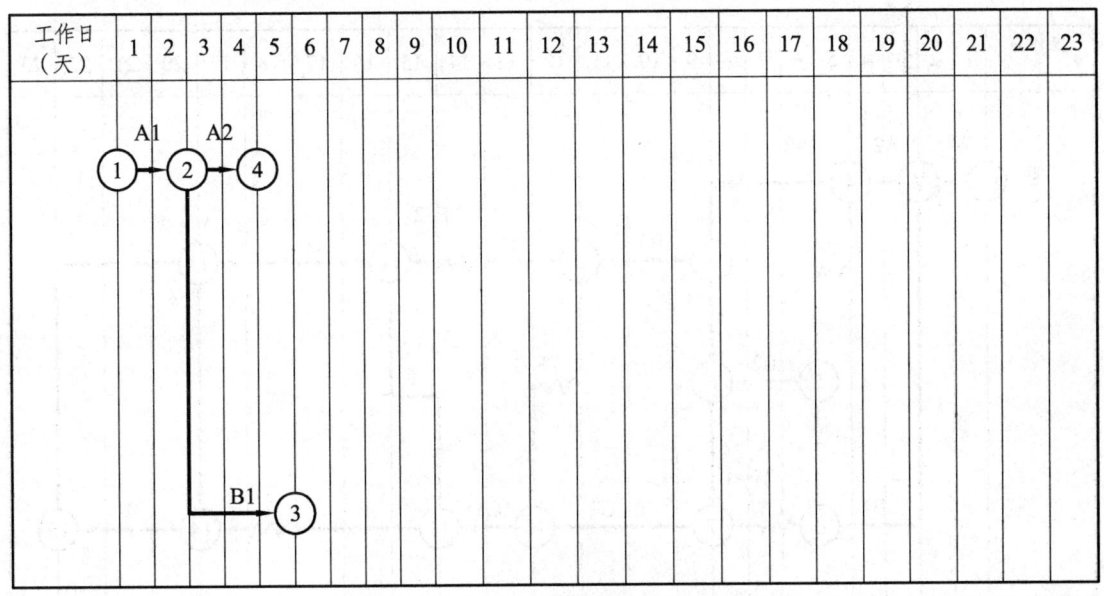

图7-20　双代号网络时标计划

（5）长度不足以达到该节点的内向实箭线，用波形线补足，如图7-21所示。

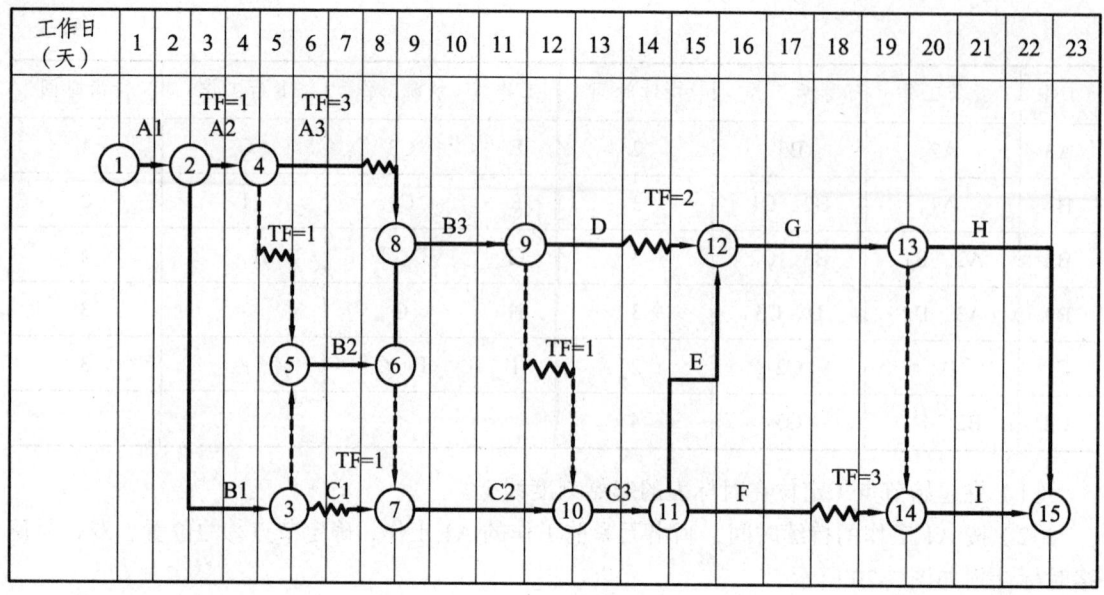

图 7-21 双代号网络时标计划

（6）关键线路和计算工期的确定，应自终点节点逆箭线方向朝起点节点逐次进行判定，即从终点到起点不出现波形线的线路即为关键线路。如图 7-22 所示，计算工期 $T_r = 22 - 0 = 22$（天）。

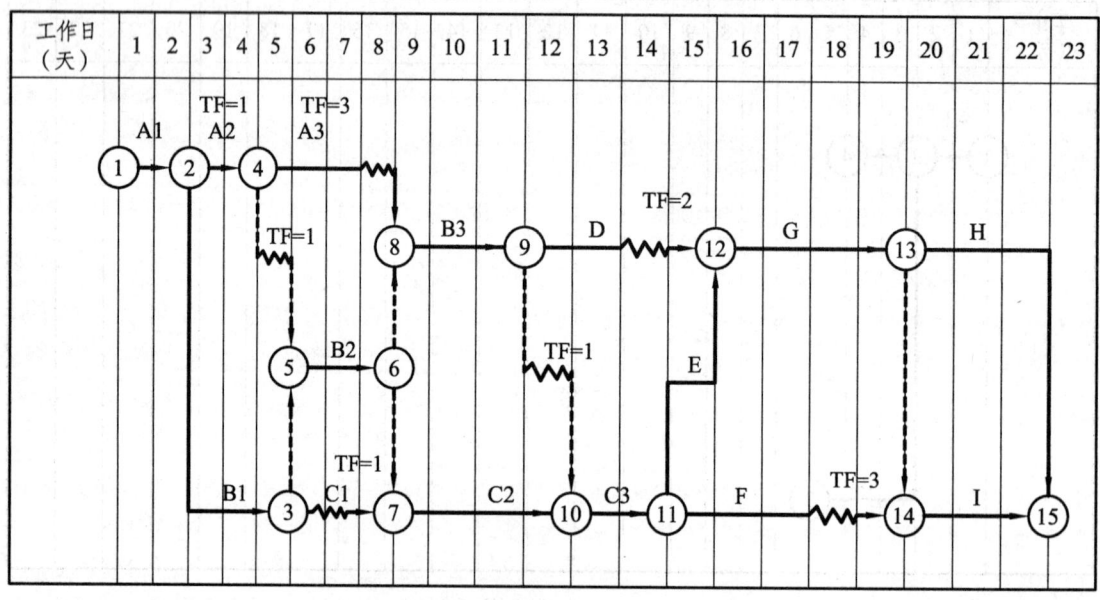

图 7-22 双代号时标网络计划关键线路

3. 单代号网络计划

单代号网络图的基本符号：节点——每个节点表示一项工作；箭线——表示紧邻工作之间的逻辑关系；线路——用该线路上的节点编号从小到大依次表述，如图 7-23 所示。

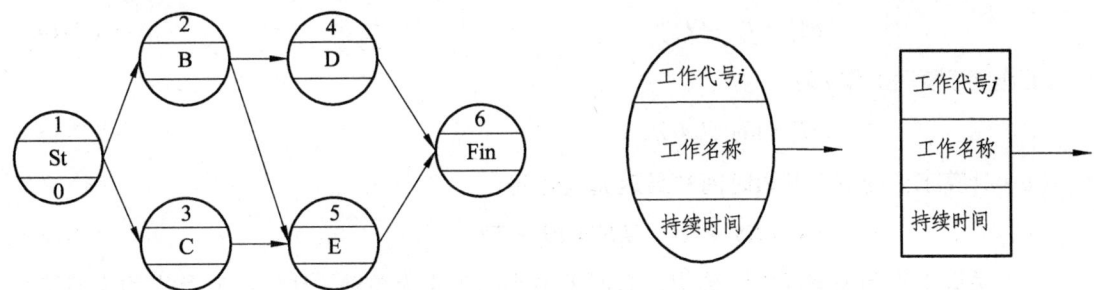

图 7-23　单代号网络计划图和工作的表示方法

单代号网络图的特点：
（1）工作之间的逻辑关系容易表达，且不用虚箭线，故绘图较简单。
（2）网络图便于检查和修改。
（3）由于工作持续时间表示在节点之中，没有长度，故不够形象直观。
（4）表示工作之间逻辑关系的箭线可能产生较多的纵横交叉现象。

单代号网络图的绘图规则：
（1）必须正确表达已定的逻辑关系。
（2）严禁出现循环回路。
（3）严禁出现双向箭头或无箭头的连线。
（4）严禁出现没有箭尾节点的箭线和没有箭头节点的箭线。
（5）箭线不宜交叉，当交叉不可避免时，可采用过桥法或指向法。
（6）只应有一个起点节点和一个终点节点。

单代号网络图时间参数的计算：单代号网络计划时间参数的标注形式如图 7-24 所示，计算顺序和计算方法基本上与双代号网络计划时间参数的计算相同。

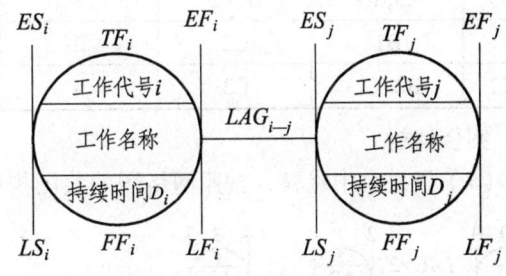

图 7-24　单代号网络计划时间参数的标注形式

（1）计算最早开始时间和最早完成时间。

$$EF_i = ES_i + D_i, \quad ES_j = \max\{EF_i\} \quad (7-10)$$

（2）网络计划的计算工期 T_c。

$$T_c = EF_n \quad (7-11)$$

（3）计算相邻两项工作之间的时间间隔。

$$LAG_{i-j} = ES_j - EF_i \quad (7-12)$$

（4）计算工作总时差 TF_i。

$$TF_i = \max\{TF_j + LAG_{i-j}\} \quad (7-13)$$

（5）计算工作自由时差。
工作 i 无紧后工作时，

$$FF_n = T_p - EF_n \tag{7-14}$$

工作 i 有紧后工作 j 时，

$$FF_i = \min\{LAG_{i-j}\} \tag{7-15}$$

（6）计算工作的最迟开始时间和最迟完成时间。

$$LS_i = ES_i + TF_i, \quad LF_i = EF_i + TF_i \tag{7-16}$$

（7）关键工作和关键线路的确定。总时差最小的工作为关键工作；所有节点均为关键工作，且时间间隔为零的线路为关键线路。

【例 7.3】（单代号网络计划案例）已知网络计划的资料（见表 7-9），试绘制单代号网络计划。若计划工期等于计算工期，试计算各项工作的 6 个时间参数并确定关键线路，标注在网络计划上。

表 7-9　网络计划工作逻辑关系及持续时间

工作	紧前工作	紧后工作	持续时间	工作	紧前工作	紧后工作	持续时间
A1	—	A2, B1	2	C3	B3, C2	E, F	2
A2	A1	A3, B2	2	D	B3	G	2
A3	A2	B3	2	E	C3	G	1
B1	A1	B2, C1	3	F	C3	I	2
B2	A2, B1	B3, C2	3	G	D, E	H, I	4
B3	A3, B2	D, C3	3	H	G	—	3
C1	B1	C2	2	I	F, G	—	3
C2	B2, C1	C3	4				

案例解析：

（1）根据表中资料，按照网络图的绘图规则，绘制单代号网络图，如图 7-25 所示。

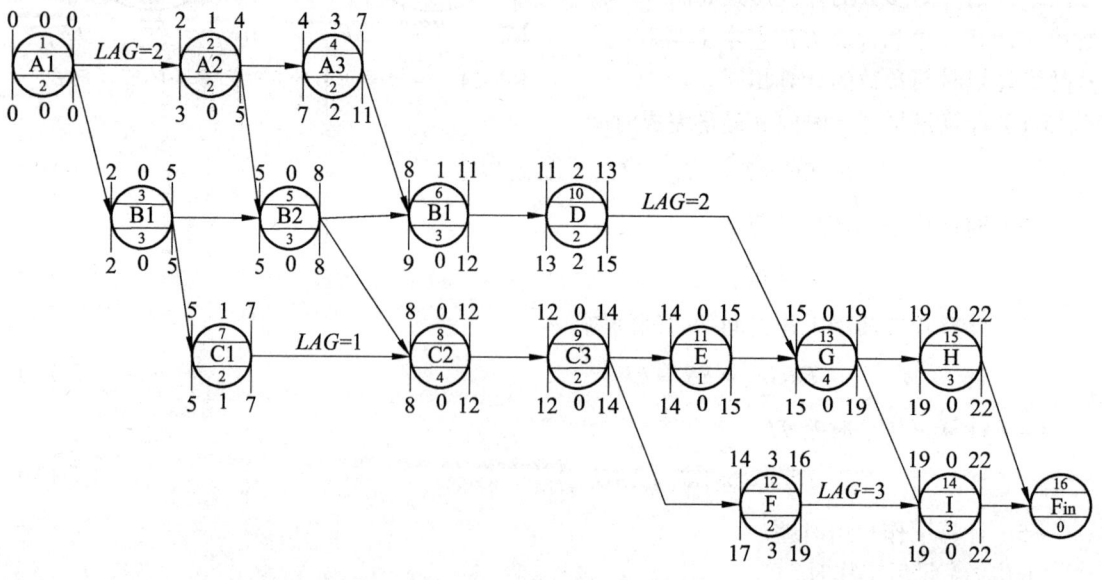

图 7-25　单代号网络图计算实例

（2）计算各项工作的时间参数。

① 计算最早开始时间和最早完成时间。从网络计划的起点节点开始，顺着箭线方向依次逐项计算，用加法并取大数，$ES_i=0$。按公式依次计算如下：

$$EF_1 = 0 + 2 = 2$$

$$ES_5 = \max\{EF_2, EF_3\} = \max\{4, 5\} = 5$$

$$EF_5 = ES_5 + D_5 = 5 + 3 = 8$$

已知计划工期等于计算工期，故有 $T_p = T_c = EF_{16} = 22$。

② 计算相邻两项工作之间的时间间隔 LAG_{i-j}。按公式 $LAG_{i-j} = ES_j - EF_i$ 计算如下：

$$LAG_{15-16} = T_p - EF_{15} = 22 - 22 = 0$$

$$LAG_{14-16} = T_p - EF_{14} = 22 - 22 = 0$$

$$LAG_{12-14} = ES_{14} - EF_{12} = 19 - 16 = 3$$

③ 计算工作的总时差 TF_i。已知计划工期等于计算工期，故终点节点总时差为零，其他工作总时差如下：

$$TF_{15} = TF_{16} + LAG_{15-16} = 0 + 0 = 0$$

$$TF_{14} = TF_{16} + LAG_{14-16} = 0 + 0 = 0$$

$$TF_{13} = \min\{(TF_{15} + LAG_{13-15}), (TF_{14} + LAG_{13-14})\} = \min\{(0+0), (0+0)\} = 0$$

$$TF_{12} = TF_{14} + LAG_{12-14} = 0 + 3 = 3$$

④ 计算工作的自由时差 FF_i。已知计划工期等于计算工期，即 $T_p = T_c = 22$，按公式 $FF_n = T_p - EF_n$ 或 $FF_i = \min\{LAG_{i-j}\}$，故自由时差如下：

$$FF_{16} = T_p - EF_{16} = 22 - 22 = 0$$

$$FF_{16} = LAG_{15-16} = 0, \quad FF_{14} = LAG_{14-16} = 0$$

$$FF_{13} = \min\{LAG_{13-15}, LAG_{13-14}\} = \min\{0, 0\} = 0$$

$$FF_{12} = LAG_{12-14} = 3$$

⑤ 计算工作的最迟开始时间 LS_i 和最迟完成时间 LF_i。按公式 $LS_i = ES_i + TF_i$，$LF_i = EF_i + TF_i$，计算如下：

$$LS_1 = ES_1 + TF_1 = 0 + 0 = 0$$

$$LF_1 = EF_1 + TF_1 = 2 + 0 = 2$$

$$LS_2 = ES_2 + TF_2 = 2 + 1 = 3$$

$$LF_2 = EF_2 + TF_2 = 4 + 2 = 6$$

⑥ 关键工作和关键线路的确定。根据计算，总时差为 0 的工作均为关键工作，故 A1、B1、B2、C2、C3、E、G、H、I 为关键工作，最终线路如图 7-26 所示。

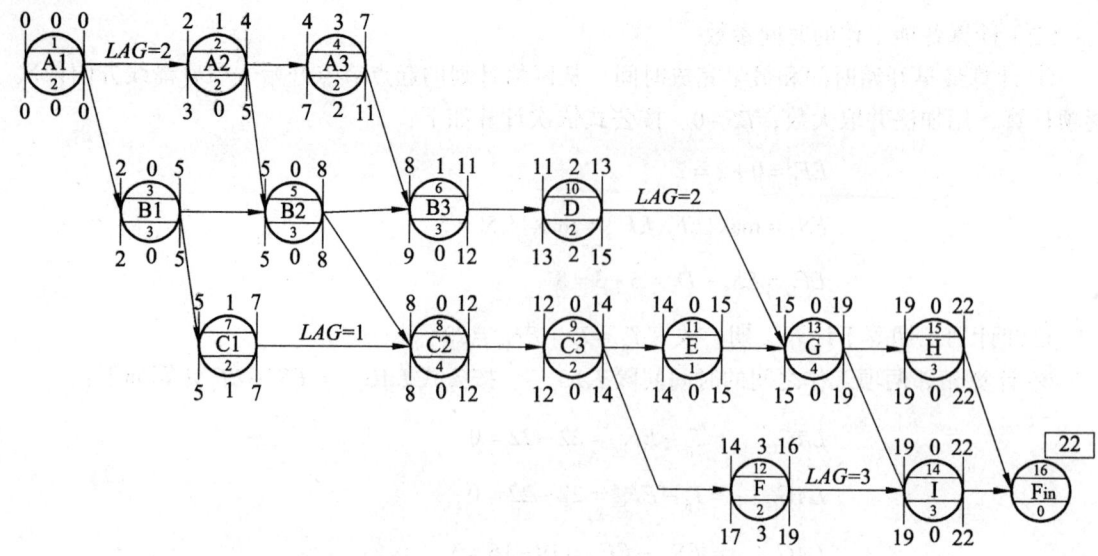

图 7-26 单代号网络图计算实例解析

4. 单代号搭接网络计划

单代号搭接网络计划的基本概念：在实际工作中，为了缩短工期，许多工作可采用平行搭接的方式进行。为了简单直接地表达这种搭接关系，使编制网络计划得以简化，于是出现了搭接网络计划方法。单代号搭接网络计划图如图 7-27 所示，其中起点节点 St 和终点节点 Fin 为虚拟节点。

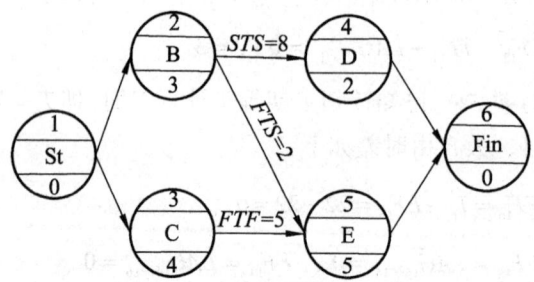

图 7-27 单代号搭接网络计划图

（1）每一个节点表示一项工作，宜用圆圈或矩形表示，如图 7-28（a）所示。
（2）箭线及其上面的时距符号表示相邻工作间的逻辑关系，如图 7-28（b）所示。
（3）一项工作必须有唯一的一个节点及相应的一个编号。
（4）工作之间的逻辑关系包括工艺关系和组织关系。

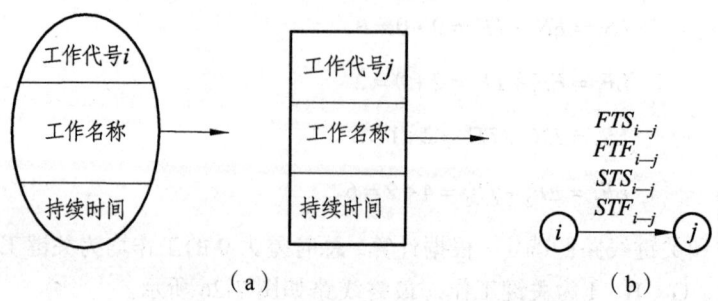

图 7-28 单代号搭接图的工作表示方法

（5）各条线路应用该线路上的节点编号自小到大依次表述，也可用工作名称依次表述。
（6）时间参数基本内容和形式应按图 7-29 所示的方式标注。

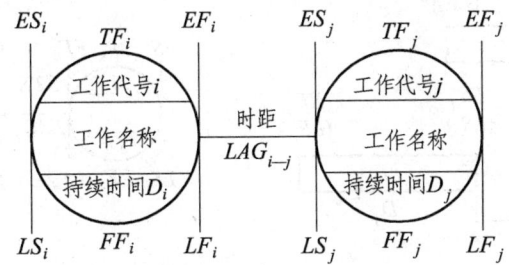

图 7-29　单代号搭接网络计划时间参数标注形式

单代号搭接网络计划中的搭接关系：
（1）完成到开始时距（FTS_{i-j}）的连接方法。

表示工作 i 完成时间与其紧后工作 j 开始时间的时距和连接方法，搭接关系如图 7-30 所示。例如，修一条堤坝的护坡时，一定要等土堤自然沉降后才能修护坡，这段等待的时间就是 FTS 时距。

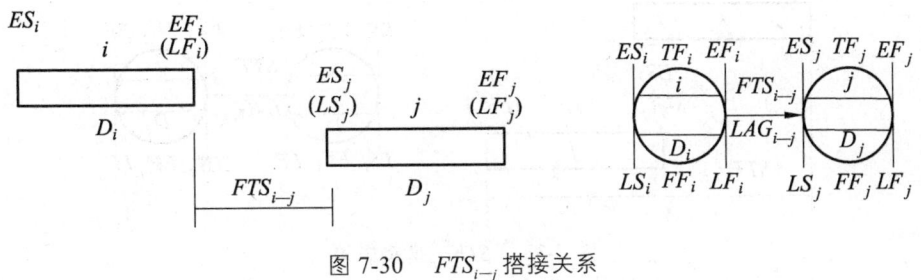

图 7-30　FTS_{i-j} 搭接关系

（2）完成到完成时距（STF_{i-j}）的连接方法。

表示工作 i 完成时间与其紧后工作 j 完成时间的时距和连接方法，搭接关系如图 7-31 所示。例如，相邻两工作，当紧前工作的施工速度小于紧后工作时，则必须考虑为紧后工作留有充分的工作时间，这种结束工作时间的间隔就是 FTF 时距。

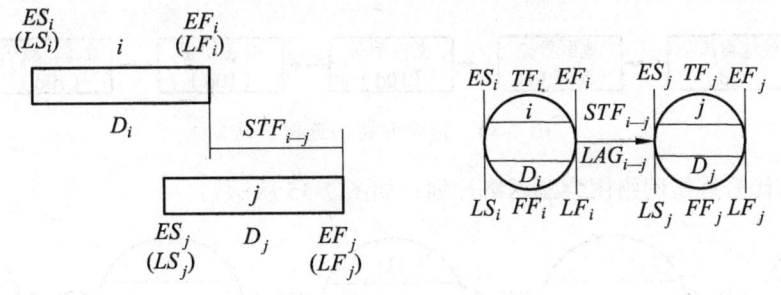

图 7-31　STF_{i-j} 搭接关系

（3）开始到开始时距（STS_{i-j}）的连接方法。

表示工作 i 开始时间与其紧后工作 j 开始时间的时距和连接方法，搭接关系如图 7-32 所示。例如，在道路工程中铺设路基和浇筑路面，待路基铺设开始工作一定时间为路面工程创造一定工作条件之后，路面工程即可开始进行，这种时间间隔就是 STS 时距。

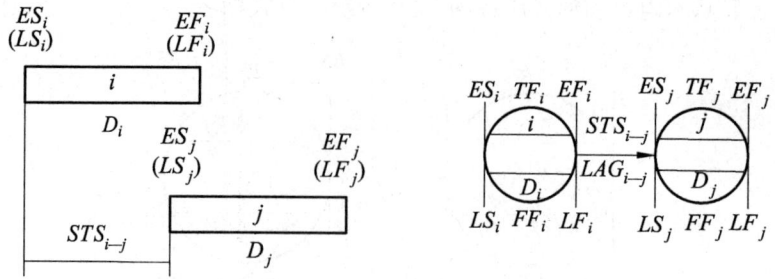

图 7-32　$STS_{i\text{—}j}$ 搭接关系

（4）开始到完成时距（$STF_{i\text{—}j}$）的连接方法。

表示工作 i 开始时间与其紧后工作 j 完成时间的时距和连接方法，搭接关系如图 7-33 所示。例如，要挖掘带有部分地下水的土壤，降低地下水位工作的完成与何时挖地下水位以下的土壤有关，至于降低地下水位何时开始，则与挖土没有直接联系。

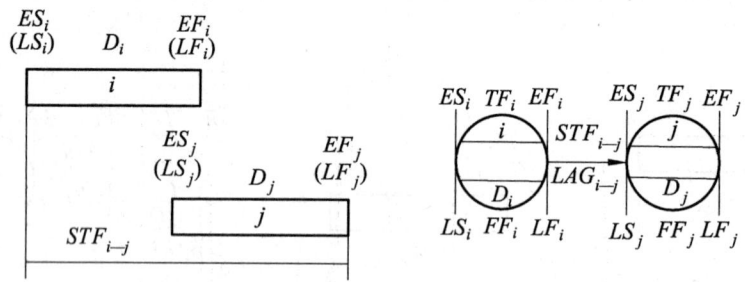

图 7-33　$STF_{i\text{—}j}$ 搭接关系

（5）混合时距的连接方法。

在搭接网络计划中，两项工作之间可同时由四种基本连接关系中的两种以上来限制工作间的逻辑关系，例如 i 和 j 两项工作可能同时由 STS 时距与 FTF 时距限制，或 STF 时距与 FTS 时距限制等。又如一幢三单元五层家属宿舍的装修工程，以一层为一流水段组织流水施工，共 5 项工作，如图 7-34 所示。

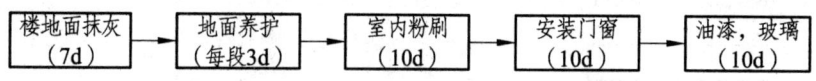

图 7-34　混合时距的连接方法

如果用单代号搭接网络图绘制网络计划，如图 7-35 所示。

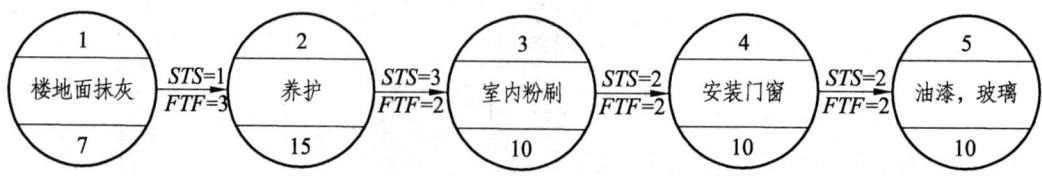

图 7-35　单代号搭接网络图的网络计划

如果用双代号搭接网络图来表示这个计划，如图 7-36 所示。

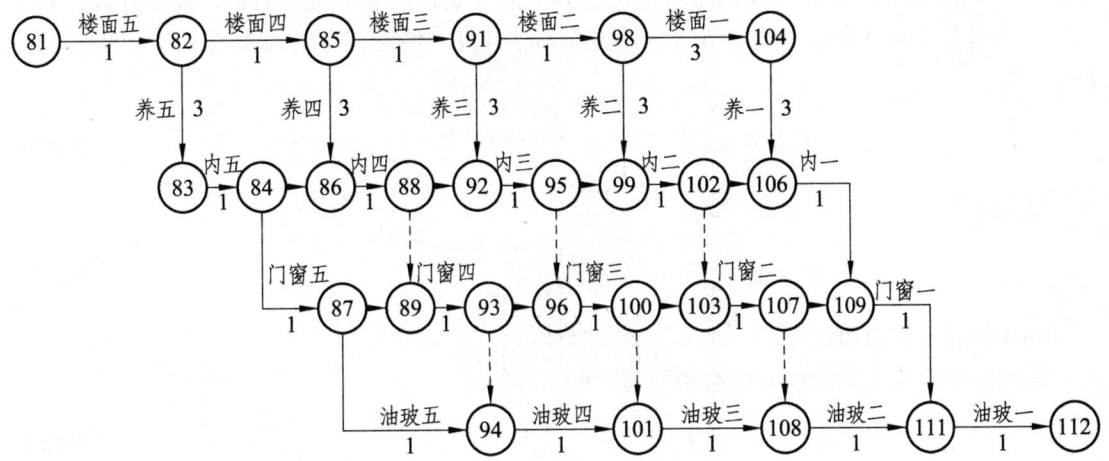

图 7-36 双代号搭接网络图的网络计划

单代号搭接网络计划的时间参数计算：
（1）计算工作最早时间。
计算最早时间参数必须从起点节点开始依次进行，只有紧前工作计算完毕才能计算。
相邻时距为 FTS_{i-j} 时，

$$ES_j = ES_i + STS_{i-j} \tag{7-17}$$

相邻时距为 STS_{i-j} 时，

$$ES_j = EF_i + FTF_{i-j} - D_j \tag{7-18}$$

相邻时距为 STS_{i-j} 时，

$$ES_j = ES_i + STF_{i-j} - D_j \tag{7-19}$$

相邻时距为 STS_{i-j} 时，

$$ES_j = EF_i + FTS_{i-j} \tag{7-20}$$

（2）计算时间间隔。
相邻两项工作 i 和 j 之间在满足时距之外，还有多余的时间间隔 LAG_{i-j}，应按式（7-21）计算：

$$LAG_{i-j} = \begin{bmatrix} ES_j - EF_i - FTS_{i-j} \\ ES_j - ES_i - STS_{i-j} \\ EF_j - EF_i - FTF_{i-j} \\ EF_j - ES_i - STS_{i-j} \end{bmatrix} \tag{7-21}$$

（3）计算工作总时差。

工作 i 的总时差 TF，应从网络计划的终点节点开始，逆着箭线方向依次逐项计算，有关工作的总时差必须从分期完成的节点开始逆向逐项计算。终点节点所代表的工作 n 的总时差 TF_n 应为

$$TF_n = T_p + EF_n \tag{7-22}$$

其他工作 i 的总时差 TF_i，应为

$$TF_i = \min\{TF_j + LAG_{i-j}\} \tag{7-23}$$

（4）计算工作自由时差。

终点节点所代表的工作 n 的自由时差 FF 应为

$$FF_n = T_p + EF_n \tag{7-24}$$

其他工作 i 的自由时差 FF_i，应为

$$FF_i = \min\{LAG_{i-j}\} \tag{7-25}$$

（5）计算工作最迟完成时间。

工作 i 的最迟完成时间 LF_i 应从网络计划的终点节点开始，逆着箭线方向依次逐项计算。当部分工作分期完成时，有关工作的最迟完成时间应从分期完成的节点开始逆向逐项计算。

$$LF_i = EF_i + TF_i \tag{7-26}$$

或

$$LF_i = \min \begin{bmatrix} LS_j - FTS_{i-j} \\ LS_j - STS_{i-j} + D_i \\ LF_j - FTF_{i-j} \\ LF_j - STF_{i-j} + D_i \end{bmatrix} \tag{7-27}$$

（6）计算工作最迟开始时间。

工作 i 的最迟开始时间 LS_i 应按式（7-28）计算：

$$LS_i = LF_i - D_i \quad 或 \quad LS_i = ES_i + TF_i \tag{7-28}$$

（7）关键工作和关键线路的确定。

关键工作是搭接网络计划中工作总时差最小的工作。如果延长其持续时间就会影响计划工期，因此为关键工作。从起点节点开始到终点节点均为关键工作，且所有工作的时间间隔均为零的线路为关键线路。

【例 7.4】（单代号搭接网络计划案例）已知单代号搭接网络计划（见图 7-37），若计划工期等于计算工期，试计算各项工作的 6 个时间参数并确定关键线路，标注在网络计划上。

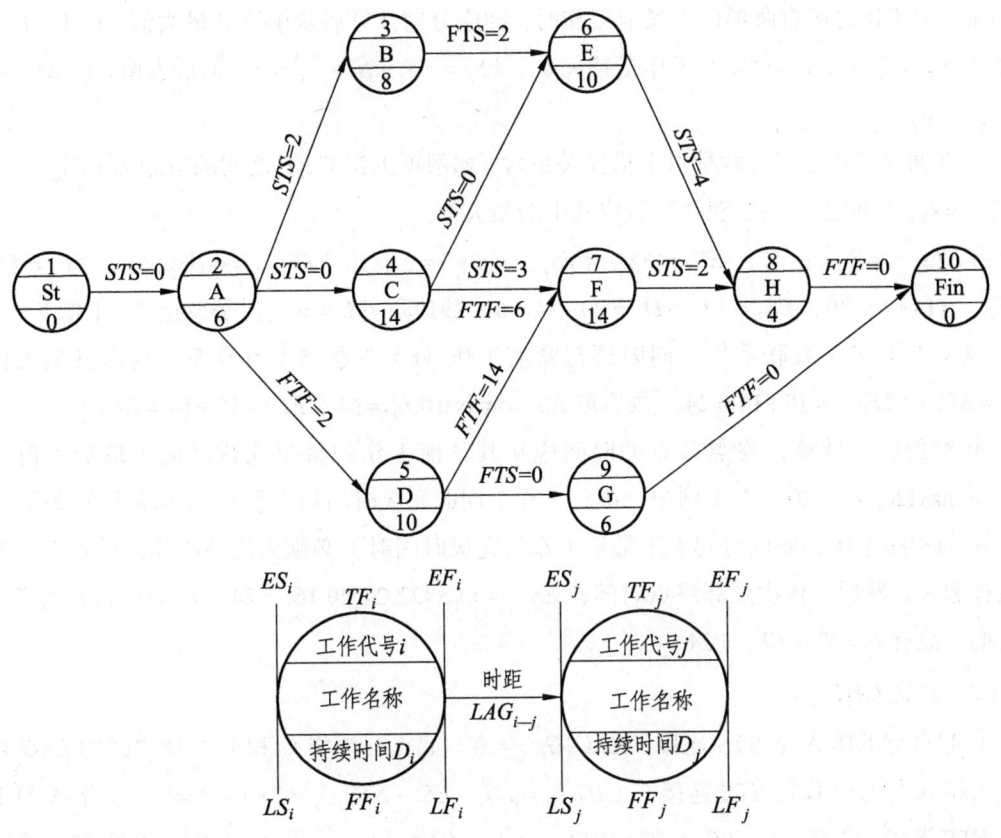

图 7-37 单代号搭接网络计划计算案例

案例解析：

（1）计算 ES_i 和 EF_i。

① 该单代号网络图中起点和终点都是虚设的，故其工作持续时间均为零。因为未规定其最早开始时间，则 $ES_1 = 0$。

② 相邻工作的时距为 STS_{i-j} 时，如 A、B 时距为 $STS_2 = 2$，$ES_3 = ES_2 + STS_{2-3} = 0 + 2 = 2$，$EF_3 = ES_3 + D_3 = 2 + 8 = 10$。

③ 相邻工作的时距为 FTF_{i-j} 时，如 A、C 工作之间的时距为

$$FTF_{2-4} = 4，EF_4 = EF_2 + FTF_{2-4} = 6 + 4 = 10，ES_4 = EF_4 - D_4 = 10 - 14 = -4$$

④ 节点4（工作 C）的最早开始时间出现负值，说明工作 C 在工程开始之前 4d 就应开始工作，是不合理的。

⑤ 当某项中间工作的 ES_i 为负值时，应该将该工作用虚线与起点连起来。这时该工作的最早开始时间就由起点决定。

$$ES_4 = ES_1 + STS_{1,4} = 0，EF_4 = ES_4 + D_4 = 0 + 14 = 14$$

⑥ 相邻两项工作时距为 FTS_{i-j} 时，如 B、E 工作的时距为 $FTS_{3-6} = 2$，则根据公式，$ES_6 = EF_3 + FTS_{3-6} = 10 + 2 = 12$。

在一项工作之前有两项以上紧前工作时，则应分别计算后从中取其最大值。按 B、E 工作搭接关系，$ES_6 = 12$；按 C、E 工作搭接关系，$ES_6 = ES_4 + STS_{4-6} = 6$。取最大值，即 $ES_6 = 12$，$FTF_{4-7} = 6$。

⑦ 在两项工作之间有两种以上搭接关系时，如两项工作 C、F 之间的时距为 $FTS_{4-7} = 3$ 和 $FTF_{4-7} = 6$，这时也应该分别计算后取其中的最大值。

由 $STS_{4-7} = 3$ 决定时，$ES_7 = ES_4 + STS_{4-7} = 0 + 3 = 3$。由 $FTF_{4-7} = 6$ 决定时，$EF_7 = EF_4 + FTF_{4-7} = 14 + 6 = 20$，$ES_7 = EF_7 - D_7 = 20 - 14 = 6$。故应取 $ES_7 = 6$。但是节点 7（工作 F）除与节点 4（工作 C）有联系外，同时还与紧前工作 D（节点 5）有联系，应取其最大值。$EF_7 = EF_5 + FTF_{5-7} = 10 + 14 = 24$。故应取 $ES_7 = \max\{10, 6\} = 10$，$EF_7 = 10 + 14 = 24$。

⑧ 根据以上计算，终点节点的时间应从其紧前工作的最早完成时间中取最大值，即 $ES_{Fin} = \max\{20, 16\} = 20$。在本例中，决定工程工期的完成时间最大值的工作却不在最后。

⑨ 当中间工作的完成时间大于最后工作的完成时间时，必须先把该工作与终点节点用虚箭线连起来，然后再依次计算终点时间，$ES_{Fin} = \max\{22, 24, 20, 16\} = 24$。已知计划工期等于计算工期，故有 $T_p = T_c = EF_{16} = 24$。

（2）计算 LAG_{i-j}。

① 起点与工作 A 是 STS 连接，故 $LAG_{1-2} = 0$。起点与工作 C 和工作 D 之间的 LAG 均为零。工作 A 与工作 B 是 STS 连接，$LAG_{2-3} = ES_3 - ES_2 - STS_{2-3} = 2 - 0 - 2 = 0$，工作 A 与工作 C 是 FTF 连接，$LAG_{2-4} = EF_4 - EF_2 - FTF_{2-4} = 14 - 6 - 4 = 4$，工作 A 与工作 D 是 FTF 连接，$LAG_{2-5} = EF_5 - EF_2 - FTF_{2-5} = 10 - 6 - 2 = 2$，工作 B 与工作 E 是 FTS 连接，$LAG_{3-6} = ES_6 - EF_3 - FTS_{3-6} = 12 - 10 - 2 = 0$，工作 C 与 F 是 STS 和 FTF 两种时距连接，故 $LAG_{4-7} = \min\{(ES_7 - ES_4 - STS_{4-7}), (ES_7 - ES_4 - STS_{4-7})\} = \min\{(10 - 0 - 3), (24 - 14 - 6)\} = 4$。

（3）计算 TF_i。

终点节点的总时差按公式计算：

$$TF_{Fin} = T_p - EF_n = 24 - 24 = 0，\quad TF_8 = TF_{10} + LAG_{8-10} = 0 + 4 = 4$$

$$TF_6 = \min\{(TF_{10} + LAG_{6-10}), (TF_8 + LAG_{6-8})\} = \min\{(0 + 2), (4 + 0)\} = 2$$

（4）计算 FF_i。

各项工作的自由时差按公式计算：

$$FF_n = T_p - EF_n，\quad FF_i = \min\{LAG_{2-3}, LAG_{2-4}, LAG_{2-5}\} = \min\{0, 4, 2\} = 0$$

（5）计算 LS_i 和 LF_i。

① 凡是与终点节点相联系的工作，其最迟完成时间即终点的完成时间，如 $LF_7 = LF_{10} = 24$，$LS_7 = LF_7 - D_7 = 24 - 14 = 10$，$LS_9 = LF_9 - D_9 = 24 - 6 = 18$。

② 相邻两工作的时距为 STS_{i-j} 时，如两工作 E、H 之间的时距为 $STS_{6-8} = 4$，则 $LS_6 = LS_8 - STS_{6-8} = 20 - 4 = 16$，$LF_6 = LS_6 + D_6 = 16 + 10 = 26$。

节点 6（工作 E）的最迟完成时间为 26 天，大于总工期 24 天，这是不合理的，必须对节点 6（工作 E）的最迟完成时间用虚箭线与终点节点连起来。这时工作 E 的最迟时间除受工作 H 的约束之外，还受到终点节点的约束，即 $LF_6 = 24$，$LS_6 = 24 - 10 = 14$。

③ 若明确中间相邻两工作的时距后，可按公式计算：$LF_5 = \min\{(LS_9 - FTS_{5-9}),(LF_7 - FTF_{5-7})\} = \min\{(18-0),(24-14)\} = 10$，$LS_5 = LF_5 - D_5 = 0$。

（6）关键工作和关键线路的确定。

总时差为最小（零）的工作是关键工作。把总时差为零的工作连接起来所形成的线路是关键线路。如图 7-38 所示，关键线路为起点→D→F→终点。

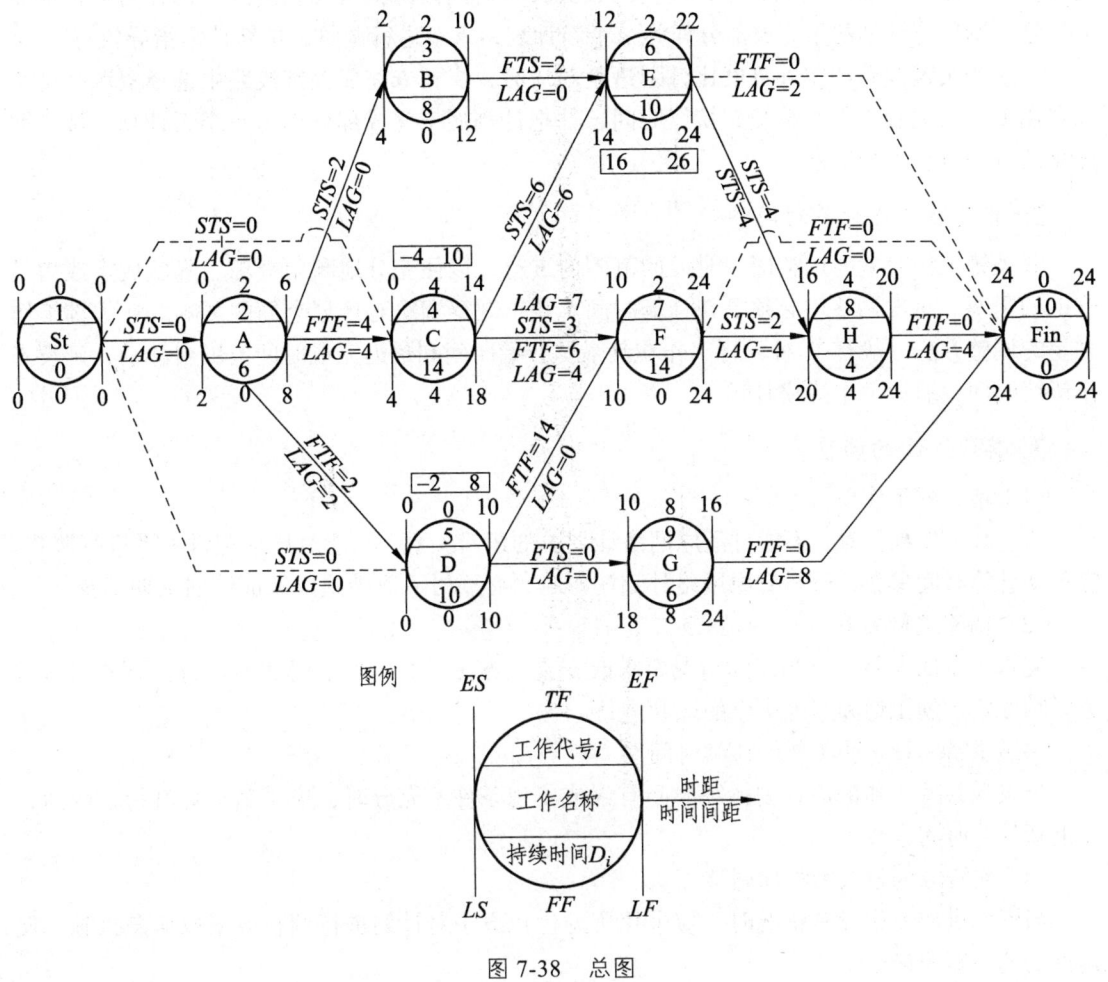

图 7-38 总图

7.4 工程项目进度计划的调整

进度计划的调整时间一般应与进度计划的检查时间一致，根据计划检查结果可进行定期调整或在必要时进行应急调整、特别调整等，一般以定期调整为主。进度计划的检查内容主要有：关键工作进度、非关键工作进度及时差利用、工作之间的逻辑关系。

对进度计划的检查应定期进行。检查周期的长短视计划工期的长短和管理的需要而定，一般可以天、周、旬、月、季等为周期。检查进度计划时，首先必须收集进度计划的实际执行情况信息，并进行记录。

进度计划的调整内容主要有：关键线路长度的调整，非关键工作时差的调整，增、减工作项目，调整逻辑关系，重新估计某些工作的持续时间，对资源的投入做局部调整等。

1. 关键线路长度的调整

关键线路长度的调整可针对不同情况选用不同的调整方法。

（1）当关键线路的实际进度比计划进度提前时，若不拟缩短工期，则应选择资源占用量大或直接费用高的后续关键工作，适当延长其持续时间以降低资源强度或费用；若拟提前完成计划，则应将计划的未完成部分作为一个新计划，重新进行调整，按新计划指导执行。

（2）当关键线路的实际进度比计划进度落后时，应在未完成关键线路中选择资源强度小或费用率低的关键工作，缩短其持续时间，并把计划的未完成部分作为一个新计划，按工期优化的方法对它进行调整。

2. 非关键工作时差的调整

非关键工作时差的调整应在时差的范围内进行，以便充分地利用资源、降低成本或满足施工的需要。每次调整均必须重新计算时间参数，观察调整对计划全局的影响。非关键工作时差的调整方法一般有 3 种：将工作在其最早开始时间和最迟完成时间范围内移动，延长工作持续时间，缩短工作持续时间。

3. 其他方面的调整

（1）增、减工作项目。

增、减工作项目时，不能打乱原网络计划总的逻辑关系，只能对局部逻辑关系进行调整；应重新计算时间参数，分析对原网络计划的影响，必要时采取措施以保证计划工期不变。

（2）调整逻辑关系。

逻辑关系的调整只有当实际情况要求改变施工方法或组织方法时才能进行。调整时应避免影响原定计划工期和其他工作的顺利进行。

（3）重新估计某些工作的持续时间。

当发现某些工作的原计划持续时间有误或实现条件不充分时，应重新估算其持续时间，并重新计算时间参数。

（4）对资源的投入做局部调整。

当资源供应发生异常情况时，应采用资源优化方法对计划进行调整或采取应急措施，使其对工期的影响最小。

习　题

1. 项目进度计划的编制过程有哪些步骤？

2. 根据编制项目进度计划的工具之一——工作分解结构图（WBS）的编制要点，尝试利用 WBS 编制自己的大学四年学习计划。

3. 已知某工程各项工作名称、逻辑关系（见表 7-10），试绘制其双代号网络图，并计算其时间参数。

表 7-10　工作逻辑关系表

工作	A	B	C	D	E	G	H	I
紧前时间	—	—	—	B	B、C	A	D	D、E
持续时间	6	4	2	5	6	5	3	5

4. 已知某工程各项工作名称、逻辑关系（见表 7-10），试绘制其双代号时标网络图。

5. 已知各工作之间的逻辑关系（见表 7-10），试绘制其单代号网络图，并计算其时间参数。

第8章 工程项目费用管理

项目费用管理从工程投标报价开始,直至项目竣工结算完成为止,贯穿项目实施全过程。它是工程项目管理的重要部分之一。本章首先介绍项目费用管理的概念以及基本内容,然后在此基础上详细介绍工程项目费用控制的方法与工具,最后介绍工程项目进度与费用的协调控制。

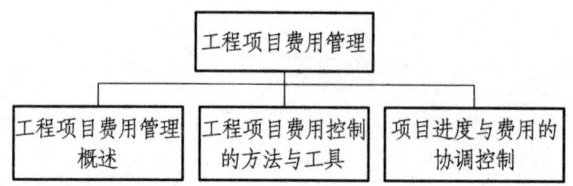

8.1 工程项目费用管理概述

8.1.1 工程项目费用的概念

工程项目费用是指承包单位在进行某建设工程项目的施工过程中所发生的生产经营费用支出的总和。包括消耗的原材料、辅助材料、构配件等费用,以及周转材料的摊销费或租赁费,施工机械的使用费或租赁费,支付给生产工人的工资、奖金、津贴等,以及进行施工组织管理所发生的全部费用支出。建筑工程项目费用由直接成本和间接成本组成。

直接成本是指施工过程中耗费的构成工程实体或有助于工程实体形成的各项费用支出,包括人工费、材料费、施工机械使用费和施工措施费等。

间接成本是指为施工准备和组织管理施工生产的全部费用的支出,是非直接用于工程对象,但为进行工程施工所必须发生的费用,包括管理人员工资、办公费、差旅交通费等。

8.1.2 工程项目费用管理的内容

1. 费用管理的含义

工程项目费用管理从工程投标报价开始,直至项目竣工结算完成为止,贯穿于项目实施的全过程。成本目标是项目管理的主要目标之一,它包括责任成本目标和计划成本目标。前者反映企业上层对费用目标要求的上限,后者是希望达到的指标,它能把费用管理在企业上层和项目经理部的运行有机连接起来。

2. 费用管理的内容

费用管理的内容包括:成本预测、成本计划、成本控制、成本核算、成本分析和成本考核等。建设工程项目经理部在项目施工过程中对所发生的各种成本信息,通过有组织、有目的地进行计划、控制和分析,使工程项目系统内各种要素按照一定的目标运行,从而使工程项目目标得以实现。

1）成本预测

成本预测是通过成本信息和施工项目的具体情况，运用专门的方法对未来的成本水平及其可能发展趋势做出科学的估计。其实质就是在施工以前对施工项目进行成本估算。通过成本预测，可以使项目经理部在满足业主和施工企业要求的前提下，选择成本低、效益好的最佳成本方案，又能够在施工项目成本形成过程中，针对薄弱环节，加强成本控制，克服盲目性，提高预见性。因此，施工项目成本预测是施工项目成本决策与计划的依据。预测时，通常是对施工项目计划工期内影响其成本变化的各个因素进行分析，比照近期已完工施工项目或将完工项目的成本（单位成本），预测这些因素对工程成本中有关项目（成本项目）的影响程度，从而预测出工程的单位成本或总成本。

2）成本计划

计划是项目经理部对项目费用以货币形式编制工程项目在计划期内的生产费用、成本水平、成本降低率以及为降低成本所采取的主要措施和规划的书面方案。它是建立施工项目成本管理责任制、开展成本控制的基础。一般来说，成本计划是施工项目降低成本的指导性文件，是设立目标成本的依据。因此，可以说，成本计划是目标成本的一种表现形式。

3）成本控制

成本控制是指在施工过程中，对影响费用的各种因素加强管理，并采取各种有效的措施，将施工中实际发生的各种消耗和支出严格控制在成本计划范围内，随时检查并及时反馈，严格审查各项费用的开支是否合理，计算实际成本和计划成本之间的差异并进行分析，消除施工中的损失浪费现象，发现和总结先进经验。通过成本控制最终实现甚至超过预期的成本节约目标。

4）成本核算

成本核算是利用会计核算的方法对施工过程中所发生的各种形式的费用核算。一是按规定的成本开支范围对施工费用进行归集，计算出施工费用的实际发生额；二是根据成本核算对象，采用适当的方法，计算出该施工项目的总成本和单位成本。

5）成本分析

成本分析是在成本形成的过程中，对费用进行的对比评价和剖析总结工作。它贯穿于费用管理的全过程，也就是说费用分析主要利用工程项目成本核算资料与目标成本、预算成本以及类似的工程项目的实际成本等进行比较，了解成本的变动情况。同时，也要分析主要技术经济指标对成本的影响，系统地研究成本变动的因素，检查成本计划的合理性，并通过成本分析，深入揭示成本变动规律，寻求降低施工项目成本的途径，以便有效地进行成本控制。

6）成本考核

成本考核是指在项目完成后，对费用形成中的各责任者，按费用目标责任制的有关规定，将实际成本与计划、预算等进行对比和考核，评定费用计划的完成情况和各责任者的业绩，并据此给予相应的奖励和处罚。通过成本考核，做到有奖有惩、赏罚分明，这样才能有效调动企业的每个职工在各自的施工岗位上努力完成目标成本的积极性。

建设工程费用控制中每个环节都是相互联系、相互作用的。成本预测是成本决策的前提，成本计划是成本决策所确定目标的具体化。成本控制是对成本计划的实施进行监督，保证决策的成本目标实现，而成本核算又是成本计划是否实现的最后检验，它所提供的成本信息又对下一个费用预测和决策提供基础资料。成本考核是实现成本目标责任制的保证和实现决目标的重要手段。

8.1.3 工程项目费用控制

费用控制就是保证各项工作要在它们各自的预算范围内进行。费用控制的基础是事先对项目进行的费用预算。

费用控制的基本方法：规定各部门定期上报其费用报告，再由控制部门对其进行费用审核，以保证各种支出的合法性，然后再将已经发生的费用与预算相比较，分析其是否超支，并采取相应的措施加以弥补。工程项目费用控制框架如图 8-1 所示。

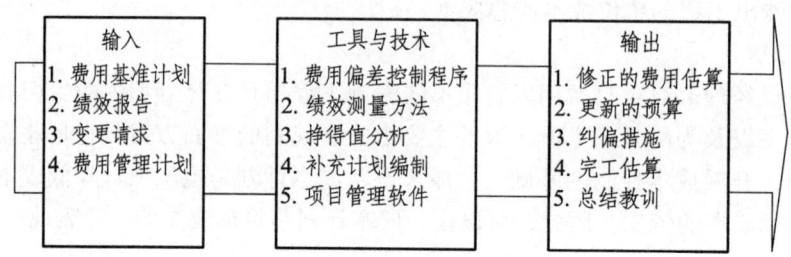

图 8-1 工程项目费用控制框架

工程项目费用控制的内容：

（1）对造成费用基准变化的因素施加影响，以保证这种变化向有利的方向发展；

（2）确定实际发生的费用是否已经出现偏差；

（3）在出现偏差时，分析偏差对项目未来进度的影响，并采取适当的管理措施。

8.2 工程项目费用控制的方法与工具

8.2.1 挣得值分析

挣得值方法是对项目进度和费用进行综合控制的一种有效方法。

挣得值方法通过测量和计算已完成工作的预算费用、已完成工作的实际费用与计划的预算费用，得到有关计划实施的进度和费用偏差，从而判断项目执行的状况。

挣得值方法的三个基本参数：

（1）计划工作量的预算费用（Budgeted Cost for Work Scheduled，BCWS）。

计划工作量的预算费用是指项目实施过程中某阶段计划要求完成的工作量所需的预算费用。其计算公式为

$$BCWS = 计划工作量 \times 预算定额$$

BCWS 主要反映进度计划应当完成的工作量而不是反映应消耗的费用。

（2）已完成工作量的实际费用（Actual Cost for Work Performed，ACWP）。

已完成工作量的实际费用是指项目实施过程中某阶段实际完成的工作量所消耗的费用。ACWP 主要反映项目执行的实际消耗指标。

（3）已完成工作量的预算成本（Budgeted Cost for Work Performed，BCWP）。

已完成工作量的预算成本是指项目实施过程中某阶段按实际完成工作量及按预算定额计

算出来的费用,即挣得值(Earned Value)。其计算公式为

$$BCWP = 已完工作量 \times 预算定额$$

挣得值方法的五个评价指标:

(1)费用偏差(Cost Variance, CV)。

费用偏差是指检查期间 BCWP 与 ACWP 之间的差异。其计算公式为

$$CV = BCWP - ACWP$$

当 CV 为负值时表示执行效果不佳,即实际消耗的费用超过预算值,即超支;反之,当 CV 为正值时表示实际消耗的费用低于预算值,即有节余或效率高,如图 8-2 所示。

$CV > 0$ 表示完成某工作量时,实际资源消耗低于计划值;

$CV < 0$ 表示完成某工作量时,实际资源消耗高于计划值;

$CV = 0$ 表示完成某工作量时,实际资源消耗等于计划值。

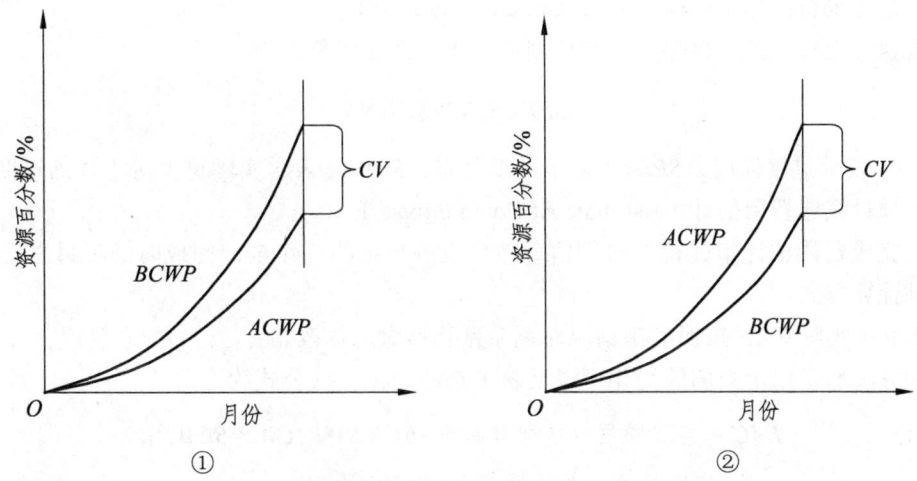

图 8-2 费用偏差

(2)进度偏差(Schedule Variance, SV)。

进度偏差是指检查日期 BCWP 与 BCWS 之间的差异。其计算公式为

$$SV = BCWP - BCWS$$

当 SV 为正值时表示进度提前,SV 为负值时表示进度延误,如图 8-3 所示。

$SV > 0$ 表示实际完成工作量超过计划预算值,即进度提前;

$SV < 0$ 表示实际完成工作量低于计划预算值,即进度拖延;

$SV = 0$ 表示实际完成工作量等于计划预算值,即符合进度计划。

(3)费用执行指标(Cost Performed Index,CPI)。

费用执行指标是指挣得值与实际费用值之比。其计算公式为

$$CPI = BCWP / ACWP$$

$CPI > 1$ 表示低于预算;$CPI < 1$ 表示超出预算;$CPI = 1$ 表示实际费用与预算费用吻合。

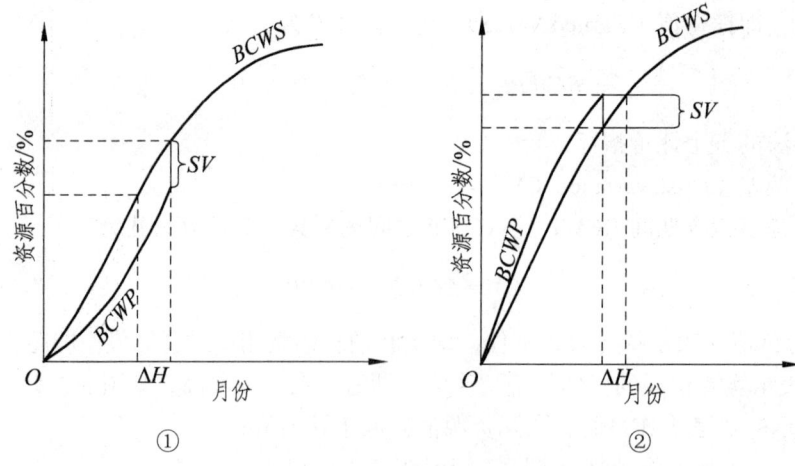

图 8-3 进度偏差

（4）进度执行指标（Schedule Performed Index，SPI）。
进度执行指标是指项目挣得值与计划值之比。其计算公式为

$$SPI = BCWP/BCWS$$

$SPI > 1$ 表示进度提前；$SPI < 1$ 表示进度延误；$SPI = 1$ 表示实际进度等于计划进度。

（5）项目完成费用估计（Estimate At Completion，EAC）。
项目完成费用估计指在检查时刻估算项目范围规定的工作全部完成时的项目总费用。有以下三种计算方式：

① EAC =实际支出+按照实施情况对剩余预算所做的修改。
这种方法通常用于当前的变化可以反映未来的变化。其公式为

$$EAC = 实际费用 + (总预算费用 - BCWP) \times (ACWP/BCWP)$$

或

$$EAC = 实际费用 + (总预算费用 - BCWP)/CPI$$

或

$$EAC = 总预算费用 \times (ACWP/BCWP)$$

或

$$EAC = 总预算费用 / CPI$$

② EAC =实际支出+对未来所有剩余工作的新估计。
这种方法通常用于当过去的执行情况显示了原有的估计假设条件基本失效的情况或者由于条件的改变原有的假设不再适用的情况。

③ EAC =实际支出+剩余的预算。
这种方法适用于现在的变化仅是一种特殊的情况，项目经理认为未来的实施不会发生类似的变化。

【例 8.1】（挣得值计算示例）表 8-1~表 8-3 分别给出了包装机项目的每期预算费用、每期累计完成比率及每期实际费用，计算该项目的每期累计挣得值。假设检查点为第八周，试根据检查结果预测该项目完成的总费用及进度。

表 8-1 包装机项目的每期预算费用　　　　　　　　　　　　单位：千美元

工作名称	预算值	进度/周											
		1	2	3	4	5	6	7	8	9	10	11	12
设计	24	4	4	8	8								
建造	60					8	8	12	12	10	10		
安装与调试	16											8	8
合计	100												
累计		4	8	16	24	32	40	52	64	74	84	92	100

表 8-2 包装机项目的每期累计完成比率　　　　　　　　　　单位：%

工作名称	进度/周							
	1	2	3	4	5	6	7	8
设计	10	25	80	90	100	100	100	100
建造	0	0	0	5	15	25	40	50
安装与调试	0	0	0	0	0	0	0	0

表 8-3 包装机项目的每期实际费用　　　　　　　　　　　　单位：千美元

工作名称	进度/周								总费用
	1	2	3	4	5	6	7	8	
设计	2	5	9	5	1				22
建造				2	8	10	14	12	46
安装与调试									0
合计	2	5	9	7	9	10	14	12	68
累计	2	7	16	23	32	42	56	68	68

每期累计挣得值计算结果见表 8-4。

表 8-4 包装机项目的每期累计挣得值　　　　　　　　　　　单位：千美元

工作名称	挣得值	进度/周							
		1	2	3	4	5	6	7	8
设计	24	2.4	6	19.2	21.6	24	24	24	24
建造	30				3	9	15	24	30
安装与调试									
累计	54	2.4	6	19.2	24.6	33	39	48	54

设检查点为第8周,则

$CV = BCWP - ACWP = 54-68 = -14$, $SV = BCWP - BCWS = 54-64 = -10$

$CPI = BCWP/ACWP = 54/68 = 0.79$, $SPI = BCWP/BCWS = 54/64 = 0.84$

费用预测:预测值=总预算/CPI=100/0.79=126.58。

进度预测:预计完成时间=计划完成时间/SPI=12/0.84=14.29。

表 8-5 总结了项目累计费用和,图 8-4~图 8-5 则分别给出了累计挣得值曲线与工程项目相关费用曲线。

表 8-5 项目累计预算费用、累计实际费用和累计挣得值

项目	进度/周											
	1	2	3	4	5	6	7	8	9	10	11	12
累计预算费用	4	8	16	24	32	40	52	64	74	84	92	100
累计实际费用	2	7	16	23	32	42	56	68				
累计挣得值	2.4	6	19.2	24.6	33	39	48	54				

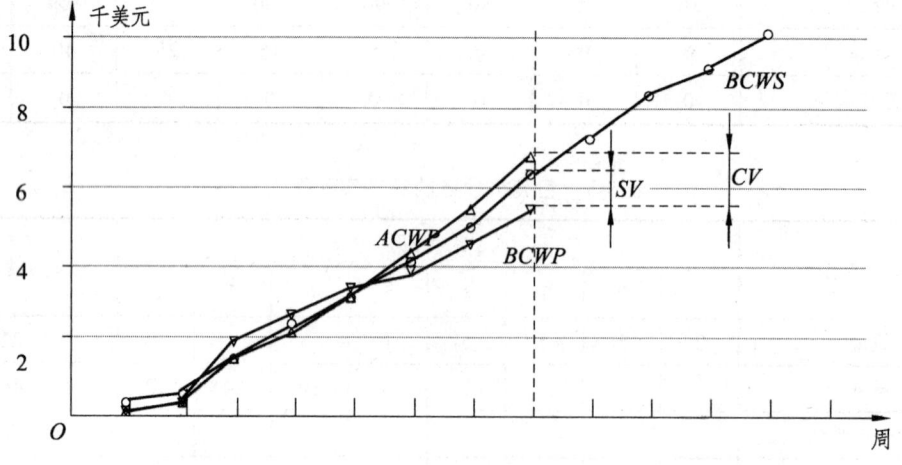

图 8-4 累计挣得值曲线

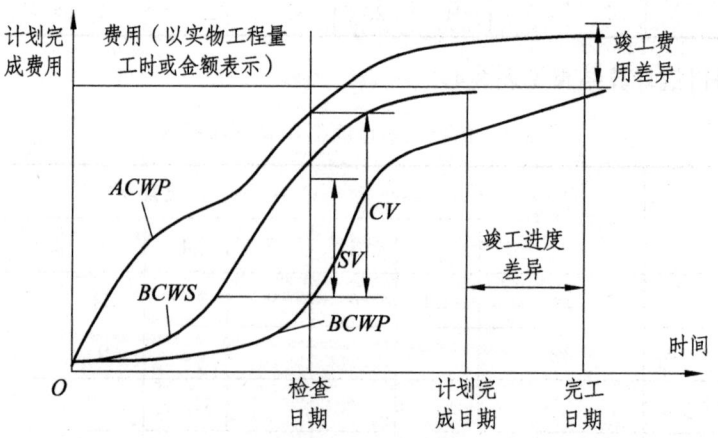

图 8-5 工程项目预算费用、实际费用、挣得值曲线

【例 8.2】（费用偏差计算的挣得值法）某项目的计划进度与实际进度甘特图及各项工作的预算费用和实际费用见表 8-6。表中实线为计划进度，虚线为实际进度。

表 8-6 某项目计划进度与实际进度甘特图

工作名称	成本/万元		平均每周完成成本/万元		进度/周											
	预算	实际	预算	实际	1	2	3	4	5	6	7	8	9	10	11	12
A	15	18	5	6												
B	20	30	4	6												
C	36	40	9	10												
D	30	20	6	4												
E	24	9	8	3												
每周已完成工作实际费用/万元					6	6	12	6	6	16	20	14	14	7	7	3
累计已完成工作实际费用/万元					6	12	24	30	36	52	72	86	100	107	114	117
每周实际完成预算费用/万元					5	5	9	4	4	13	19	15	15	14	14	8
挣得值/万元					5	10	19	23	27	40	59	74	89	103	117	125
每周预算费用/万元					5	9	9	13	13	19	15	14	14	14		
累计预算费用/万元					5	14	23	36	49	68	83	97	111	125		

在第 7 周检查偏差，由表 8-6 可得

$$BCWP = 59, ACWP = 72, BCWS = 83$$

费用偏差：$CV = BCWP - ACWP = 59 - 72 = -13$（万元）。

进度偏差：$SV = BCWP - BCWS = 59 - 83 = -24$。

结论：费用超预算 13 万元，进度延期。

在第 11 周检查偏差，由表 8-6 可得

$$BCWP = 117, ACWP = 114$$

费用偏差：$CV = BCWP - ACWP = 117 - 114 = 3$（万元）。

结论：费用节约 3 万元，进度延期。

挣得值计算方法总结如下：

$BCWS$：计划工程预算费用或计划工程投资额。

$BCWP$：完成工程预算费用或实现工程投资额。

$ACWP$：完成工作实际费用或消耗工程投资额。

$BCWP - ACWP = CV$。

$BCWP - BCWS = SV$。

$BCWP / ACWP = CPI$。

$BCWP / BCWS = SPI$。

8.2.2 根据费用偏差控制费用方法

对负费用偏差的任务进行控制，以减少费用或提高工作效率。

对总预算费用较大的工作采取措施，可以更有效地减少费用。

8.3 项目进度与费用的协调控制

项目执行过程中，费用和进度是相关的；如果压费用，资源投入会减少，相应的进度会受影响；如果赶进度，费用有可能提高；如果工期过长，又会由于资源占时间长而使费用上升。成本与工期关系如图 8-6 所示。

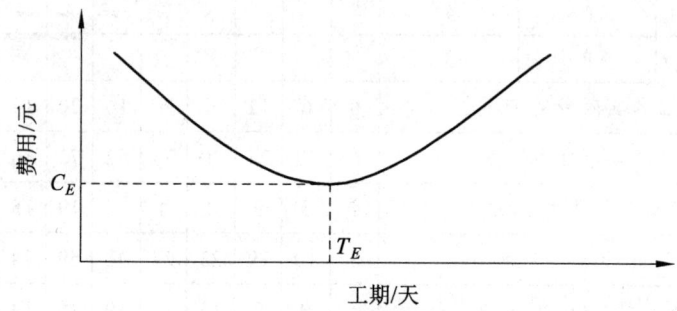

图 8-6 成本与工期关系示意图

8.3.1 关键比值法

关键比值法由进度比值（实际进度/计划进度）和费用比值（预算费用/实际费用）组成，是这两个比值的乘积。

$$关键比值 = \frac{实际进度}{计划进度} \times \frac{预算费用}{实际费用}$$

关键比值计算示例见表 8-7。

由表 8-7 分析得出如下结果：

工作 A，无论进度还是费用，都是实际值低于计划值。如果进度推迟，没有大的问题。

工作 B，费用等于预算费用，但实际进度滞后。因为费用消耗已达到预算水平，而进度却落后，则有可能存在费用超支。

工作 C，进度等于计划进度，但费用超支。

工作 D，费用等于预算费用，进度超前，意味着节省了一笔费用。

工作 E，进度等于计划进度，而实际费用低于预算，等于节约了一笔费用。

表 8-7 关键比值计算

工作单元	实际进度	计划进度	进度比值	预算费用	实际费用	费用比值	关键比值
A	2	3	2/3<1	6	4	6/4>1	1
B	2	3	2/3<1	6	6	6/6=1	2/3<1

续表

工作单元	实际进度	计划进度	进度比值	预算费用	实际费用	费用比值	关键比值
C	3	3	3/3=1	4	6	4/6<1	2/3<1
D	3	2	3/2>1	6	6	6/6=1	3/2>1
E	3	3	3/3=1	6	4	6/4>1	3/2>1

8.3.2 三种挣得值参数的综合和分析

表 8-8 展示了三种挣得值参数的关系,其中 $CV>0$,效率高,反之效率低;$SV>0$,进度快,反之进度慢;$ACWP>BCWS$,则投入超前,反之拖后。

表 8-8 三种挣得值参数明细

序号	三种参数关系		分析	措施
	图形关系	参数关系		
1	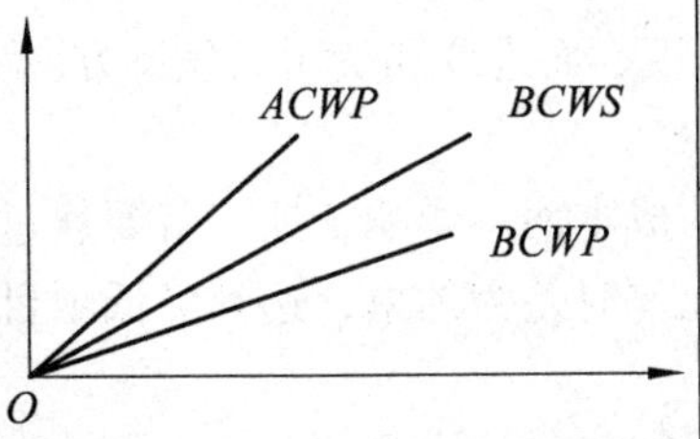 ACWP, BCWS, BCWP 图形	$ACWP>BCWS>BCWP$,$SV<0$,$CV<0$	效率低,进度缓慢,投入超前	用工作效率高的人员更换一些效率低的人员
2	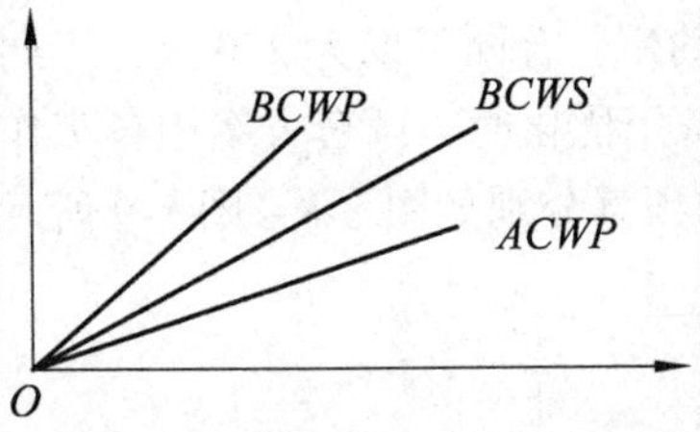 BCWP, BCWS, ACWP 图形	$BCWP>BCWS>ACWP$,$SV>0$,$CV>0$	效率高,进度较快,投入延后	若偏离不大,维持原状
3	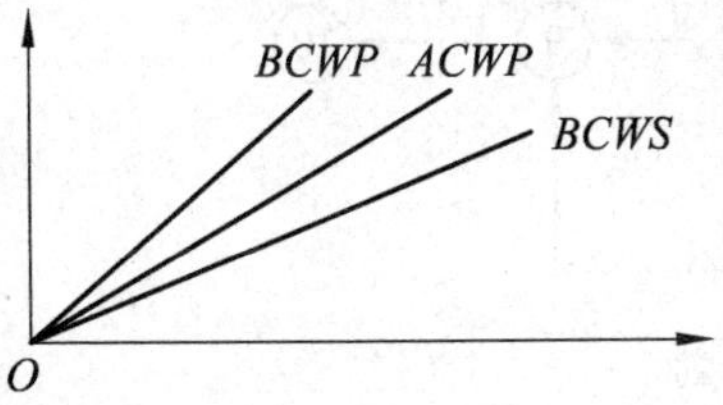 BCWP, ACWP, BCWS 图形	$BCWP>ACWP>BCWS$,$SV>0$,$CV>0$	效率较高,进度快,投入超前	抽出部分人员,放慢进度
4	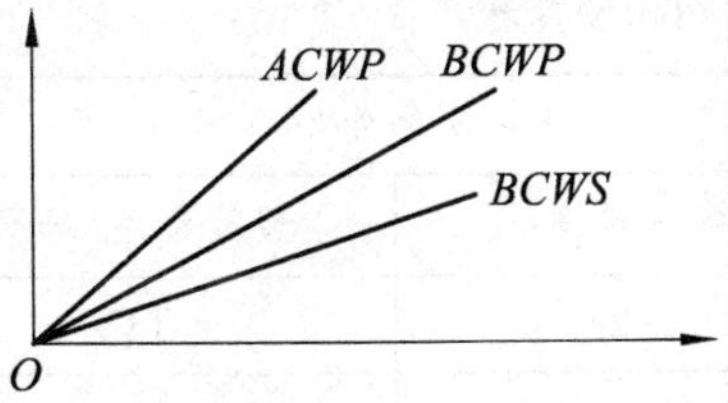 ACWP, BCWP, BCWS 图形	$ACWP>BCWP>BCWS$,$SV>0$,$CV<0$	效率较低,进度较快,投入超前	抽出部分人员,增加骨干人员

续表

序号	三种参数关系		分析	措施
	图形关系	参数关系		
5	BCWS / ACWP / BCWP 图形	$BCWS>ACWP>BCWP$, $SV<0$, $CV<0$	效率较低，进度慢，投入延后	增加高效人员的投入
6	BCWS / BCWP / ACWP 图形	$BCWS>BCWP>ACWP$, $SV<0$, $CV>0$	效率较高，进度较慢，投入延后	迅速增加人员投入

8.3.3 基于网络计划的进度费用控制

由网络分析技术可知，只有关键工作会影响项目的进度，而进度和费用又呈反方向变化，即减少资源的投入可以降低成本，但肯定会延长工期。

进度和费用协调控制思路：若要降低项目后续工作的成本而不影响工期，就要通过对非关键工作的资源调整，适当延长其持续时间，以不超过允许时差为约束，达到降低项目成本的目的。

【例 8.3】某项目实施组织网络计划如图 8-7 所示。该项目有两套实施组织方案，相应各工作单元所需的持续时间和预算费用见表 8-9。项目合同中约定：合同工期为 270 天，工期延误一天罚 3 万元，提前一天奖 1 万元。在进行项目进度和费用优化时，两套方案中各工作单元的实施方案可互换，具体实施计划网络、工作单元时间和预算分别如图 8-8～图 8-9 所示。

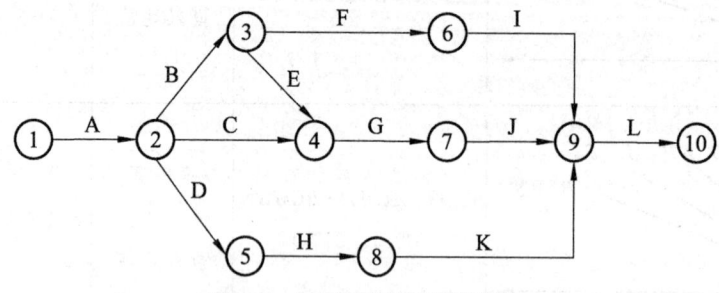

图 8-7 某项目实施网络计划

表 8-9 两套实施方案的工作单元时间和预算表

工作单元	项目实施组织方案 I		项目实施组织方案 II	
	持续时间/天	预算费用/万元	持续时间/天	预算费用/万元
A	30	13	28	15
B	45	20	42	21

续表

工作单元	项目实施组织方案Ⅰ		项目实施组织方案Ⅱ	
	持续时间/天	预算费用/万元	持续时间/天	预算费用/万元
C	28	10	28	10
D	40	19	39	19.5
E	50	23	48	23.5
F	38	13	38	13
G	60	25	55	28
H	43	18	43	18
I	50	24	48	25
J	39	12.8	39	12.8
K	35	15	33	16
L	50	20	49	21
合计	—	212.8	—	222.8

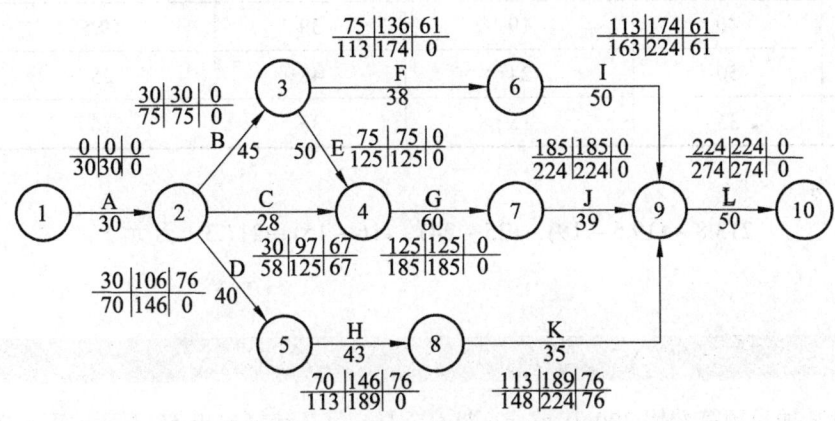

图 8-8 实施方案Ⅰ的网络图

（1）方案Ⅰ的关键路径：A—B—E—G—J—L。

方案Ⅰ的总工期为 274 天，比合同期延期 4 天，总费用为

$$212.8 \text{ 万元} + 4 \text{ 天} \times 3 \text{ 万元/天} = 224.8 \text{（万元）}$$

（2）方案Ⅱ的关键路径：A—B—E—G—J—L。

方案Ⅱ的总工期为 261 天，比合同期提前 9 天，总费用为

$$222.8 \text{ 万元} - 9 \text{ 天} \times 1 \text{ 万元/天} = 213.8 \text{（万元）}$$

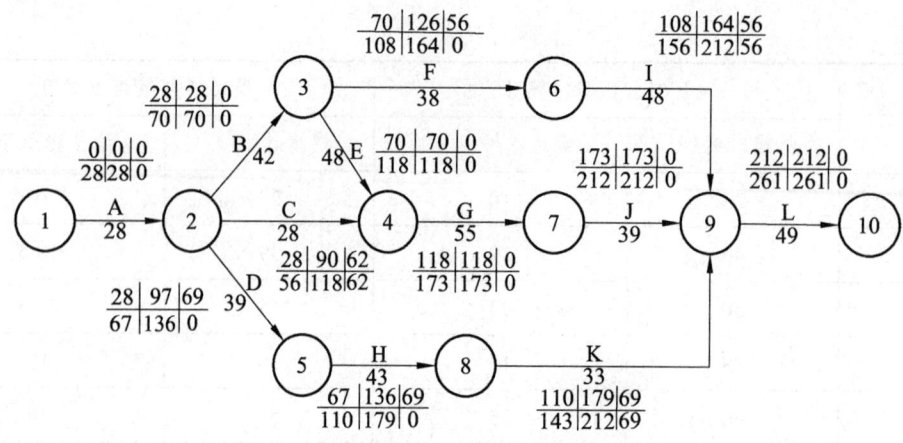

图 8-9 实施方案 Ⅱ 的网络图

方案 Ⅱ 的关键工作不变，非关键工作单元 D、I、K 采用方案 Ⅰ 中相对低预算、长工期的实施方法。

两方案比较见表 8-10。

表 8-10 方案比较

工作单元	项目实施组织方案 Ⅰ		项目实施组织方案 Ⅱ		总时差
	持续时间/天	预算费用/万元	持续时间/天	预算费用/万元	
D	40	19	39	19.5	69
I	50	24	48	25	56
K	35	15	33	16	69

总费用为

$$213.8 - (19.5 - 19) - (25 - 24) - (16 - 15) = 211.3（万元）$$

习 题

1. 假设某项目预算费用 300 万元，工期 6 个月，每月计划支出 50 万元，第三个月检查计划实施情况时，累计应完成工程预算费用 150 万元，累计已完成工程预算费用 100 万元，累计已完成工程实际费用 130 万元，见表 8-11。

表 8-11 某项目费用完成情况　　　　　　　　　　　　　　　　　　单位：万元

费用项目	第 1 月	第 2 月	第 3 月	第 4 月	第 5 月	第 6 月
BCWS	50	50	50	50	50	50
BCWP	40	30	30			
ACWP	50	40	40			

2. 某承包人按合同工期要求编制了混凝土结构工程施工进度时标网络计划，如图 8-10 所

示，并经专业监理工程师审核批准。

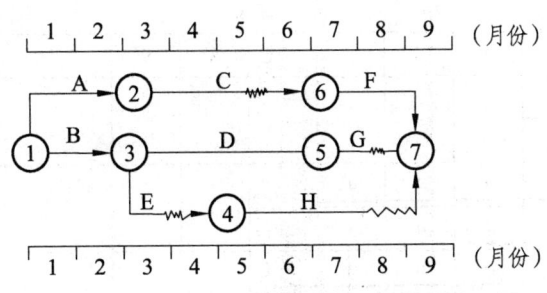

图 8-10　施工进度时标网络计划

该项目的各项工作均按最早时间安排，且各项工作每月所完成的工程量相等。各项工作的计划工程量和实际工程量见表 8-12。工作 D、E、F 的实际工作持续时间与计划工作持续时间相同。

表 8-12　计划工程量和实际工程量表

工作	A	B	C	D	E	F	G	H
计划工程量/m³	8 600	9 000	5 400	10 000	5 200	6 200	1 000	3 600
实际工程量/m³	8 600	9 000	5 400	9 200	5 000	5 800	1 000	5 000

合同约定，混凝土结构工程综合单价为 1 000 元/m³，按月结算。结算价按项目所在地混凝土结构工程价格指数进行调整，项目实施期间各月的混凝土结构工程价格指数见表 8-13。以合同签订之日作为基期，价格指数为 100。

表 8-13　混凝土工程价格指数

时间	基期	1月份	2月份	3月份	4月份	5月份	6月份	7月份	8月份	9月份
价格指数/%	100	115	110	115	110	110	110	120	110	110

施工期间，由于发包人原因，工作 H 的开始时间比计划开始时间推迟了 1 个月，并由于工作 H 工程量的增加，该项工作的工作持续时间延长了 1 个月。

问题：

（1）计算每月和累计计划工作预算费用，并简要写出其步骤。

（2）计算工作 H 各月的已完成工作预算费用和已完成工作实际费用。

（3）计算混凝土结构工程已完成工作预算费用和已完成工作实际费用。

（4）列式计算 8 月末的费用偏差和进度偏差。

3. 某工程计划进度与实际进度见表 8-14，表中实线表示计划进度（进度线上方的数据为每周计划费用），虚线表示实际进度（进度线上方的数据为每周实际费用）。假定各项工作每周计划进度与实际进度均为匀速进度，而且各项工作实际完成总工程量与计划总完成工程量相等。

问题：

（1）计算每周费用数据（$BCWS$，$ACWP$ 和 $BCWP$）。

（2）分析第 6 周末、第 10 周末的费用偏差与进度偏差。

表 8-14　某项目计划进度与实际进度计划表　　　　　　　　单位：万元

	1	2	3	4	5	6	7	8	9	10	11	12
A	5	5	5									
	5	5	5									
B		4	4	4	4	4						
			4	4	4	3	3					
C				9	9	9	9					
						9	8	7	7			
D						5	5	5	5			
							4	4	4	5	5	
E							3	3	3			
									3	3		3

- 130 -

第9章　工程项目质量管理

工程项目的质量总目标由业主提出，是对工程项目质量提出的总要求。质量管理需要确定质量方针与实施质量方针的全部职能及工作内容，并对其工作效果进行评价和改进。在项目实施过程中，质量管理尤为重要。本章首先介绍质量管理的定义和基本内容，在此基础上介绍工程项目质量管理的相关含义与具体方法。具体框架如下。

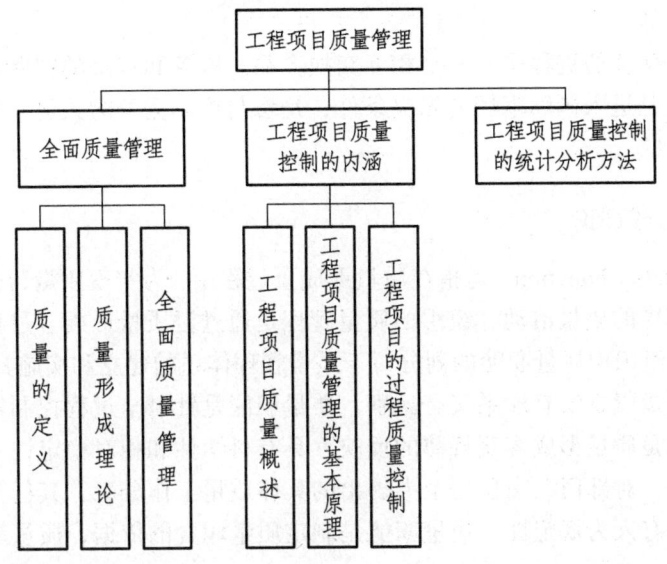

9.1 质量管理

9.1.1 质量的定义

"质量"这一重要术语定义的演进，不难反映出人们从符合性质量观到追求顾客满意的质量观的转变过程。

在 ISO 8420—86 标准中，质量（Quality）的定义是"产品或服务满足规定或潜在需要的特征和特性的总和"。在有些资料或场合中，还把"质量"定义为适用性、适应意图、符合需求或用户满意、优良程度等。现在看来，这些都不能对"质量"做出全面的解释。

在 ISO 8420—1994 标准中，质量被定义为"反映实体满足明确和隐含需要的能力的特性总和"。定义中的"实体（Entity，Item）"是指"可单独描述和研究的事物"。它可以是活动或过程，产品，组织、体系或人，或上述各项的任何组合。这样，"质量"就不再局限于产品和服务，而被扩展至更宽广的领域。

而按 ISO 9000—2000 标准，质量的定义则是"一组固有特性满足要求的程度"。定义中，"固有的"（其反义是"赋予的"）是指在某事或某物中本来就有的，尤其是那种永久的特性；"特性"是指"可区分的特征"，它可以是固有的或赋予的，定性的或定量的；"要求"是指"明示的、通常隐含的或必须履行的需求或期望"。其中"明示的"可以理解为规定的要求，在文件中予以阐明，而"通常隐含的"则指组织、顾客或其他相关方的惯例或一般做法，所考虑的需求或期望是不言而喻的。"要求"可由不同的相关方提出，可以是多方面的，特定要求可使用修饰词表示，如产品要求、质量管理要求、顾客要求等。

ISO 9000—2000 标准给出的"质量"定义，充分体现了"质量"的新概念以及该术语的定义演进至今的成果。在理解"质量"术语时，要注意以下几点：

（1）质量的广义性：质量不仅指产品质量，也可指过程和体系的质量。

（2）质量的时效性：组织应根据顾客与相关方需求和期望的变化，不断调整对质量的要求。

（3）质量的相对性：组织的顾客和相关方对同一产品的功能提出不同的需求；也可能对同一产品的同一功能提出不同的需求。需求不同，质量要求也就不同，但只要满足需求，就应该认为质量是好的。

在全球经济一体化的进程中，一个相互交换产品、服务和资源的国际市场已经形成，并将不断完善。质量是进入国际市场的先决条件，是参与市场竞争的关键。正确理解质量的基本概念是十分重要的。

9.1.2 质量形成理论

质量职能（Quality Function）是指在质量形成全过程中，为实现质量目标所必须发挥的质量管理功能及其相应的质量活动。组织的质量管理是通过对质量形成全过程中所有质量职能的管理来实现的。组织中质量职能的划分对于质量管理体系的建立和实施具有重要的影响。

质量职能和质量职责既有联系又有区别。质量职能是针对全过程控制需要而提出的质量活动属性与功能，是质量形成客观规律的反映，具有科学性和相对稳定性；而质量职责则是为了实现质量职能，对部门、岗位与个人提出的具体质量工作分工，其任务通过责、权、利予以落实，因而具有人为规定性。质量职能是制定质量职责的依据，质量职责是落实质量职能的方式或手段。

组织职能部门的设置与组织的产品特点、组织体制、规模、运作方式以及市场环境有关，质量职能和职能部门所承担的质量职责并非简单的对应关系。一个职能部门可以承担几项质量职能活动。质量管理的主要任务要把散布在各个职能部门中的质量职能通过质量职责有机地联结起来，协同一致实现组织的质量目标。

此外，也不应把质量职能与管理的方法或手段相混淆。在组织的质量管理中，这些方法或手段（如质量体系、质量策划、质量信息管理、质量成本、质量审核等）起着计划、组织、协调、控制与改进的作用，其功能是有效和高效地实现质量职能。

从质量职能的含义认识、理解产品质量形成全过程及其规律性，一般认为有下列主要的质量职能：市场研究、产品实现的策划、设计和开发、采购、生产和服务提供、营销、服务、测量分析和改进等。为了表述产品质量形成的规律性，美国质量管理专家朱兰（J. M. Juran）曾经提出一个被称为质量螺旋（Quality Spiral）的模型，把过程中的各质量职能按逻辑顺序串联起来，形成一条呈螺旋式上升的曲线，用以反映产品质量形成的客观规律，并称之为"朱兰质量螺旋"，如图 9-1 所示。

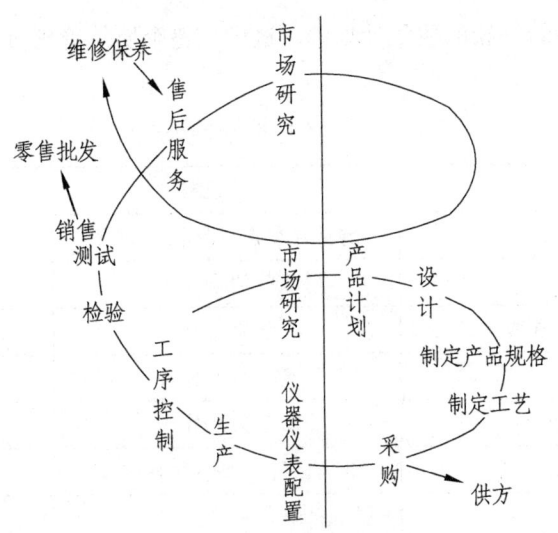

图 9-1 质量螺旋模型

朱兰提出的"质量螺旋"有着丰富的内涵,就其实质而言,产品质量的全过程管理可以概括为三个管理环节,即质量策划、质量控制和质量改进。这三个环节用来反映产品质量形成的客观规律和指导质量管理全过程的实施,简洁明了,重点突出。通常称之为"朱兰三部曲"。

质量策划、质量控制和质量改进这三个过程中,都包含一系列活动,如表 9-1 所示。质量策划这一过程是为了有能力满足质量标准化的工作程序而建立的,其主要活动包括确定顾客、明确顾客需求、开发满足顾客需求的产品、建立产品目标、开发过程满足产品目标、证明过程能力。质量控制是为了通过监视质量形成过程,消除质量环节上所有引起产品不合格或不满意的因素,以达到质量要求和获取经济效益而采取的各种质量作业技术活动。质量控制可以为何时采取必要的措施、纠正质量问题提供依据,它是"朱兰三部曲"中最重要的环节。质量控制所做的工作包括选择控制点以及控制什么、选择测量单位、设置测量、建立性能标准、测量实际性能、解释标准和实际性能的区别、采取纠正措施。朱兰在欧洲质量管理组织第 30 届年会上发表的总体质量规划论文中提出,质量改进是使效果达到前所未有的水平的突破过程。更合理和有效的管理方式往往是在质量改进中被挖掘出来的,它包括指明改进的特定目标、组织项目团队、发现原因、找出补救措施、证明措施的有效性、讨论文化障碍、对成果采取控制程序。

"朱兰三部曲"各过程既有各自的目标,又相互作用(见图 9-2)。"朱兰三部曲"的起点是质量策划,它是用计划实现既定目标,并在作业调剂下运行的过程。计划完成之后,就移交给操作者执行计划,操作者的职责是按照质量计划进行控制。当质量发生偶尔性波动的尖峰超出限定控制区域时,它们就会进行调整使得质量重新回到限定的控制区域。如果原本的计划存在问题,浪费长期处于较高水平,正如朱兰所说:"质量计划是经常性质量问题的主要滋生温床。"居高不下的经常性损耗是该计划过程的固有损耗,而按质量计划实施控制的操作者对其无能为力。解决这种计划问题的突破发生在 M-N 时段,这一突破不会自行发生,它是由上层管理者在管理职责中引入一个新的管理过程——质量改进而产生的。质量改进的过程是叠加在原有的质量控制过程之上的。通过改进,经常性损耗可以大幅度下降。最后,改进中获得的经验教训反馈到新一轮的质量计划中。这样，整个质量管理过程就形成了一个有生命力的循环链。

表 9-1 三个过程包含的活动

质量策划	质量控制	质量改进
确定顾客（外部内部）	选择控制点以及控制什么	指明改进的特定目标
明确顾客需求	选择测量单位	组织项目团队
开发满足顾客需求的产品	设置测量	发现原因
	建立性能标准	找出补救措施
建立产品目标	测量实际性能	证明措施的有效性
开发过程满足产品目标	解释区别（实际和标准）	讨论文化障碍
证明过程能力	采取纠正措施	对成果采取控制程序

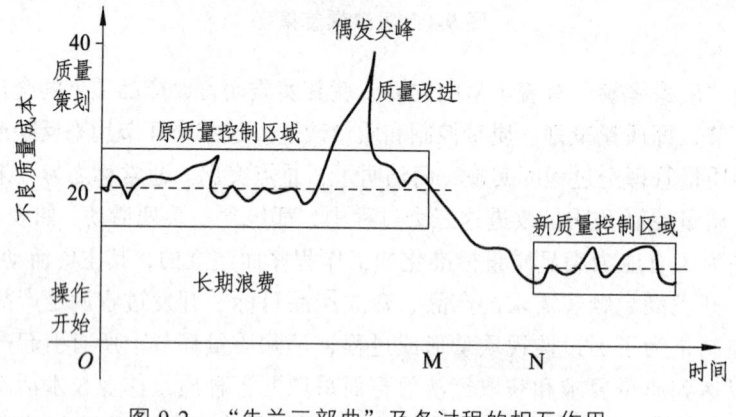

图 9-2 "朱兰三部曲"及各过程的相互作用

上述三个过程在财务和会计工作中早已获得应用，并被称为预算、预算执行和结果改进。

9.1.3 全面质量管理

1. 质量管理的发展历程

通常认为，现代质量管理的发展历程大体经历了质量检验、统计质量管理和全面质量管理三个阶段。

（1）质量检验阶段。

20 世纪以前，产品质量基本上依靠操作者的技艺和经验来保证，可称为"操作者的质量管理"。到了 20 世纪初，由于"操作者的质量管理"容易造成质量标准的不一致和工作效率的低下，从而不能适应生产力的发展。科学管理的奠基人泰罗（F. W. Taylor）提出了在生产中应该将计划与执行、生产与检验分开的主张。后来，在一些工厂中开始设立专职的检验部门，对生产出来的产品进行质量检验，鉴别合格品或废次品，从而形成所谓的"检验员（部门）的质量管理"。这种有人专职制订标准、有人负责实施标准、有人按标准对产品质量进行检验的"三权分立"的质量管理是质量检验阶段的开始，是一种历史的进步。自此现代意义上的质量管理诞生。

（2）统计质量管理阶段。

"事后把关"的检验由于不能预防不合格品的发生，对于大批量生产和破坏性检验也难以适用。于是，促使人们去探寻质量管理的新思路和新方法。

从20世纪20年代开始，一些国家（如英国、美国、德国、苏联等）相继制订并发布了公差标准，以保证批量产品的互换性和质量的一致性。与此同时，人们开始研究概率和数理统计在质量管理中的应用。1926年美国贝尔电话研究室工程师休哈特（W. A. Shewhart）提出了"事先控制，预防废品"的质量管理新思路，并应用概率论和数理统计理论，发明了具有可操作性的"质量控制图"，解决了质量检验事后把关的不足。后来，美国人道奇（H. F. Dodge）和罗米格（H. G. Romig）（见图9-3）提出了抽样检验法，并设计了可实际使用的"抽样检验表"，解决了全数检验和破坏性检验在应用中的困难。第二次世界大战期间，为了提高军品质量和可靠性，美国先后制订了三个战时质量控制标准，即《质量管理指南》（AWSZ 1.1—1941）、《数据分析用控制图法》（AWSZ 1.2—1941）、《工序控制图法》（AWSZ 1.3—1942），并要求军工产品承制厂商普遍实行这些统计质量控制方法。一般认为20世纪40年代的这些理论和实践的进步是质量管理开始进入统计质量管理阶段的标志。

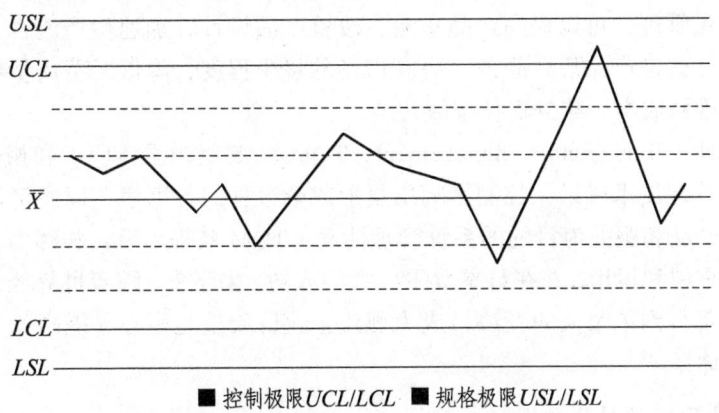

图9-3　控制图（Control Charts）

统计质量管理把以前质量管理中的"事后把关"变成事先控制、预防为主、防检结合，并开创了把数理方法应用于质量管理的新局面。第二次世界大战后，数理统计在生产领域中的应用更是蓬勃发展。但是，统计质量管理并不是完美无缺的，他片面强调了质量统计的方法，忽视了组织管理工作的积极作用。

（3）全面质量管理阶段。

20世纪50年代起，尤其是60年代后，科学技术加速发展，产品的复杂程度和技术含量不断提高，人们对产品质量及可靠性的要求，对品种、质量和服务的要求越来越高，特别是随着服务业的迅猛发展，关于服务质量及服务质量管理的新问题被进一步提出。这些都对传统的质量管理理论和方法提出了挑战。只有将影响质量的所有因素统统纳入质量管理的轨道，并保持系统、协调的运作，才能确保产品的质量。

在这种社会历史背景和经济发展形势的推动下，形成了全面质量的思想，全面质量管理的理论应运而生。20世纪60年代初，费根堡姆（A. V. Feigenbaum）和朱兰提出了全面质量管理的科学概念及理论，很快在美国及世界范围内被普遍接受和应用。质量管理的历史从此掀开了新的一页，进入全面质量管理阶段。

"21世纪是质量的世纪"。当代经济的发展和社会的进步，对质量管理提出了更新的需求，质量管理形成强劲的发展势头。图9-4按时间顺序大致反映了质量管理发展的历程。

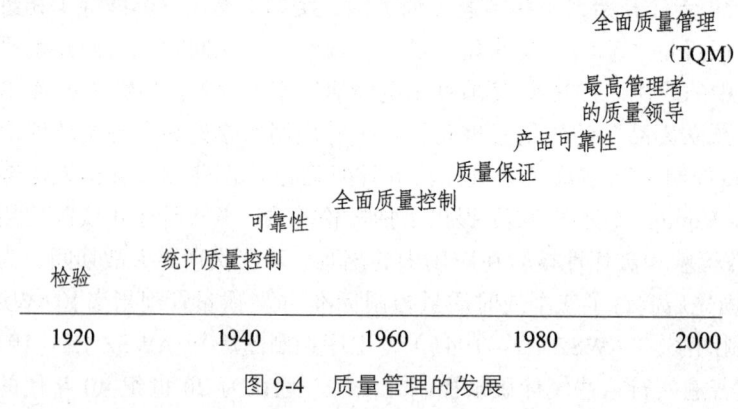

图 9-4　质量管理的发展

全面质量管理是企业管理的中心环节，是企业管理的"纲"，它和企业的经营目标是一致的。进行全面质量管理，可以提高产品质量，改善产品设计，加速生产流程，鼓舞员工士气和增强质量意识，改进产品售后服务，提高市场的接受程度，降低经营质量成本，减少经营亏损，降低现场维修成本，减少责任事故。

全面质量管理（Total Quality Management，TQM），是组织全体职工和相关部门参加，综合运用现代科学管理技术成果，控制影响质量形成全过程的各因素，以经济地研制、生产和提供顾客满意的产品和服务为目的的系统管理活动。TQM被提出后，相继为各工业发达国家乃至发展中国家重视和运用，并在日本取得巨大的成功。多年来，随着世界经济的发展，TQM在理论和实践上都得到了很大的发展，成为现代企业以质量为核心、提高竞争力和获得更大利益的经营管理体系。

2. 全面质量管理的特点

（1）全面的质量管理。

全面的质量管理，即全面的质量管理的对象。"质量"的含义是全面的，不仅要管产品质量，还要管产品质量得以形成的工作质量和工程质量。实行全面的质量管理，就是为了达到预期的产品目标和不断提高产品质量水平，经济而有效地做好产品质量的保证条件，使工程质量和工作质量处于最佳状态，最终达到预防和减少不合格品、提高产品质量的目的，并要做到成本降低、价格便宜、供货及时、服务周到，以全面质量的提高来满足用户各方面的使用要求。

（2）全过程的质量管理。

全过程的质量管理，即全面质量管理的范围是全面的。产品的质量，有一个逐步产生和形成的过程，它是经过企业生产经营的全过程一步一步形成的。所以，好的产品质量是设计和生产出来的，不是仅仅靠检验得到的。根据这一规律，全面质量管理要求从产品质量形成的全过程，从产品设计、制造、销售和使用的各环节致力于质量的提高，做到防检结合、以防为主。质量管理向全过程管理的发展，有效地控制了各项质量影响因素，它不仅充分体现了以预防为主的思想，保证质量标准的实现，而且着眼于工作质量和产品质量的提高，争取实现新的质量突破。因此，应根据用户要求，从每一个环节做起，致力于产品质量的提高，从而形成一种更加积极的管理。

（3）全员的质量管理。

全员的质量管理，即全面质量管理要求参加质量管理的人是企业全体人员。全面质量管理是依靠全体职工参加的质量管理，质量管理的全员性、群众性是科学质量管理的客观要求。产品质量的好坏是对许多工作和生产环节活动的综合反映，因此它涉及企业所有部门和所有人员。这就是说，一方面，产品质量与每个人的工作有关，提高产品质量需要依靠所有人员的共同努力；另一方面，在此基础上产生的质量管理和其他各项管理，如技术管理、生产管理、资源管理、财务管理等，各方面之间存在着有机的辨证关系，它们以质量管理为中心环节，相互联系，又相互促进。因此，实行全面质量管理要求企业在集中、统一的领导下，把各部门的工作有机地组织起来，人人都必须为提高产品质量、为加强质量管理尽自己的职责。只有人人关心产品质量，都对质量高度负责，企业的质量管理才能做好，生产优质产品才有坚定基础和可靠保证。

（4）多方法的质量管理。

全面质量管理用以管理质量的方法是全面的、多种多样的，它是由多种管理技术与科学方法组成的综合性的方法体系。全面、综合地运用多种方法进行质量管理，是科学质量管理的客观要求。现代化大生产和科学技术的发展以及生产规模的扩大和生产效率的提高，对产品质量提出了越来越高的要求。影响产品质量的因素也越来越复杂，既有物质因素，又有人的因素；既有生产技术的因素，又有管理因素；既有企业内部的因素，又有企业外部的因素。要把如此众多的影响因素系统地控制起来，统筹管理，单靠一两种质量管理方法是不可能实现的，必须根据不同情况，灵活运用各种现代化的管理方法和措施加以综合治理。常用的管理方法有：调查表法、分层法、因果图法、柱状图法、折线图法、饼分图法、散点图法。

上述四个特点都是围绕"有效地利用人力、物力、财力、信息等资源，以最经济的手段生产出顾客满意的产品"这一企业目标的，这是推行全面质量管理的出发点和落脚点，也是全面质量管理的基本要求。坚持质量第一，把顾客的需要放在第一位，树立为顾客服务、对顾客负责的思想，是推行全面质量管理贯彻始终的指导思想。

3. 全面质量管理的工作方法——PDCA 循环

PDCA 循环又叫戴明环，是美国质量管理专家戴明博士首先提出的，它是全面质量管理应遵循的科学程序。全面质量管理活动的全部过程，就是质量计划的制订和组织实现的过程，这个过程是按照 PDCA 循环，不停顿地、周而复始地运转的。PDCA 是英语单词 Plan（计划）、Do（执行）、Check（检查）和 Action（处理）的首字母的组合，PDCA 循环就是按照这样的顺序进行质量管理，并且循环不止地进行下去的科学程序。在质量管理中，PDCA 循环得到了广泛的应用，并取得了很好的效果，因此有人称 PDCA 循环是质量管理的基本方法。

（1）PDCA 循环的四个阶段八个步骤。

PDCA 循环的四个阶段八个步骤如图 9-5 所示。其中：

P 代表计划阶段。这个阶段决定质量管理的目标和怎样实现目标。

D 代表执行阶段。这一阶段要严格按照计划规定的目标和具体方法去做实实在在的质量管理工作。

C 代表检查阶段。这一阶段检查 D 阶段是否完成了 P 阶段的目标,是否达到了预期效果。

A 代表处理阶段。这个阶段也可以叫"总结"阶段。对于从 D 阶段中找出的成功的经验或失败的教训,要进行纳入标准和总结遗留问题两个工作步骤。若是经验就进行标准化,若是教训就作为遗留的问题,转入下一个循环去解决。

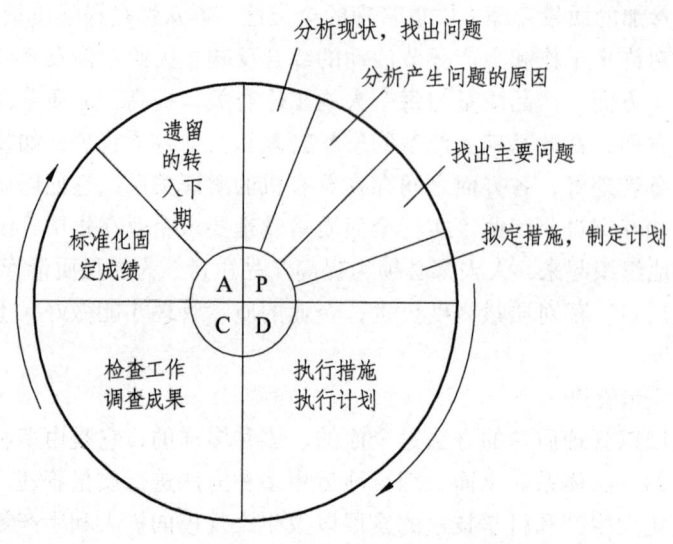

图 9-5　PDCA 循环示意图

PDCA 循环作为科学的管理程序,其四个阶段是相辅相成、缺一不可的,而且先后顺序不得颠倒。PDCA 循环法,充分表现了全面质量管理方法与传统的质量管理方法的差异性,是把质量管理工作推向标准化、规范化工作轨道的金钥匙,是把各种质量管理方法融为一体的枢纽。

(2) PDCA 循环的特点。

① 大环带小环。如果把整个企业的工作看作一个大的 PDCA 循环,那么各个部门、小组还有各自的小的 PDCA 循环,就像一个行星轮系一样,大环带动小环,一级带一级,有机地构成一个运转的体系,如图 9-6 所示。

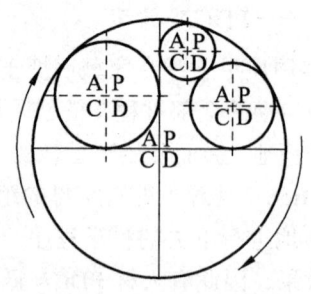

图 9-6　大环套小环

② 梯式上升。PDCA 循环不是在同一水平上循环,而是每循环一次,就解决一部分问题,取得一部分成果,工作就前进一步,水平就提高一步。到了下一次循环,又有了新的目标和内容,更上一层楼。图 9-7 展示了这个阶梯式上升的过程。

③ 科学管理方法的综合应用。PDCA 循环应用以质量统计控制工具为主的统计处理方法

以及工业工程（IE）中工作研究的方法，作为进行工作和发现、解决问题的工具。

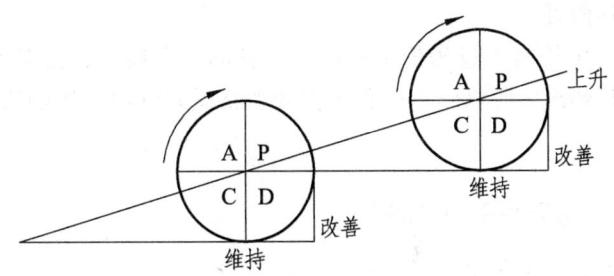

图 9-7　PDCA 循环上升

9.2　工程项目质量控制的内涵

9.2.1　工程项目质量概述

1. 工程项目质量的概念

工程项目质量是指项目实施所形成的工程实体的质量，本质上反映建筑工程满足相关标准规定或合同约定的要求。也可以说，工程项目质量是满足业主需要，符合国家法律、法规、技术规范与标准、设计文件及合同规定的特性的总和。工程项目质量的概念贯彻工程建设的各个阶段以及具体各分项，包括产品质量和工作质量。

2. 工程项目质量的特点

工程项目质量的特点主要有：影响因素多、质量波动变异大、质量隐蔽性和最终检验局限性。下面分别介绍工程项目质量的特点。

（1）影响因素多。

受项目全周期中决策、施工、设备等多个因素的影响，工程项目质量主要受到人、材料、机械、方法和环境等五方面的影响。对于工程项目来说，人是项目质量控制的关键因素，主要包括各组织部门人员履行项目质量职能的执行力与责任心，以及从上到下各实体组织的质量意识与管理能力。材料包括工程材料和施工用料，它是建设项目的基础。选材是否合理，材料质量是否经过验证、存储过程是否正规等均直接影响工程项目质量。机械包括工程设备、施工机械和各种辅助装备，它们质量的优劣将影响工程建设的效率、质量与安全。方法指项目实施过程采用的技术和方法，采取先进合理的施工方案与工艺是保证高质量项目实施的稳定因素。环境包括工程技术环境、工程作业环境、工程管理环境和周边环境，不同环境将对工程建设带来正面或负面的影响。

（2）质量波动变异大。

由于生产过程的不确定性，如天气环境的变化、材料批次不同、施工机械的磨损、操作实施的误差等偶然性或系统性因素的存在，项目质量可能会出现一定变异，导致工程质量事故。因此，要严格把关各个生产过程的质量检测，将偶然性变异的概率降到可控范围以内。

（3）质量的隐蔽性。

由于工程建设过程通常是一环扣一环的递进式进行，先前施工工序可能会被紧后工序所覆盖，若不及时检查并发现存在的质量问题，后期可能无法单从表面检测其质量。

（4）最终检验的局限性。

项目最终完工时，由于施工过程的中间产品、各部门交接、隐秘工程较多，验收时无法彻底了解全周期的质量情况，所以施工过程中需要严格做好各项工作的质量记录及验收记录，以防止质量事故的发生。

9.2.2 工程项目质量管理的基本原理

1. 工程项目质量管理的概念

工程项目质量管理是为保证和提高工程项目质量而进行的一系列管理工作，其目的是以尽可能低的成本，按既定的工期完成一定数量的、达到质量标准的工程项目。

2. 工程项目质量管理的原理和原则

建立工程项目质量体系并进行质量管理的基本原理有 PDCA 循环原理、三阶段控制原理、全面质量管理原理、零缺陷与 6σ 理论。所有原理都遵循质量管理原则，如图 9-8 所示。

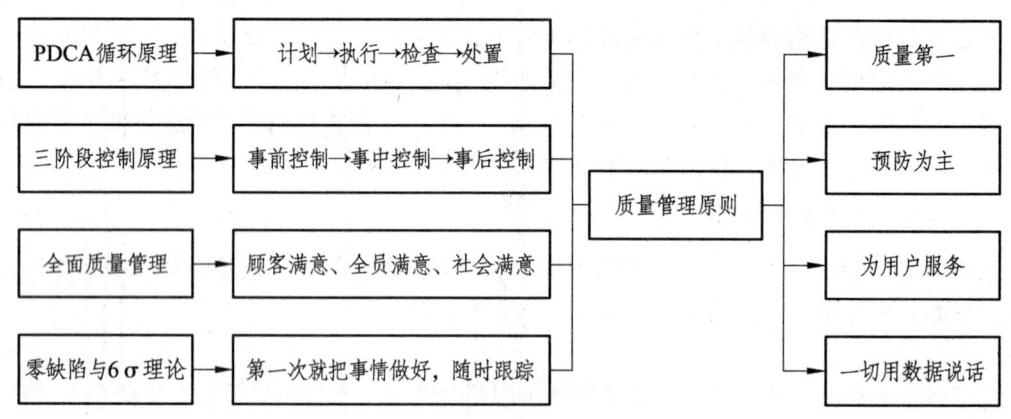

图 9-8　工程质量管理的原理和原则

3. 工程项目质量管理体系

质量管理体系是指企业以保证和提高产品质量为目标，运用一定的概念和方法，把企业各部门、各环节的质量管理职能组织起来，形成一个有明确任务、职责、权限并互相协调、互相促进的整体。

建立完善的质量管理体系，首先需要建立健全专职质量管理机构，明确各级各部门的职责分工；再次建立灵敏的质量信息反馈系统；最后实现质量管理的标准化，包括技术工作和管理工作的标准化。质量管理体系运转的基本形式是 PDCA 管理循环。

4. 建设工程质量管理制度

工程质量管理制度是保证工程质量的重要基础，制度有约束，质量才有保障。一个优质工程的质量管理中，往往包括以下制度：工程质量监督管理制度、工程施工图设计文件审查制度、工程竣工验收备案制度、工程质量事故报告制度、工程质量检测制度、工程质量保修制度和质量认证制度。

5. 工程项目参与各方的质量责任和义务

根据我国法律法规规定，建筑工程项目的建设单位、勘察设计单位、施工单位和监理单位都要依法对建筑工程质量负责。

（1）建设单位的质量责任和义务。

① 应将工程发包给具有相应资质的单位，不得将建设工程肢解发包。

② 应当依法对工程项目的勘察、设计、施工监理等进行招标。

③ 实行监理的建设工程，应当委托具有相应资质的监理单位进行监理。

④ 收到建设工程竣工报告后，应当组织相关单位进行竣工验收。

（2）勘察设计单位的质量责任和义务。

① 依法取得资质证书并在其资质等级许可的范围内承揽工程。

② 设计单位在设计文件中选用的建筑材料、建筑构配件和设备，应当注明规格、型号、性能等技术指标。

③ 设计单位应当就审查合格的施工图设计文件向施工单位做出详细说明。

（3）施工单位的质量责任和义务。

① 依法取得资质证书并在其资质等级许可的范围内承揽工程。

② 对建设工程的施工质量负责。

③ 按照工程设计图纸和施工技术标准施工，不得擅自修改工程设计，必须按照工程设计要求及相关规定，对建筑材料等进行检验，检验应当有书面记录和专人签字。

（4）监理单位的质量责任和义务。

① 依法取得资质证书并在其资质等级许可的范围内承揽业务。

② 与被监理工程的施工承包单位以及建筑材料、设备供应等单位有隶属关系或者其他利害关系的，不得承担该项建设工程的监理业务。

③ 应当选派具备相应资格的总监理工程师和监理工程师进驻施工现场。

9.2.3 工程项目的过程质量控制

1. 过程质量控制的概念

项目管理学中，项目是对一个过程的定义，那么工程项目质量控制的重点在于过程质量控制。过程质量控制是提升项目质量的关键环节，它是指在工程项目期间为确保项目质量而进行的一系列活动。其目的是达到工程质量，并为工程建设增值。

2. 过程质量控制的内容

借鉴CIOB（Charted Institute of Building）对项目管理阶段的划分，涉及工程项目全生命周期的过程质量控制可分为前期决策阶段的质量控制、勘察设计阶段的质量控制、设计准备阶段的质量控制、施工准备阶段的质量控制、施工阶段的质量控制、竣工验收交互阶段的质量控制和回访保修阶段的质量控制。下面将对各阶段质量控制进行详细介绍。

（1）前期决策阶段的质量控制。

前期决策阶段的质量控制主要取决于建设单位的项目管理。建设单位的项目管理贯穿工程项目全生命周期的各个阶段，明确工程项目质量控制的目标是基础。没有高质量的决策设计就没有高质量的项目。在此过程中，需要针对项目特点，拟订项目质量总目标，然后将各子部分质量要求具体化。建设项目质量控制目标如图 9-9 所示。

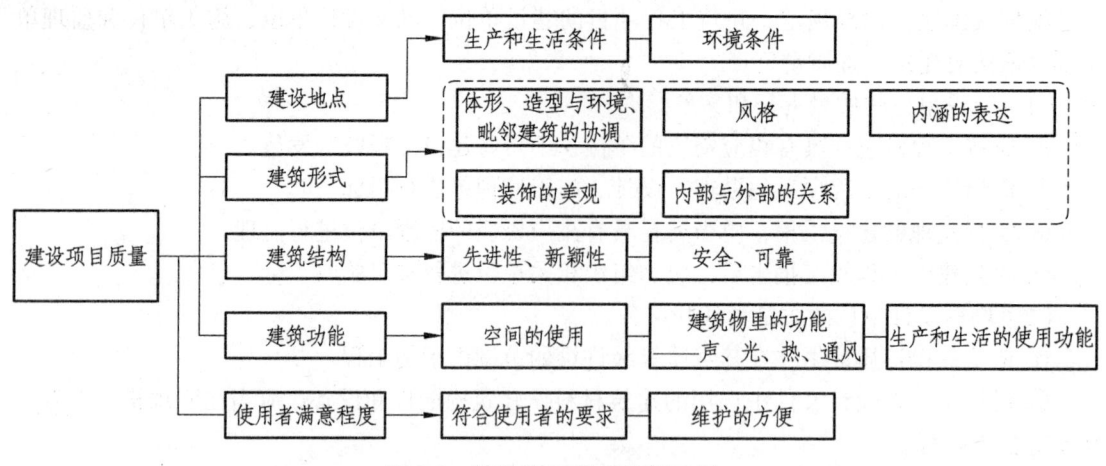

图 9-9　建设项目质量控制目标

（2）勘察阶段的质量控制。

勘察阶段的质量控制中，勘察资料要可靠、准确、齐全，采用的设计方案要进行翔实论证，有充分的技术经济依据，各阶段的设计文件要认真校对、复核，做好功能、结构、工艺、经济和标准化审查，并组织有关方面对施工图纸进行会审，做到计算正确、数据统一、资料完整、图面清晰。已交付施工的图纸必须修改时，执行技术核定和设计变更签证制度。勘察阶段质量控制要点如图 9-10 所示。

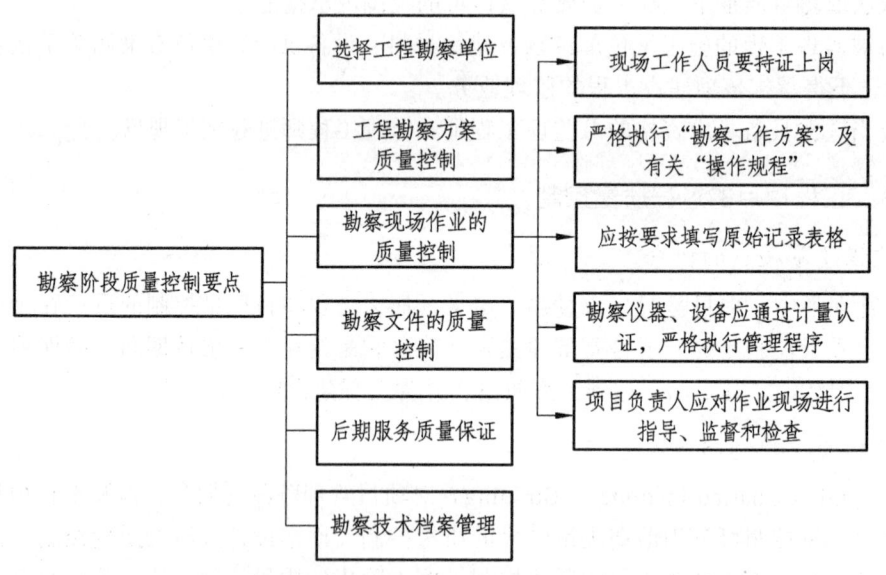

图 9-10　勘察阶段质量控制要点

（3）设计准备阶段的质量控制。

设计准备阶段是影响项目质量的决定性环节，通过设计使项目质量满足设计要求，在全生命周期内安全可靠，实现项目的使用价值和功能，并满足客户的需求。某工程项目设计准备阶段项目质量控制流程如图 9-11 所示。

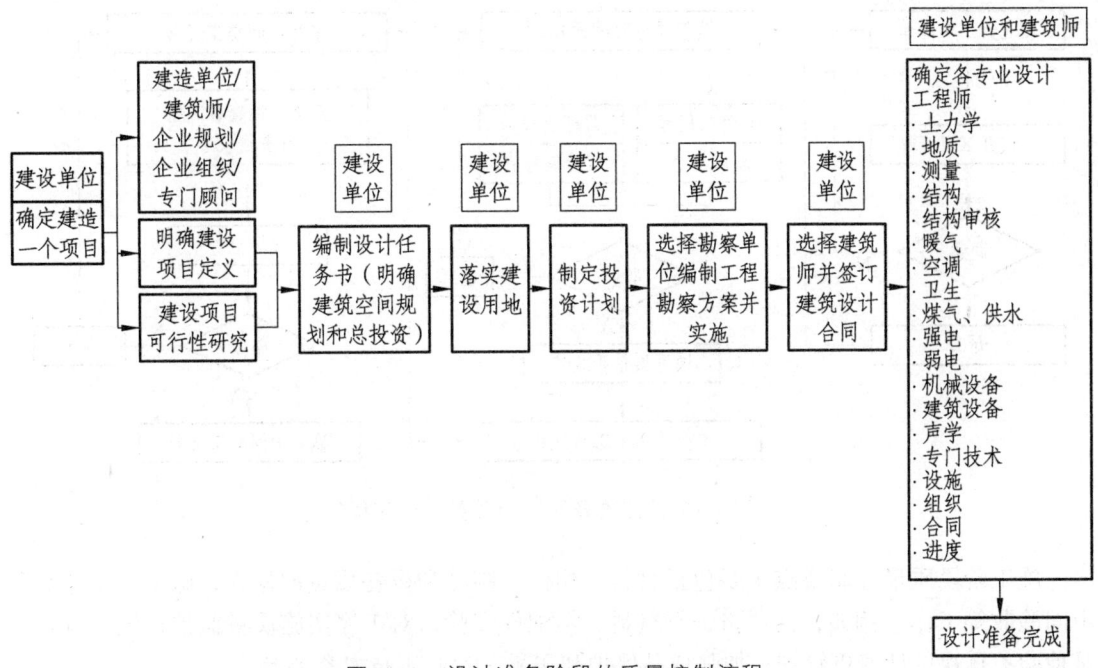

图 9-11 设计准备阶段的质量控制流程

（4）施工准备阶段的质量控制。

施工准备阶段质量控制的重点在于做好项目实施的准备工作，需要保证施工前各个环节符合规定。施工准备阶段的质量控制要点如图 9-12 所示。

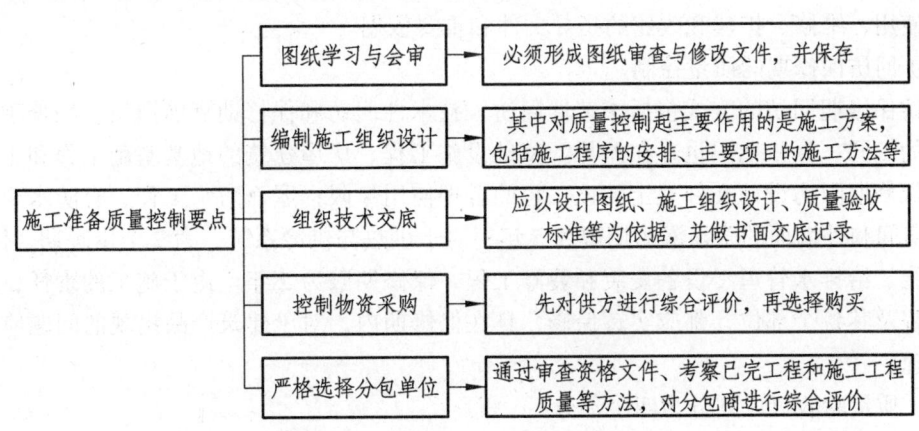

图 9-12 施工准备阶段的质量控制要点

（5）施工阶段的质量控制。

施工阶段质量控制属于生产过程的质量控制，需要保证工程各个要素以及各部分成果符合规定，还需保证整个工程符合质量要求，达到预定功能。某工程项目施工阶段项目质量控制流程如图 9-13 所示。

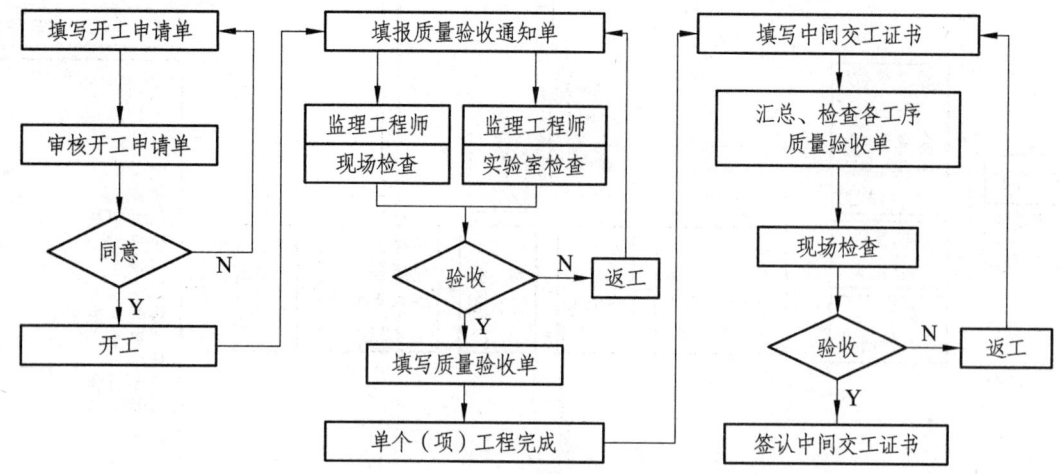

图 9-13 施工准备阶段的质量控制流程

施工阶段质量控制要点主要包括材料、构件、制品和设备质量的检查，施工质量监督和中间验收等工作。例如，需严格进行材料、构配件实验；对工序实施质量监控；组织过程质量检验；重视设计变更管理；加强成品保护和积累工程施工技术资料等。

（6）竣工验收交付阶段的质量控制。

竣工验收阶段质量控制的要点主要有：①坚持竣工标准。凡达不到竣工标准的工程，一般不能算竣工，也不能报请竣工质量核定和竣工验收。②做好竣工预检。竣工预检是承包单位内部的自我检验，目的是为正式验收做好准备。③整理工程竣工验收资料。工程竣工验收资料是使用、维修、扩建和改建的指导文件和重要依据。

（7）回访保修期的质量控制。

回访保修期回访的方式包括季节性回访、技术性回访和保修期满前回访。根据项目各部分类型的不同，保修期限也存在差异。基础设施工程、房屋建筑的地基基础工程和主体结构工程的保修期限为设计文件规定的该工程的合理使用年限；屋面防水工程、有防水要求的卫生间、房间和外墙面的防渗漏的期限为 5 年；对于供热与供冷系统，为 2 个供暖期、供冷期；电气管线、给排水管道、设备安装和装修工程，保修期限为 2 年。由于施工的责任，对各类建筑工程及其各个部位，都应实行保修，且在保修期内，对于建筑产品出现的问题应及时检查并修理。

施工质量验收可以划分为四个部分：

① 单位工程：凡具备独立施工条件并能形成独立使用功能的建筑物及构筑物为一个单位工程。

② 分部工程：单位工程（子单位工程）按专业性质、建筑部位可分为若干个分部工程，如地基与基础、主体结构等。

③ 分项工程：分部工程（子分部工程）按主要工种、施工工艺、设备类别等可划分为若干个分项工程，如模板、钢筋等。

④ 检验批：根据施工及质量控制和专业验收需要，分项工程按楼层、施工段、变形缝等划分为一个或若干个检验批。

9.3 工程项目质量控制的统计分析方法

统计质量管理是 20 世纪 30 年代发展起来的科学管理理论和方法，它把数理统计方法应用于产品生产过程的抽样检验，通过研究样本质量特性数据的分布规律，分析和推断生产过量的总体状况，改变了传统事后把关的质量控制方式，为工业生产的事前质量控制和过看控制提供了有效的科学手段。它的作用和贡献使之成为质量管理史上一个阶段性的标志，仍是质量管理不可缺少的工具。建筑业虽然是现场型的单件建筑产品生产，数理统计方注在现场施工过程工序质量检验中的应用受到客观条件的某些限制，但在进场材料的抽样试块试件的检测试验等方面，仍然有广泛的应用。尤其是人们应用数理统计原理创立的分层法、调查表法、排列图法、因果分析图法、直方图法、控制图法等定量和定性方法，对施工现场质量管理都有实际价值。

9.3.1 分层法

分层法是将收集来的数据按不同情况和不同条件分组，每组叫作一层，所以分层法又称分类法或分组法。分层的方法很多，可按班次、日期分类；按操作者、操作方法、检测方法分类；按设备型号、施工方法分类；按使用的材料规格、型号、供料单位分类等。

分层法一般用于将原始数据进行分门别类，使人们能从不同角度分析产品质量问题和影响因素，现举例来说明分层法的应用。

【例 9.1】 某批钢筋的焊接由 3 个师傅操作，而焊条是两个厂家提供的产品，对钢筋焊接质量调查了 50 个焊接点，其中不合格的 19 个，不合格率为 38%。存在严重的质量问题，用分层法分析质量问题的原因。

解 （1）按操作者分层，见表 9-2，从分析结果看出，焊接质量最好的为 B 师傅，不合格率为 25%。

表 9-2 按操作者分类

操作者	不合格点数	合格点数	不合格率 / %
A	6	13	32
B	3	9	25
C	10	9	53
合计	19	31	38

（2）按供应焊条的厂家分层，见表 9-3。发现不论是采用甲厂还是乙厂的焊条，不合格率都很高且相差不多。

表 9-3 按供应焊条工厂分层

工厂	不合格点数	合格点数	不合格率 / %
甲	9	14	39
乙	10	17	37
合计	19	31	38

（3）综合分层。将操作者与供应焊条的厂家结合起来分层，见表 9-4。

表 9-4　综合分层分析焊接质量

操作者		甲厂	乙厂	合计
A	不合格点数	6	0	6
	合格点数	2	11	13
B	不合格点数	0	3	3
	合格点数	5	4	9
C	不合格点数	3	7	10
	合格点数	7	2	9
合计	不合格点数	9	10	19
	合格点数	14	17	31

根据表 9-4 的综合分析可知，在使用甲厂焊条时，应采用 B 师傅的操作方法为好；在使用乙厂焊条时，应采用 A 师傅的操作方法为好，这样会使合格率大大提高。

应用分层法的关键是调查分析的类别和层次划分，根据管理需要和统计目的，通常可按照以下分层方法取得原始数据：

（1）按施工时间分，如月、日、上午、下午、白天、晚间、季节；
（2）按地区部位分，如区域、城市、乡村、楼层、外墙、内墙；
（3）按产品材料分，如产地、厂商、规格、品种；
（4）按检测方法分，如方法、仪器、测定人、取样方式；
（5）按作业组织分，如工法、班组、工长、工人、分包商；
（6）按工程类型分，如住宅、办公楼、道路、桥梁、隧道；
（7）按合同结构分，如总承包、专业分包、劳务分包。

经过第一次分层调查和分析，找出主要问题后，还可以针对这个问题再次分层进行调查和分析，一直到分析结果满足管理需要为止。层次类别划分越明确、越细致，就越能够准确有效地找出问题及其原因所在。

9.3.2　调查表法

调查表法又称调查分析法、检查表法，是收集和整理数据用的统计表，利用这些统计表对数据进行整理，可粗略地进行原因分析。按使用目的不同，常用的检查表有：分项工程作业质量分布调查表、不合格项目调查表、不合格原因调查表、施工质量检查评定调查表等。调查表形式灵活，简便实用，与分层法结合，可更快、更好地找出问题的原因。表 9-5 为混凝土空心板外观质量问题调查表。

表 9-5　混凝土空心板外观质量问题调查表

产品名称	混凝土空心板		生产班组	
日生产总数	200 块	生产时间	年 月 日	检查时间	年 月 日
检查方式	全数检查		检查员	

项目名称	检查记录	合计
露筋		9
蜂窝		11
孔洞		2
裂缝		1
其他		3
总计		26

9.3.3 排列图法

排列图法又称为主次因素分析图或帕累托图，是用来寻找影响产品质量主要因素的一种有效工具。排列图由两个纵坐标、一个横坐标、若干个直方形和一条曲线组成。其中左边的纵坐标表示频数，右边的纵坐标表示频率，横坐标表示影响质量的各种因素。若干个直方形分别表示质量影响因素的项目，直方形的高度则表示影响因素的大小程度，按大小由左向右排列，如图 9-14 所示。曲线表示各影响因素出现的累计频率百分数，这条曲线叫帕累托曲线。一般把影响因素分为三类，累计频率在 0%～80% 范围内的因素，称为 A 类因素，是主要因素，应集中力量加以重点解决；在 80%～90% 范围内的为 B 类因素，是次要因素；在 90%～100% 范围内的为 C 类因素，是一般因素。

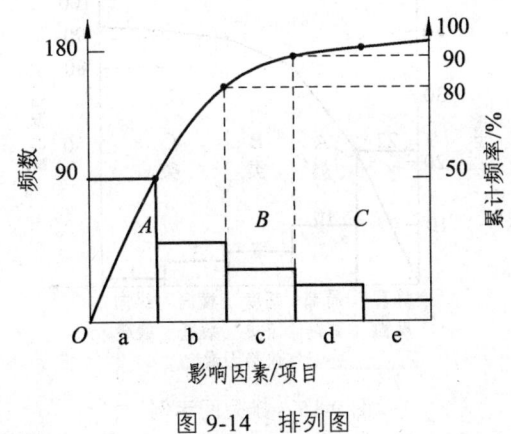

图 9-14　排列图

下面举例说明排列图的基本作法。

【例 9.2】某工程施工监理中，监理工程师对承建商在施工现场制作的水泥预制板进行质量检查，抽查了 500 块，发现其中存在表 9-6 所示的质量问题。

表 9-6　预制板质量问题及相关资料

序号	存在问题项目	出现问题频率	累计频率/%
1	蜂窝麻面	22	55
2	局部露筋	10	80
3	强度不足	4	90
4	横向裂缝	3	97.5
5	纵向裂缝	1	100
合计	存在问题项目	40	

问题：产品的主要质量问题是什么？监理工程师应如何处理？

解（1）采用排列图法分析产品的主要质量问题。

第一步，针对本题特点，应选择排列图法进行分析。

第二步，根据检查记录，按不合格数由大到小进行整理排列，算出频率和累计频率，见表 9-6。

第三步，绘制排列图，如图 9-15 所示。

第四步，分析。由排列图可见，主要的质量问题是水泥预制板的表面出现蜂窝麻面和局部露筋，次要问题是混凝土强度不足，一般问题是横向和纵向裂缝。

（2）出现质量问题后的处理。监理工程师应要求承建商提出具体的质量改进方案，分析产生质量问题的原因，制定具体的措施提交监理工程师审查，经监理工程师审查确认后，由施工单位实施改进。执行过程中，监理工程师应严格监控。

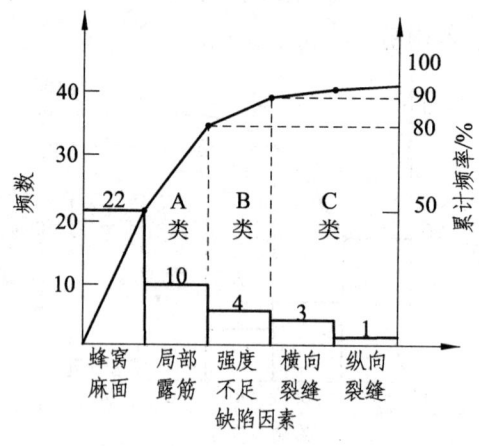

图 9-15　排列图示例

9.3.4　因果分析图法

因果分析图法又称特征要因图、鱼刺图或树枝图，是用来寻找质量问题产生原因的有效工具。

因果分析图的作法是：首先明确质量特性结果，绘出质量特性的主干线。也就是明确绘制什么质量问题的因果图,把它写在右边,从左向右画上带箭头的框线。然后分析确定可以影响质量特性的大原因(大枝),一般有人、机械、材料、方法和环境五个方面。再进一步分析确定影响质量的中、小和更小原因,即画出中小细枝,如图9-16所示。

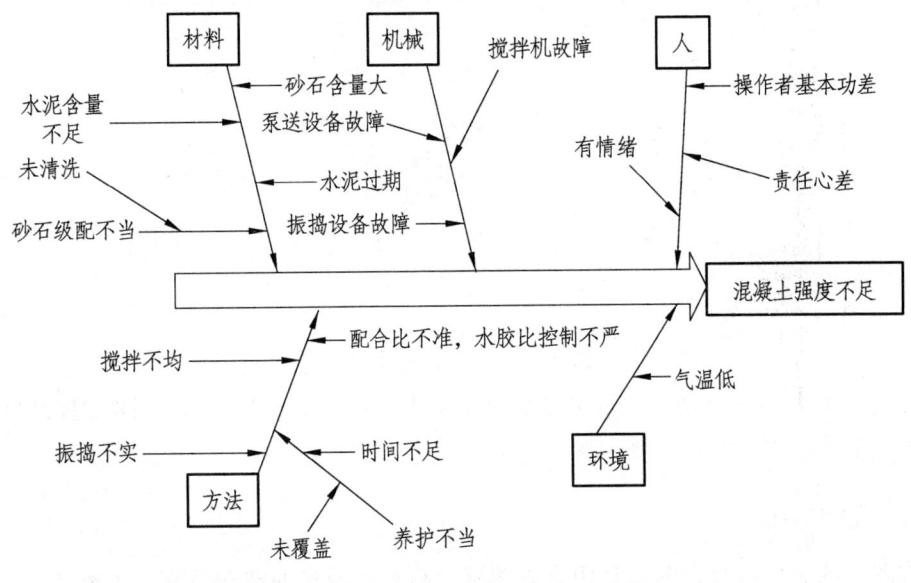

图9-16 混凝土强度不足因果分析

对重要的影响原因还要用标记或文字说明,以引起重视。最后对照各种因素逐一落实,制定对策,限期改正,只有这样才能起到因果分析的作用。

画图时应注意找准质量特性结果,以便查找原因。同时要广泛征求意见,特别是现场有实践经验人员的意见,并集中有关人员,共同分析,确定主要原因。分析原因要深入细致,从大到小,从粗到细,抓住真正的原因。

9.3.5 相关图法

相关图法又称散点图法,它是将两个变址(两个质量特性)间的相互关系用一个直角坐标表示出来,以相关图中点子的分布状况就可看出两个质量特性间的相互关系,以及关系的密切程度。

相关图的几种基本类型如图9-17所示,分别表示以下关系:

(1)正相关:因素 x 增加,结果 y 也明显增加,如图9-17(a)所示。

(2)弱正相关:因素 x 增加,结果 y 略有增加,如图9-17(b)所示。

(3)不相关:因素 x 与结果 y 没有关系,如图9-17(c)所示。

(4)弱负相关:因素 x 增加,结果 y 略有减小,如图9-17(d)所示。

(5)负相关:因素 x 增加,结果 y 明显减小,如图9-17(e)所示。

(6)非线性相关:因素 x 增加到某一范围时,结果 y 也增加,但超过一定范围后 y 反而减小,如图9-17(f)所示。

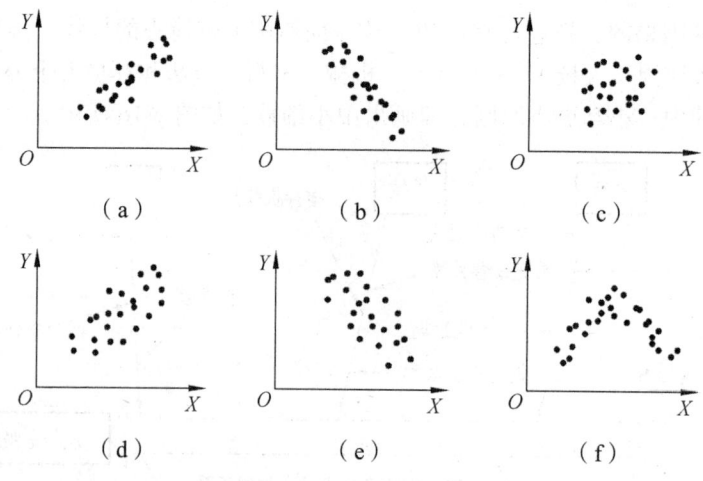

图 9-17 相关图基本类型

从图 9-17（a）和（e）两种图形可以判断 x 是质量特性 y 的重要影响因素，控制好因素 x，就可以把结果 y 较为有效地控制起来。

9.3.6 直方图法

直方图又称为质量分布图，利用直方图可分析产品质量的波动情况，了解产品质量特征的分布规律，以及判断生产过程是否正常。直方图还可用来估计工序不合格品率的高低、制订质量标准、确定公差范围、评价施工管理水平等。

下面以实例来说明直方图的画法及应用。

1. 直方图的画法

（1）数据的收集与整理。例如，某工地在一个时期内生产强度等级为 C30 的混凝土，共做试块 100 块，抗压强度见表 9-7。由该表中找出全体数据中最大值为 34.7，最小值为 27.4，两者之差即 34.7−27.4=7.3，称为极差，用符号 R 表示。

表 9-7 混凝土试块强度统计数据表　　　　　　　　　单位：MPa

组号	各组中的数据序号										组中序号	组中最小
	1	2	3	4	5	6	7	8	9	10		
1	32.3	31.0	32.6	30.1	32.0	31.1	32.7	31.6	29.4	31.9	32.7	29.4
2	32.2	32.0	28.7	31.0	29.5	31.4	31.7	30.9	31.8	31.6	32.2	28.7
3	31.4	34.1	31.4	34.0	33.5	32.6	30.9	30.8	31.6	30.4	34.1	30.4
4	31.5	32.7	32.6	32.0	32.4	31.7	32.7	29.4	31.7	31.6	32.7	29.4
5	30.9	32.9	31.4	30.8	33.1	33.0	31.3	32.9	31.7	31.6	32.7	29.4
6	30.3	30.4	30.6	30.9	31.0	31.4	33.0	31.3	31.9	31.8	33.0	30.4
7	31.9	30.9	31.1	31.3	31.9	31.3	30.8	30.5	31.4	31.3	31.9	30.5
8	31.7	31.6	32.2	31.6	32.7	32.6	27.4	31.6	31.9	32.0	32.7	27.4
9	34.7	30.3	31.2	32.0	34.3	33.5	31.6	31.3	31.6	31.0	34.7	30.3
10	30.8	32.0	31.3	29.7	30.5	31.6	31.7	30.4	31.1	32.7	32.7	29.7

（2）确定直方图的组数和组距，组数多少要按收集数据的多少来确定。当数据总数为 50~100 时，可分为 6~10 组；数据总数为 100~250 时，可分为 7~12 组；数据总数超过 250 时，可分为 10~20 组。本例题数据总数为 100，所以分为 10 组。组数用字母 K 表示。为了方便，通常可选定组数，然后算出组距，组距用字母 h 表示。

组数与组距的关系式是：组数 = $\frac{极差}{组距}$，即 $K = \frac{R}{h}$。

本例组数选定 $K=10$ 组，则组距 $h = \frac{R}{k} = \frac{7.3}{10} \approx 0.8$。

（3）确定数据分组区间。数据分组区间应遵循如下规则：相邻区间在数值上应是连续的，即前一区间的上界值应等于后一区间的下界值；要避免数据落在区间的分界上。为此，一般把区间分界值精度比数据值精度提高半级。即第一区间的下界值，可取最小值减 0.05；第一区间上界值为该区间下界值再加组距，本例中：

第一区间下界值 = 最小值 – 0.05 = 27.4 – 0.05 = 27.35；
第一区间上界值 = 第一区间下界值 + h = 27.35 + 0.8 = 28.15；
第二区间下界值 = 第一区间上界值 = 28.15；
第二区间上界值 = 第二区间下界值 + h = 28.15 + 0.8 = 28.95；
依此类推。

（4）编制频数分布统计表。根据确定的各个区间值，就可以进行频数统计，编制出频数分布统表，见表 9-8。

表 9-8 频数分布统计

序号	分组区间	频数	序号	分组区间	频数
1	27.35~28.15	1	6	31.35~32.15	37
2	28.15~28.95	1	7	32.15~32.95	15
3	28.95~29.75	4	8	32.95~33.75	5
4	29.75~30.55	8	9	33.75~34.55	3
5	30.55~31.35	25	10	34.55~35.35	1
合计					100

（5）绘制频数直方图。本测中混凝土强度频数直方图如图 9-18 所频数用核坐标表示数据分组区间，纵坐标表示各数据分组区间出现的频数。本例中混凝土强度频数直方图如图 9-18 所示。

2. 直方图分析

（1）分布状态分析。对直方图分布状态进行分析，可判断生产过程是否正常，常见的直方图分析如下：

①正态分布，如图 9-19（a）所示。说明生产过程正常、质量稳定。
②偏态分布，如图 9-19（b）、（c）所示。是由技术或习惯上原因，或是由上下限控制过严造成的。

③锯齿分布，如图9-19（d）所示。是由组数或组距不当，或测试所用方法和读数有问题所造成的。

④孤岛分布，如图9-19（e）所示。由原材料变化，如少量材料不合格，或工人临时替班所致。

⑤陡壁分布，如图9-19（f）所示。是由数据收集不正常，可能有意识地去掉上限以上（或下限以下）的数据，或是在检测过程中存在某种人为因素所造成的。

⑥双峰分布，如图9-19（g）所示。把两种不同方法、设备生产的产品数据混淆在一起所致。

⑦平峰分布，如图9-19（h）所示。生产过程中有缓慢变化的因素起主导作用的结果。

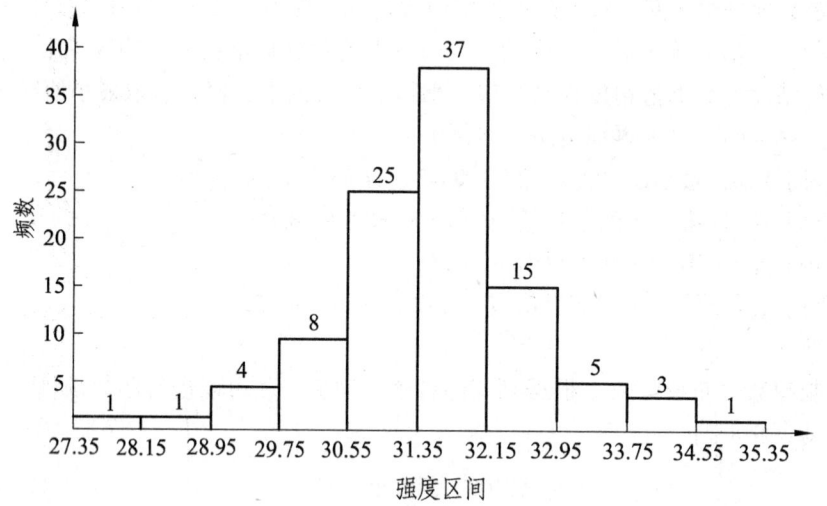

图 9-18　混凝土强度直方图

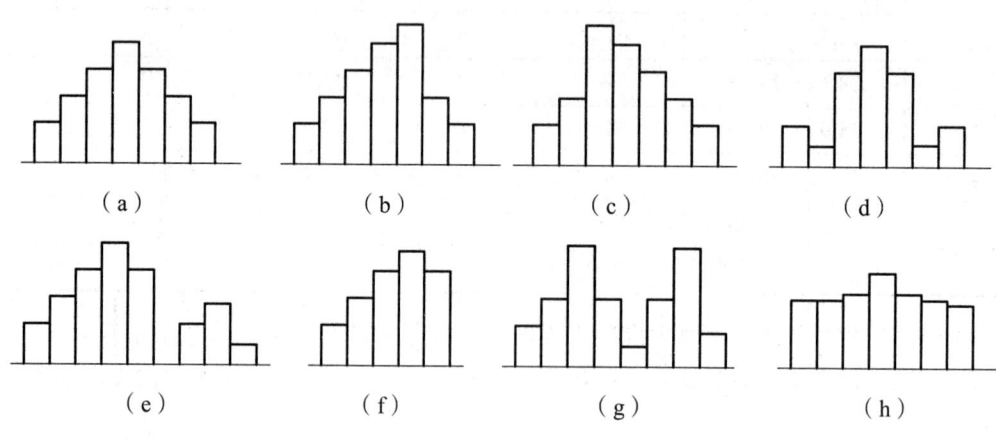

图 9-19　常见直方图分析

（2）实际分布与标准分布比较。将实际质量直方图与质量标准进行比较，判断实际施工能力。如图9-20所示，T表示质量标准要求的界限，B代表实际质量特性值分布范围。比较结果一般有以下几种情况：

①B在T中间，两边各有一定余地，这是理想的情况，如图9-20（a）所示。

②B虽在T之内，但偏向一边，有超差的可能，需要采取纠偏措施，如图9-20（b）所示。

③B 与 T 重合，实际分布太宽，易超差，要采取措施减少数据的分散，如图 9-20（c）所示。

④B 的范围远小于 T，说明加工过于精确，不经济，如图 9-20（d）所示。

⑤B 偏离 T 的中心过大，造成很多不合格品，需要调整，如图 9-20（e）所示。

⑥B 的范围过大，产生大量不合格品，说明工序能力不能满足技术要求，如图 9-20（f）所示。

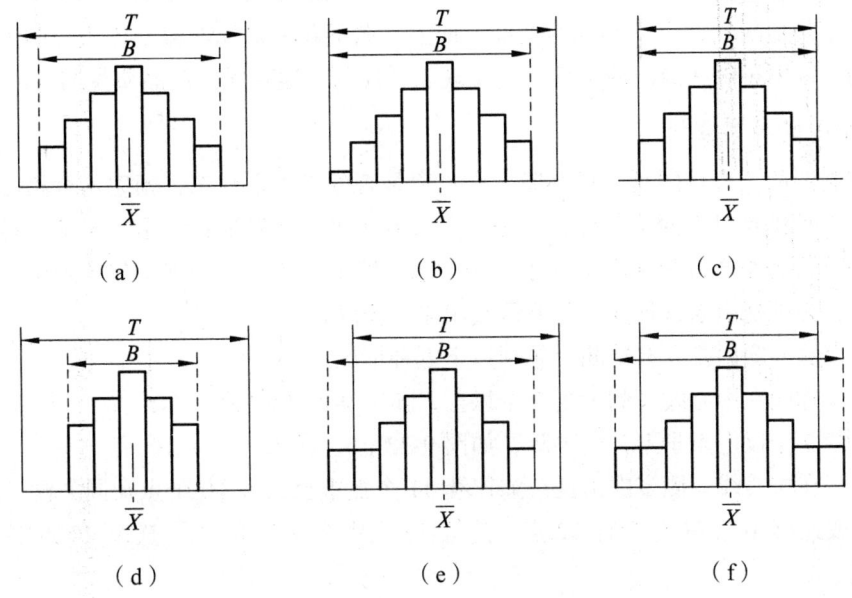

图 9-20　实际质量分布与标准质量分布比较

9.3.7　控制图法

控制图法又称管理图法，它可动态地反映质量特性随时间的变化，可以动态掌握质量状态，判断其生产过程的稳定性，从而实现对工序质量的动态控制。

控制图的基本形式如图 9-21 所示，纵坐标为质量特性值，横坐标为子样编号或取样时间。图中有三条线，中间的一条细实线为中心线，是数据的均值，用 UCL 表示，上下两条虚线为上控制界限 UCL 和下控制界限 LCL。在生产过程中，按时间抽取子样，测量其特征值，将其统计量作为一个点画在控制图上，然后连接各点成为一条折线，即表示质量波动情况。

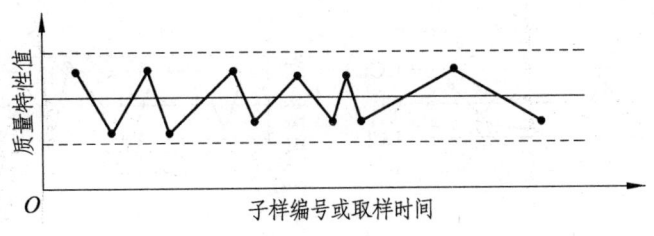

图 9-21　控制图基本样式

1. 控制图的分类

控制图可分为计量值控制图和计数值控制图。计量值控制图有平均值-极差值控制图、中位数-极差值控制图；计数值控制图有不良品数控制图、不良品率控制图、样本缺陷数控制图、单位产品缺陷数控制图等。

2. 控制图的绘制原理

控制图是以正态分布为理论依据，采用"三倍标准偏差法"绘制的。即将中心线定在被控制对象的平均值上面，以中心线为基准，向上、向下各三倍标准偏差作为控制上限和控制下限。应用控制图可以在经济的条件下，实现工序控制，达到保证产品质量的目的。

3. 控制图的观察分析

应用控制图的主要目的是分析判断生产过程是否处于稳定状态，预防不合格品的发生。当控制图的点子满足以下两个条件：一是点子没有跳出控制界限；二是点子随机排列且没有缺陷，我们就认为生产过程基本上处于控制状态，即生产正常。否则，就认为生产过程发生了异常变化，必须把引起这种变化的原因找出来，排除掉。

点子在控制界限内排列有缺陷，包括以下五种情况：

（1）点子连续在中心线一侧出现7个以上，如图9-22（a）所示。

（2）连续7个以上点子上升或下降，如图9-22（b）所示。

（3）点子在中心线一侧多次出现。如连续11个点中至少有10个点在同一侧，如图9-22（c）所示；或连续14点中至少有12点、连续17点中至少有14点、连续20点中至少有16点出现在同一侧。

（4）点子接近控制界限。如连续3个点中至少有2点在中心线向上或向下二倍标准偏差横线以外出现，如图9-22（d）所示；或连续7点中至少有3点、连续10点中至少有4点在该横线外出现。

（5）点子出现周期性波动，如图9-22（e）所示。

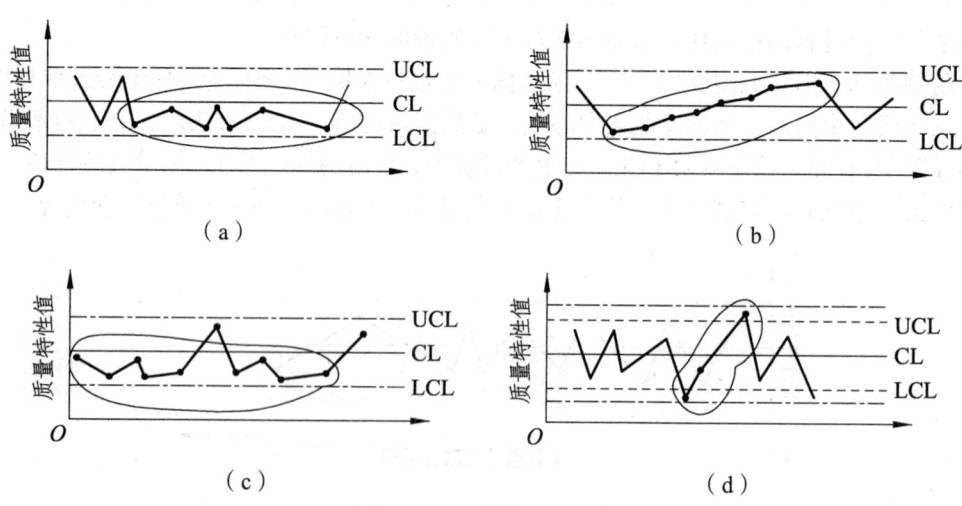

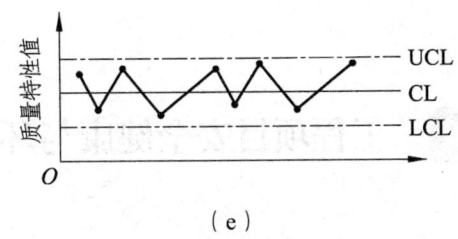

(e)

图 9-22 控制图的观察分析

在使用控制图时，除上述异常情况外，下列几种情况也应引起重视：

（1）数据点出现上、下循环移动的情形。可能是季节性的环境影响，操作人员的轮换或操作人员的疲劳造成的。

（2）数据点出现朝单一方向变化的趋势。其原因可能是工具磨损，设备未按期进行检验，或原材料的均匀性变质。

（3）太多的数据点接近中心线。若连续 13 点以上落在中心线 $\pm\sigma$ 的带型区域内，此为小概率事件，该情况也应判为异常。出现的原因可能是控制图使用太久没有加以修改而失去控制作用，或者数据不真实。

4. 控制图的重要性

（1）贯彻预防为主的原则。应用控制图有助于保持生产过程处于控制状态，从而起到保证质量防患于未然的作用。

（2）改进生产过程。应用控制图可以减少废品和返工，从而提高生产率、降低成本和增加生产能力。

（3）防止不必要的过程调整。控制图可用以区分质量的偶然波动和异常波动，从而使操作者减少不必要的过程调整。

（4）提供有关工序能力的信息。控制图可以提供重要的生产过程参数以及它们的时间稳定性，这对于生产过程的设计和管理是十分重要的。

习 题

1. "朱兰三部曲"是指什么？
2. PDCA 循环是指什么？
3. 简述全面质量管理（TQM）的含义。
4. 工程质量管理的原理和原则有哪些？
5. 过程质量控制分几个阶段？
6. 工程项目质量控制的统计分析方法有哪些？

第 10 章 工程项目安全健康与环境管理

随着人们安全意识以及环保意识的增强，工程项目中安全管理和环境管理越来越受到重视。本章首先介绍了可靠性管理，然后对项目安全与环境管理进行了介绍。本章具体框架安排如下。

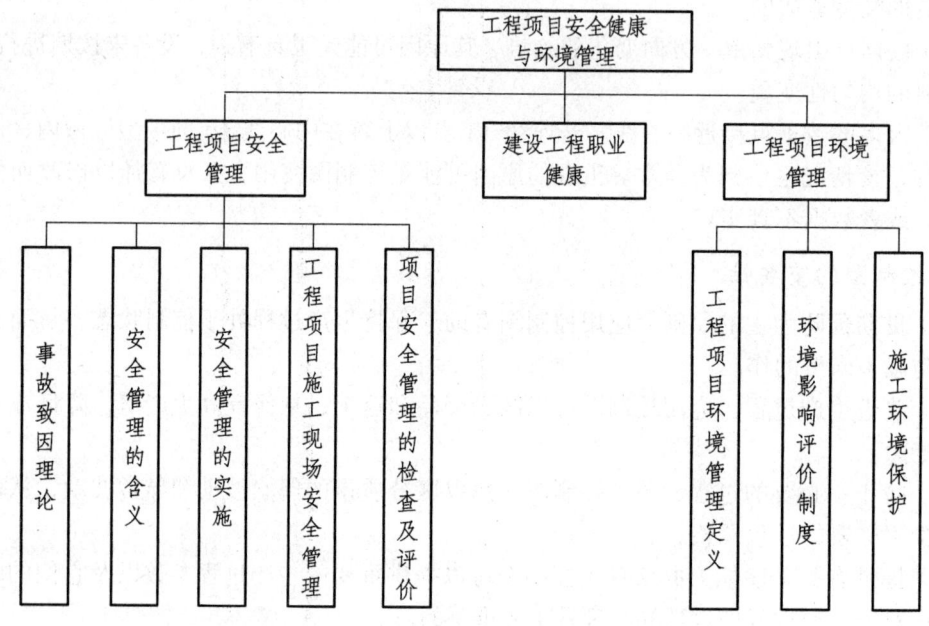

10.1 工程项目安全管理

由于工程项目周期长，规模大，环境复杂，参与人员较多，总体过程中可能存在安全隐患，那么项目安全管理就显得尤为重要。项目安全管理就是建立各种安全制度，以确保项目的规范生产，以消除安全隐患。

10.1.1 事故致因理论

在介绍安全管理前，先了解事故致因理论。单因素理论是指事故是由一两个因素引起，因素是人或环境（物）的某种特征。事故因果链理论是指事故由一连串因素以因果关系依次发生，如链式反应的结果。多重因素-流行病学理论是指事故是由当时人群、环境与媒介等三类变量组中某些因素相互作用而产生的结果。事故的根本原因就是安全管理缺陷，由此产生人、设备、作业及管理的不良因素（深层原因），进而引发人的不安全行为或物的不安全状态（直接原因），最终导致事故的发生，对生命以及财产造成伤害。

10.1.2 安全管理的含义

1. 安全管理的概念

安全是指没有危险，不受威胁，不出事故。安全生产则是为了预防生产过程中发生人身伤害、设备损毁等事故，保证职工在生产中的安全和健康而采取的各种措施与活动。安全管理是为保证生产顺利进行，防止伤亡事故发生，确保安全生产而采取的各种对策、方针和行动的总称。

2. 安全管理基本原理和原则

安全管理的基本原理主要由系统原理、人本原理和事故预防原理构成。所遵循的原则包括：必须以人为本、预防为主；管生产同时管安全；坚持安全管理的目的性；坚持"四全"动态管理；安全管理重在控制；在管理中发展提高。

10.1.3 安全管理的实施

1. 安全生产责任制度

安全生产责任制是根据我国安全生产方针和安全生产法律法规建立的各级部门人员在项目生产期间需要遵守且实施的安全生产制度。它主要包括建设单位的安全责任，勘察、设计、工程监理及其他有关单位的安全责任以及施工单位的安全责任。具体职责如下。

（1）建设单位安全责任。

① 应向施工单位提供施工现场及毗邻区域内建筑物、各类管线、气象和水文观测等资料。

② 在申请领取施工许可证时，应当提供建设工程有关安全施工措施的资料。

③ 应当将拆除工程发包给具有相应资质等级的施工单位。

（2）勘察、设计、工程监理及其他有关单位的安全责任。

① 勘察单位应按照法律、法规和工程建设强制性标准的规定进行勘察，提供的勘察文件应真实、准确。

② 设计单位应按照法律、法规和工程建设强制性标准的要求进行设计，防止设计不合理导致生产安全事故的发生。

③ 工程监理单位和监理工程师应当按照法律、法规和工程建设强制性标准的要求实施监理，并对建设工程安全生产承担监理责任。

（3）施工单位的安全责任。

① 施工单位从事建设工程的新建、扩建、改建和拆除等活动，应当依法取得相应等级的资质证书，并在其资质等级许可的范围内承揽工程。

② 施工单位主要负责人依法对本单位的安全生产工作全面负责。

③ 施工单位应当设立安全生产管理机构，配备专职安全生产管理人员。

④ 建设工程实行施工总承包的，由总承包单位对施工现场的安全生产负总责。

⑤ 施工单位应当在施工现场建立消防安全责任制度，确定消防安全责任人。

⑥ 施工单位采购、租赁的安全防护用具、机械设备、施工机具及配件，应当具有生产（制

造）许可证、产品合格证，并在进入施工现场前进行查验。

2. 安全管理组织机构

公司安全管理组织机构是由上到下、层层负责的结构，如图10-1所示。

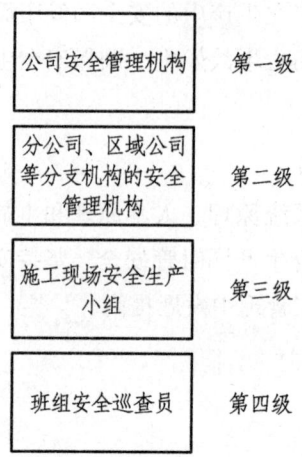

图 10-1　安全管理组织结构

公司、分公司（工程处）、区域公司等机构应根据经营规模、设备管理和生产需要足额配备相应数量的经过培训、持证上岗的专职安全管理人员。

施工现场应组建安全生产领导小组，建立项目管理人员轮流安全生产值日制度，解决和处理生产中的安全问题并进行巡回安全监督检查。

各生产班组要设兼职安全巡查员，对本班组的作业现场进行安全监督检查。

3. 安全教育

对于每个员工，在进入正式工作前均需要进行安全教育，随着所有人员安全意识的提高，事故发生率将降至最低。需要进行安全教育的三类人员包括施工单位主要负责人、项目负责人和专职安全管理人员。对新工人的安全教育需三级培养，包括公司、分公司（工程处）以及班组。需要培训的特种作业人员包括电工、架子工、起重司索信号工、起重机械司机、起重机械安装拆卸工、高处作业吊篮安装拆卸工以及经省级以上人民政府建设主管部门认定的其他特种作业人员。经常性的普及教育贯穿于管理全过程，并根据接受教育对象的不同特点，采取多层次、多渠道和多种活动方法，可以取得良好的效果。

4. 安全技术措施计划

安全技术措施计划是指企业从全局出发的年度或数年间在安全技术工作上的规划，对保证安全生产、保护生产力，提高劳动生产率，促进国民经济发展是非常必要的。安全技术措施计划组织结构如图10-2所示。

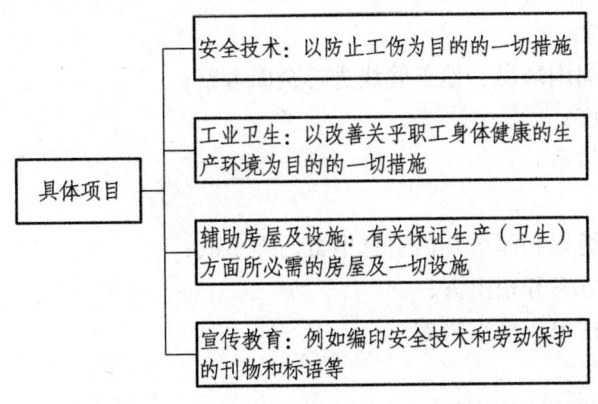

图 10-2　安全技术措施计划组织结构

10.1.4　工程项目施工现场安全管理

1. 施工安全技术措施

施工安全技术措施是指工程施工中，针对工程特点、现场环境、施工方法、使用的机械、动力设备及各项安全防护设施等制定的确保安全施工的措施。其中，工程分为一般工程和特殊工程。一般工程包括土方工程、模板工程、脚手架工程、垂直运输设备、施工洞口防护、场内运输布置、施工临时用电、防火、防毒、防爆等。特殊工程包括基坑支护与降水工程、起重吊装工程、拆除工程、爆破工程以及其他结构复杂、危险性大、特性较多的分部分项工程。

2. 施工安全生产的特点

施工安全是安全生产的重点，每年因工死亡人数居全国各行业的第二位。施工事故的特点主要有：建筑产品数量庞大、施工复杂；施工受环境影响大、工作条件较差；手工操作、劳动繁重；机电和交叉作业增加，安全防护难度大；部分工人专业技术水平不高及未采取可靠的安全防护措施。

伤亡事故主要有 6 种，物体打击（材料、器具飞击，料具反弹等）；触电事故（设备漏电、电线老化、违章使用电气设备等）；高处坠落（2 米以上作业时发生坠落）；坍塌事故（土石方坍塌，工程部分或整体坍塌）；机械伤害（器具使用时缺少防护和保险装置）；火灾爆炸（乱扔烟头、焊接与切割动火等）。

3. 施工伤亡事故处理

当事故发生后，项目承包方应立即启动"突发性安全事故应急救援预案"，采取应急措施。事故报告应当及时、准确、完整，不得迟报、漏报、谎报或瞒报。发生事故的项目部应积极配合事故调查、取证，为调查组提供一切便利。施工伤亡事故处理应遵循"四不放过"原则：原因不清不放过；责任人未受处理不放过；群众未受教育不放过；防患措施未落实不放过。

4. 施工现场的安全管理工作

施工现场安全管理分四个阶段：施工准备阶段、基础施工阶段、结构施工阶段以及装修阶段。

（1）施工准备阶段。
① 对施工区域的周围环境、地下管线进行全面考察；
② 安全教育和交底；
③ 建立应急救援体系。
（2）基础施工阶段。
① 主要防范土方坍塌和深坑井内窒息中毒两类事故；
② 严格遵照施工方案开挖土方；
③ 雨季施工做好排水、降水措施。
（3）结构施工阶段。
① 完善外防护，预防高处坠落；
② 做好结构洞口防护，防止落人落物；
③ 加强起重作业管理，预防机械伤害事故。
（4）装修阶段。
① 严格验收外装修架体设施；
② 注意室内装修时各类洞口的防护；
③ 临时用电与防火工作是现场管理的重点。

冬天雨季施工时，受环境因素影响，安全隐患增多。此时安全管理工作主要包括：清扫作业层和脚手架，检查防滑措施是否落实；人员衣着要灵便；现场蒸汽锅炉要选用安全装置齐全的合格的锅炉；防止煤气中毒；认真检查现场所有电气设备；做好高大设施的防雷保护；雨季施工之前做好地下工程施工，做好基础回填；做好现场排水。雨后检查基础设备，发现下沉及时处理。

5. 制定施工现场安全生产事故应急救援预案

施工单位要根据建设工程施工的特点、范围，对施工现场各个施工阶段中易发生重大事故的部位、环节进行监控，制定施工现场生产安全事故应急救援预案，并根据应急救援预案建立应急救援组织或配备应急救援人员，配备必要的应急救援器材、设备，并定期组织演练，评估和完善事故应急救援预案。

10.1.5　施工安全管理的检查及评价

1. 安全检查的组织形式

安全检查应根据施工（生产）特点，制定具体检查项目、标准，即根据检查目的、内容而定。具体形式有：针对主要问题进行检查，定期安全检查，经常性安全检查（班组、安全值日人员安全检查等），专业性安全检查（垂直提升机、脚手架、电气、塔吊等）及季节性和节假日前后安全检查。

2. 检查标准

《建筑施工安全检查标准》（JGJ59—2011）将检查评定对象分为 19 个分项，检查评定项目及内容如表 10-1 所示。

表 10-1　施工安全管理的检查标准

检查评定项目	检查内容	检查评定项目	检查内容
安全管理	对施工单位安全管理工作的评价	基坑支护、土方作业	对施工现场基坑支护工程和土方作业工作的安全评价
文明施工	对施工现场文明施工的评价	模板支架	对施工现场施工过程中模板支架工作的安全评价
扣件式钢管脚手架	对项目使用的扣件式脚手架的安全评价	"三宝、四口"及临边防护	对安全帽、安全网、安全带、楼梯口、预留洞口、坑井口、通道口及阳台、楼板、屋面等临边使用及防护情况的评价
悬挑式脚手架	对项目使用的悬挑式脚手架的安全评价	施工用电	对施工现场临时用电情况的评价
门式钢管脚手架	对项目使用的门式钢管脚手架的安全评价	物料提升机	对龙门架、井字架等物料提升机的设计制作、搭设和使用情况的评价
碗扣式钢管脚手架	对项目使用的碗扣式钢管脚手架的安全评价	施工升降机	对施工升降机使用情况的安全评价
附着式升降脚手架	对项目使用的附着式升降脚手架的安全评价	塔式起重机	对塔式起重机使用情况的安全评价
承插型盘扣式钢管支架	对项目使用的承插型盘扣式钢管支架的安全评价	起重吊装	对施工现场起重吊装作业和起重吊装机械的安全评价
高处作业吊篮	对项目使用的高处作业吊篮的安全评价	施工机具	对施工中使用的平刨、圆盘锯、手持电动工具、钢筋机械、电焊机、搅拌机、气瓶、翻斗车、潜水泵、振捣器、桩工机械等施工机具安全状况的评价
满堂式脚手架	对项目使用的满堂式脚手架的安全评价		

3. 检查评分标准

安全生产情况的检查评价按照分项检查评分、汇总分析评价的方式进行。分项检查表满分 100 分，汇总表由各分项加权平均后得出整体评价分，满分 100 分。评分采用扣减分值的方法，扣减分值总和不得超过该检查项目的应得分值。检查项目中有一项未得分或小计得分不足 40 分，此分项检查评分表不应得分。评价结果分为优良、合格、不合格三个等级。

10.2　建设工程职业健康安全事故的分类与处理

10.2.1　职业伤亡事故的分类

职业健康安全事故分为两大类型：职业伤亡事故与职业病。职业伤亡事故是指因生产过程及工作原因或者与其相关的其他原因造成的伤亡事故。职业病是指劳动者在职业活动中，因接触粉尘、放射性物质和其他有毒、有害物质等因素而引起的疾病。这里主要介绍职业伤亡事故。

1. 按照事故发生的原因分

国家标准 GB 6441—1986《企业职工伤亡事故分类》把事故分为 20 类，与建筑业有关的有以下 12 类：

（1）物体打击，指落物、滚石、锤击、碎裂崩块、碰伤等伤害，包括因爆炸而引起的物体打击；

（2）车辆伤害，包括挤、压、撞、倾覆等；

（3）机具伤害，包括绞、碾、碰、割、戳等；

（4）起重伤害，指起重设备或操作过程中所引起的伤害；

（5）触电，包括雷击伤害；

（6）灼烫，火焰引起的烧伤、高温物体引起的烫伤、强酸、碱引起的灼伤、放射线引起的皮肤损伤；

（7）火灾，在火灾时造成的人体烧伤、窒息、中毒等；

（8）高处坠落，包括从架子、屋架上坠落以及从平地坠入地坑等；

（9）坍塌，包括建筑物、堆置物、土石方倒塌等；

（10）火药爆炸，指火药的生产、运输、储藏过程中发生的爆炸事故；

（11）中毒和窒息，指煤气、油气、沥青、化学、一氧化碳中毒等；

（12）其他伤害，扭伤、跌伤、野兽咬伤等。

其中高处坠落、触电、物体打击、机械伤害、坍塌、中毒和火灾是事故最常发生的类型，分析其原因往往是由于脚手架搭设不规范、施工临时用电不规范、高处作业防护不严、机械设备使用不当、基坑及模板工程支护不牢、食品卫生和安全防火意识不够等造成的。

2. 按事故造成的人员伤亡或者直接经济损失分类

依据 2007 年 6 月 1 日起实施的《生产安全事故报告和调查处理条例》规定，按生产安全事故造成的人员伤亡或者直接经济损失事故分为：

（1）特别重大事故，是指造成 30 人以上死亡，或者 100 人以上重伤（包括急性工业中毒，下同），或者 1 亿元以上直接经济损失的事故；

（2）重大事故，是指造成 10 人以上 30 人以下死亡，或者 50 人以上 100 人以下重伤，或者 5000 万元以上 1 亿元以下直接经济损失的事故；

（3）较大事故，是指造成 3 人以上 10 人以下死亡，或者 10 人以上 50 人以下重伤，或者 1000 万元以上 5000 万元以下直接经济损失的事故；

（4）一般事故，是指造成，3 人以下死亡，或者 10 人以下重伤，或者 1000 万元以下直接经济损失的事故。

目前，在建设工程领域中，判别事故等级较多采用的是第二种分类方法，即《生产安全事故报告和调查处理条例》。

10.2.2 安全事故处理的原则和程序

1. 安全事故处理的原则

安全事故处理必须坚持"事故原因没有查不放过，责任者人员没有受到处理不放过，职工群众没有受到教育不放过，防范措施没有落实不放过"的"四不放过"原则。

2. 安全事故处理的程序和措施

1）按规定向有关部门报告事故情况

事故发生后，事故现场有关人员应立即向本单位负责人报告；单位负责人接到报告后，应于 1 小时内向事故发生地县级以上人民政府安全生产监督管理部门和负有安全生产监督管理职责的有关部门报告，并有组织、有指挥地抢救伤员、排除险情；应当防止人为或自然因素的破坏，便于事故原因的调查。

各个行业的建设施工中出现了安全事故，都应向建设行政主管部门报告。对于专业工程的施工中出现生产安全事故的，还需要向有关行业主管部门报告。

紧急情况时，事故现场有关人员可以直接向事故发生地县级以上人民政府安全生产监督管理部门和负有安全生产监督管理职责的有关部门报告。

安全生产监督管理部门接到事故报告后，应按照下列规定上报事故情。

（1）特别重大事故、重大事故逐级上报至国务院安全生产监督管理部门和负有安全生产监督管理职能的有关部门。

（2）较大事故逐级上报至省、自治区、直辖市人民政府安全生产监督管理部门和负有安全生产监督管理职能的有关部门。

（3）一般事故上报至设区的市级人民政府安全生产监督管理部门和负有安全生产监督管理职能的有关部门。

必要时，安全生产监督管理部门和负有安全生产监督管理职能的有关部门可以越级上报事故情况。

安全生产监督管理部门和负有安全生产监督管理职责的有关部门依照前款规定上报事故情况，应同时报告本级人民政府。安全生产监督管理部门和负有安全生产监督管理职能的有关部门逐级上报事故情况，每级上报的时间不得超过 2 小时。

2）组织调查组，开展事故调查

特别重大事故由国务院或者国务院授权有关部门组织事故调查组进行调查。重大事故、较大事故、一般事故分别由事故发生地省级人民政府、县级人民政府负责调查。未造成人员伤亡的一般事故，县级人民政府也可以委托事故发生单位组织事故调查组进行调查。

3）现场勘查

事故放生后，调查组要迅速到达现场并及时、全面、准确、客观地勘察。

4）分析事故原因

通过调查分析，查明事故经过，事故原因，确定事故的直接责任者、间接责任者和主要责任者。

5）制定预防措施

根据事故原因分析，制定防止类似事故再次发生的预防措施。

6）提交事故调查报告

事故调查组自事故发生之日起 60 日内提交事故调查报告，特殊情况下可适当延长，但延长的期限最长不超过 60 天。事故调查报告应包括以下内容：

（1）事故发生单位概况；

（2）事故发生经过和事故救援情况；

（3）事故造成的人员伤亡和直接经济损失；
（4）事故发生的原因和事故的性质；
（5）事故责任认定以及事故责任者的处理建议；（不是处罚措施）
（6）事故防范和整改措施。
7）事故的审理和结案

重大事故、较大事故、一般事故，负责事故调查的自收到事故调查报告之日起 15 日内做出批复；特别重大事故，30 日内做出批复。特殊情况可延长，但最多不超过 30 天。

有关机关应该按照人民政府的批复，依照法律、行政法规规定的权限和程序，对事故发生单位和有关人员进行行政处罚，对负有事故责任的国家工作人员进行处分。事故繁盛单位应当按照负责事故调查的人民政府的批复，对本单位负有事故责任的人员进行处理。事故调查处理的文件记录应长期完整的保存。

10.3 工程项目环境管理

10.3.1 工程项目环境管理定义

工程项目环境管理是通过有效的策划和控制，在建设项目的建造、运营乃至拆除的过程中最大限度地保护生态环境，控制工程建设和运营产生的各种粉尘、废水、废气、固体废弃物以及噪声和振动对环境的污染与危害。

10.3.2 环境影响评价制度

第三次全国环境保护会议提出八项制度，包括环境影响评价制度、"三同时"制度、排污收费制度、环境保护目标责任制、城市环境综合整治定量考核制度、排污许可证制度、污染集中控制制度及污染源限期治理制度。其中，环境影响评价制度是指对可能影响环境的工程建设、规划或其他开发建设活动，事先进行调查、预测和评估，并提出防治环境污染和破坏的对策，从而制定相应方案。

对于可能造成重大环境影响的项目，需要制定环境影响报告书。报告书具体内容包括以下方面：① 建设项目概况；② 周围环境现状；③ 对环境可能造成影响的分析、预测和评估；④ 环境保护措施及其技术、经济论证；⑤ 对环境影响的经济损益分析；⑥ 对建设项目实施环境监测的建议；⑦ 环境影响评价的结论。

对于可能造成轻度环境影响的项目，需要制定环境影响报告表。对于环境影响很小的项目，则需要制定环境影响登记表。

10.3.3 施工环境保护

施工环境保护主要目的是防治在施工生产过程中造成的环境污染，识别和控制各种潜在的污染源，并尽量保证在生产过程中有效节约能源和避免资源的浪费。具体可能的污染及相应的应对措施如表 10-2 所示。

表 10-2 施工环境污染及防治措施

污染类型	污染物来源	防治措施
大气污染	烟尘，建材破碎的粉尘，施工机械尾气排放等	清扫、洒水、遮盖、密封等
水污染	施工现场废水，固体废弃物随水流流入水体的部分等	采取合理的施工方案，废水循环利用等
固体废弃物污染	建筑渣土、废弃材料、生活垃圾等	资源化、减量化、无害化
噪声污染	施工机械、运输工具噪声，生产和生活过程中产生的噪声	从声源、传播途径、接收者防护等方面考虑

习 题

1. 常见的施工伤亡事故是什么？当事故发生时，应该如何处理？
2. 施工现场安全生产管理的主要工作有哪些？
3. 如何进行施工安全管理的检查评价？
4. 工程项目中事故最常发生的类型有哪些？
5. 生产安全事故分类的依据是什么？
6. 我国现行的环境管理制度有哪些？
7. 如何防治施工生产过程中造成的环境污染？

第 11 章　工程项目采购管理

工程项目采购管理是项目执行的关键性工作，是做好项目的重要方面。项目采购管理的模式在某种程度上决定了项目管理的模式，对项目整体管理起着决定性作用。本章详细介绍项目采购，具体框架安排如下。

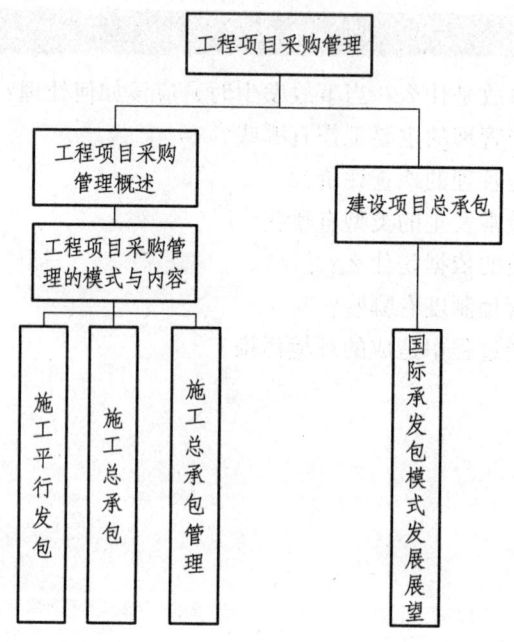

11.1　工程项目采购管理概述

11.1.1　工程项目采购的定义

工程项目采购是指为达成项目范围的工作而从执行组织外部获取货物和服务（合称产品）的过程。根据世界银行的定义，项目采购亦指以不同方式，通过努力从系统外部获得货物（goods）、工程（works）和服务（services）的整个采办过程。它包含买卖双方各自的目的，并在既定的市场中相互作用。

采购工作是项目执行的物质基础和主要内容。采购是从项目外部获得产品和服务的完整的购买过程。规范的项目采购管理要兼顾经济性、合理性和有效性，可以有效降低项目成本，促进项目顺利实现。

11.1.2 工程项目采购的任务与原则

1. 工程项目采购实施的任务

对于一个工程项目来说,一般需要根据具体建设任务签订相应采购合同,任务包括业主方的项目管理任务、建设项目设计任务、建设项目施工任务、物资(材料设备)供应和其他任务,与之对应的合同为项目管理合同、设计合同、施工合同、供货合同和其他合同。

2. 工程项目采购的原则

参照世界银行工程和货物采购的原则,工程项目采购的原则包括经济性和效率性(Economy and Efficiency)、公平的竞争机会(Equal Opportunity)、国内发展(Domestic Development)、透明性(Transparency)。世界银行咨询顾问选择和聘请原则包括高质量的服务(High Quality Services)、经济性和效率性(Economy and Efficiency)、公平的竞争机会(Equal Opportunity)、国内发展(Domestic Development)、透明性(Transparency)。《中华人民共和国招标投标法》确定的采购原则包括公平、公正、公开、诚实信用。

11.2 工程项目采购管理的模式与内容

11.2.1 工程项目采购的方式

世界银行工程和货物采购方式主要包括国际竞争性招标、有限国际招标、国内竞争性招标、询价采购和直接签订合同。世界银行咨询顾问选择和聘请方式包括基于质量和费用的选择、基于质量的选择、固定预算下的选择、最低费用的选择、基于咨询顾问资历的选择、单一来源的选择、商业惯例和特殊类型咨询顾问的选择。

政府采购是指各级国家机关、事业单位和团体组织,使用财政性资金采购依法制定的集中采购目录以内的或者采购限额标准以上的货物、工程和服务的行为。根据《中华人民共和国政府采购法》,采购方式主要包括公开招标、邀请招标、竞争性谈判、询价和单一来源。根据《中华人民共和国招标投标法》,招标方式可分为公开招标和邀请招标。其中议标是不被允许的。

11.2.2 工程项目采购的基本模式

采购模式又称承发包模式、任务委托模式、交付模式、组织实施方式。其存在于设计、施工、设备供应和工程管理等各部分中。设计任务委托的模式包括设计平行委托模式和设计总负责模式。施工发包模式包括施工平行发包、施工总承包和施工总承包管理等。工程管理委托的模式分为项目管理、工程监理、招标代理和造价咨询等。

合同结构是指业主与这些单位,以及这些单位相互之间是怎样的一种合同关系。这在实践中有多种可能性。例如一个钢结构工程涉及的单位包括施工总承包(管理)单位、主设计单位、细部设计单位、吊装单位、防火喷涂单位、压型板单位、材料供应单位和制作单位。某证券大厦钢结构合同结构如图 11-1 所示。

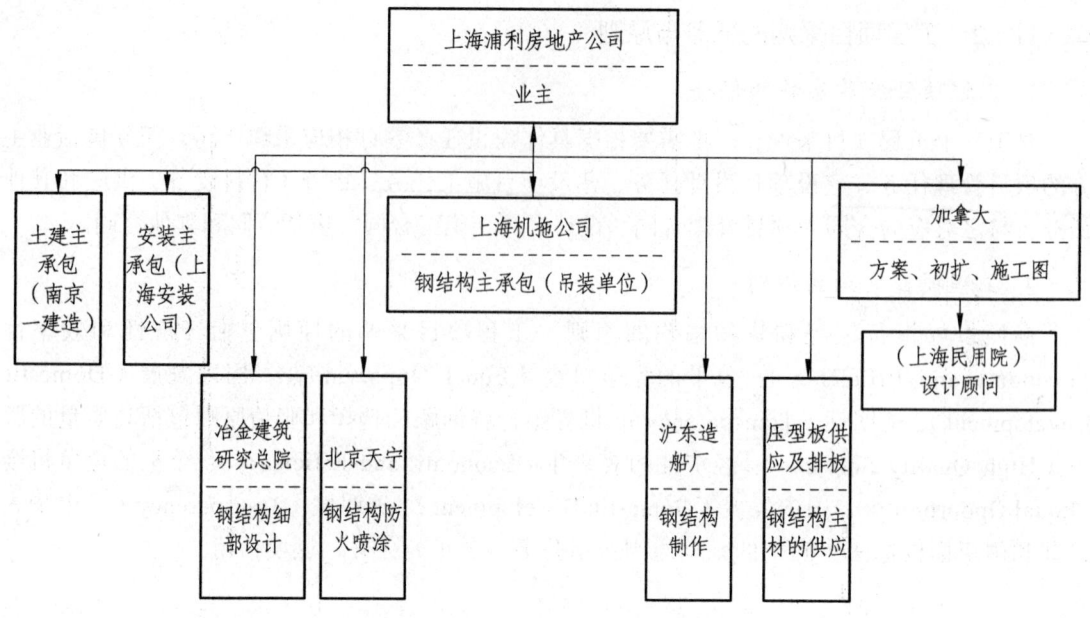

图 11-1　某证券大厦钢结构合同结构

11.3　施工平行发包

11.3.1　施工平行发包的含义

施工平行承发包又称分别承发包,是指发包方根据建设工程项目特点、项目进展情况和控制的目标要求等因素,将建设工程项目按照一定的原则分解,将其施工任务分别发包给不同的施工单位,各个施工单位分别与发包方签订施工承包合同的形式。图 11-2 展示了某项目施工平行发包的合同结构。

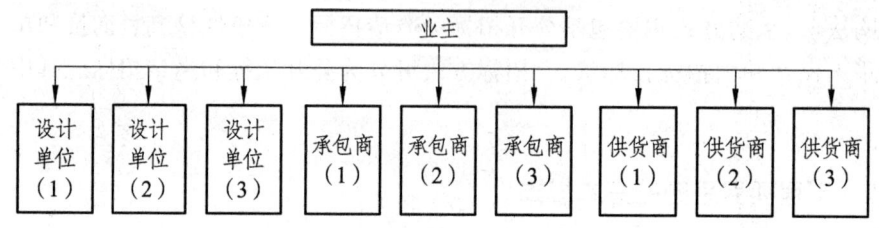

图 11-2　某项目施工平行发包合同结构

一般情况下,发包时该部分工程的施工图设计已经完成,每个合同都可以实行总价合同;可以根据建设项目结构进行分解发包,有多种方式和可能性。例如,某房地产开发商总结:高层住宅划分 60 多个标段、办公楼 70 多个标段、酒店 90 多个标段;某卷烟厂异地技改工程,划分为 151 个标段,等等。

选择施工平行发包的场景可以有:项目规模太大或系统很复杂,不可能选择一个单位总包(基于风险和施工单位的能力);时间紧迫、急于开工;基于建筑市场环境,业主想直接选择和控制每个子系统的施工单位(不信任总承包单位);有足够的经验和能力管理多家施工单位;尽可能多地照顾各种关系。其中《中华人民共和国建筑法》明确规定禁止肢解发包。

11.3.2 施工平行发包的特点

施工平行发包的特点可以分别从投资控制、进度控制、质量控制、合同管理、组织和协调等方面进行阐述。

1. 投资控制

① 每一部分工程的发包，都以施工图设计为基础，不确定性因素少，投标人投标报价有依据。

② 每一部分工程的发包，业主都可以获得最低的价格。

③ 整个工程的总造价不能及时确定，对投资的早期控制不利。

2. 进度控制

① 可以边设计边施工，缩短建设周期。

② 施工总进度计划的编制和控制由业主负责，不同单位之间的进度协调由业主负责。

3. 质量控制

① 每一部分工程（标段）的实施，都可以选择最可靠、最信任的承包商，有利于该部分工程的质量控制。

② 对某些工作而言，符合质量控制上的"他人控制"原则，对业主的质量控制有利。

③ 合同交互界面比较多，对质量控制不利。

4. 合同管理

① 招标工作量大。

② 合同数量多，实施过程中的责任和义务多。

③ 合同的跟踪管理工作量较大。

5. 组织和协调

① 业主可以直接控制所有工程的发包和各施工单位的施工过程，控制力度大。

② 业主要承担类似于总承包管理的角色，协调工作量大，矛盾多，管理风险大。

③ 业主方需要配备较多的人力和精力进行管理，管理成本高。

11.4 施工总承包模式

11.4.1 施工总承包的含义

施工总承包（General Contractor，GC），是指发包人将全部施工任务发包给一个施工单位或由多个施工单位组成的施工联合体或施工合作体，施工总承包单位主要依靠自己的力量完成施工任务。经发包人同意，施工总承包单位可以根据需要将施工任务的一部分分包给其他符合资质的分包人。图11-3为业主自主发包合同结构的示意图。

施工总承包的项目开展的顺序如图11-4所示，有的文献将这种模式称为DBB模式或传统模式。

与平行发包相似，施工总承包的招标通常依据施工图，即一般情况下，在通过招标选择承包人时所有的施工图设计都已经基本完成，不确定性因素减少了，有利于实行总价合同。

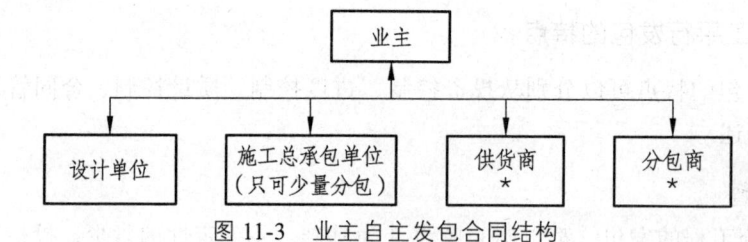

图 11-3　业主自主发包合同结构

*注：此为业主自行发包的部分。

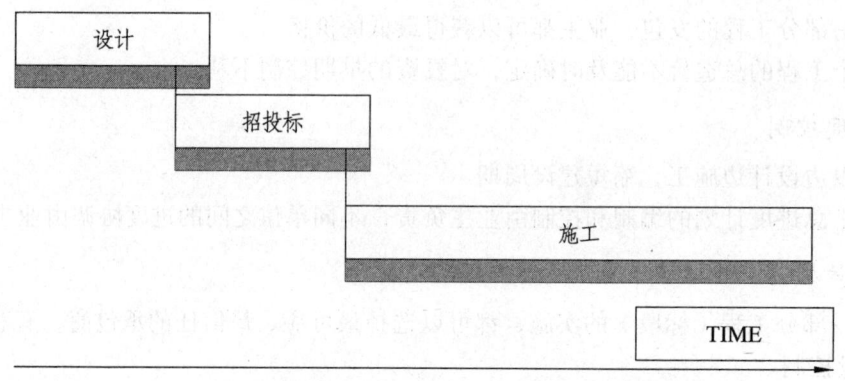

图 11-4　施工总承包的项目开展的顺序

11.4.2　施工总承包模式的特点

1. 投资控制

① 一般以施工图设计为投标报价的基础，投标人的投标报价有依据。

② 可实行总价合同，在开工前就有较明确的合同价，有利于业主对总投资的早期控制。

③ 若在施工过程中发生设计变更，则可能发生索赔。

2. 进度控制

① 一般要等施工图设计全部结束后，才能进行施工总承包的招标。开工日期较迟，建设周期势必较长。

② 施工总进度计划的编制、控制和协调由施工总承包单位负责，而设计、施工、供货之间的进度计划协调由业主负责。

3. 质量控制

建设项目施工质量的好坏很大程度上取决于施工总承包单位的选择，取决于施工总承包单位的管理水平和技术水平。业主对施工总承包单位的依赖性较大。

4. 合同管理

① 业主只需要进行一次招标，与一家承包商签约，招标及合同管理工作量大大减小，对业主有利。

② 在国内的工程实践中，曾经流行采用所谓的"费率招标"，实质上是开口合同，实施过程中容易引起许多矛盾和争议，对业主方的合同管理和投资控制不利。

5. 组织和协调

业主只负责对施工总承包单位的管理及组织协调，工作量大大减小，对业主比较有利。

11.4.3 国内施工总承包现状

随着国家大力推广工程总承包模式，近年来我国工程总承包行业快速发展，但是其中也存在一些不足。例如，追求速度和效率，等不及完整的施工图，较少实行严格的施工总承包模式；业主对施工总承包不信任，将许多分部工程直接发包，实质是平行发包；对施工总承包存在误解——土建总承包、安装总承包、标段总承包，等等。

11.5 国内施工总承包管理模式

1. 施工总承包管理的含义

施工总承包管理（Managing Contractor，MC）意思为管理型承包，指业主与某个具有丰富施工管理经验的单位、联合体或者合作体签订施工总承包管理协议，由其负责整个建设项目的施工组织与管理。

一般情况下，施工总承包管理单位不参与具体工程的施工，而具体工程的施工需要再进行分包的招标，把具体施工任务分包给分包商来完成。如果施工总承包管理单位也想承担部分具体工程的施工，这时它也可以参加这一部分工程的投标，通过竞争取得施工任务。

施工总承包管理单位的招标可以不依赖完整的施工图，即施工总承包管理单位的招标可以提前到设计阶段进行。而工程实体由施工总承包管理单位化整为零，分别进行分包工程的发包，即每完成一部分施工图就发包一部分，从而使整个工程的施工提前。

2. 施工总承包管理的项目开展顺序

施工总承包管理的项目开展的顺序如图 11-5 所示。

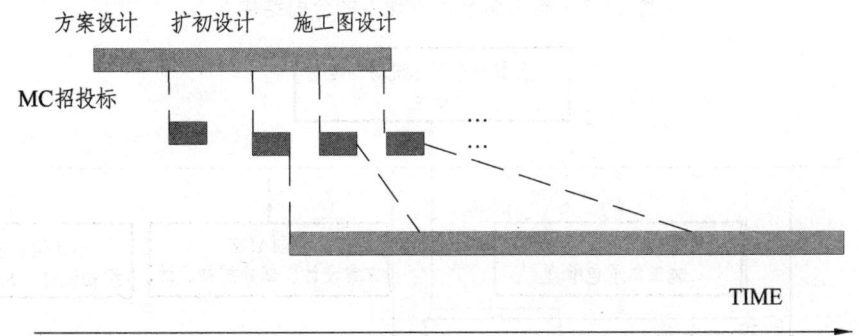

图 11-5 施工总承包管理的项目开展的顺序

施工总承包管理模式的合同关系有两种可能，即发包人与分包单位直接签订合同或者由施工总承包管理单位与分包单位签订合同。施工总承包管理模式下的两种合同结构分别如图 11-6、图 11-7 所示。如上海浦东国际机场一号航站楼施工总承包管理采取的是第 2 种合同结构，如图 11-8 所示。

（1）对分包单位的选择和认可。

在施工总承包管理模式中，发包人通常通过招标选择分包单位。一般情况下，分包合同由发包人与分包单位直接签订，但每一个分包人的选择和每一个分包合同的签订都要经过施工总承包管理单位的认可。

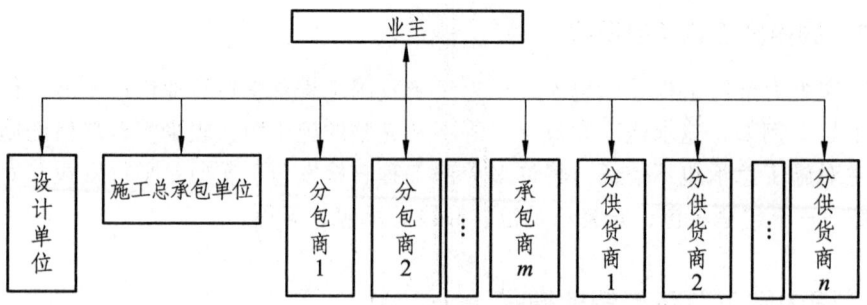

图 11-6 施工总承包管理下的合同结构 1

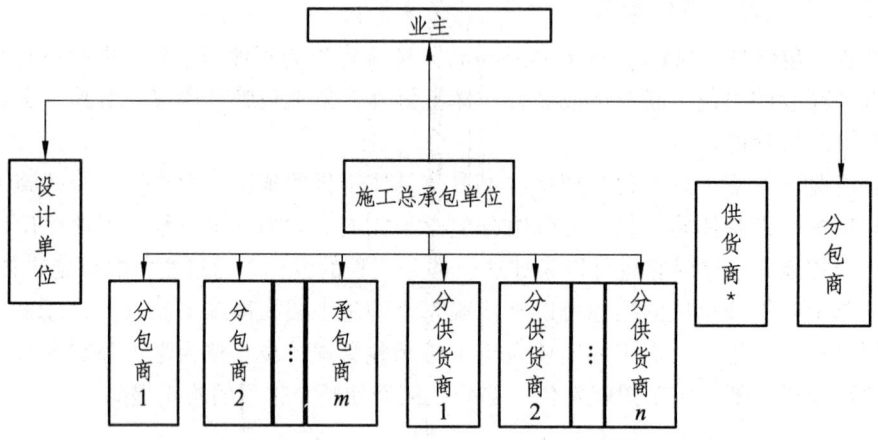

*注：此为业主自行采购和分包的部分。

图 11-7 施工总承包管理下的合同结构 2

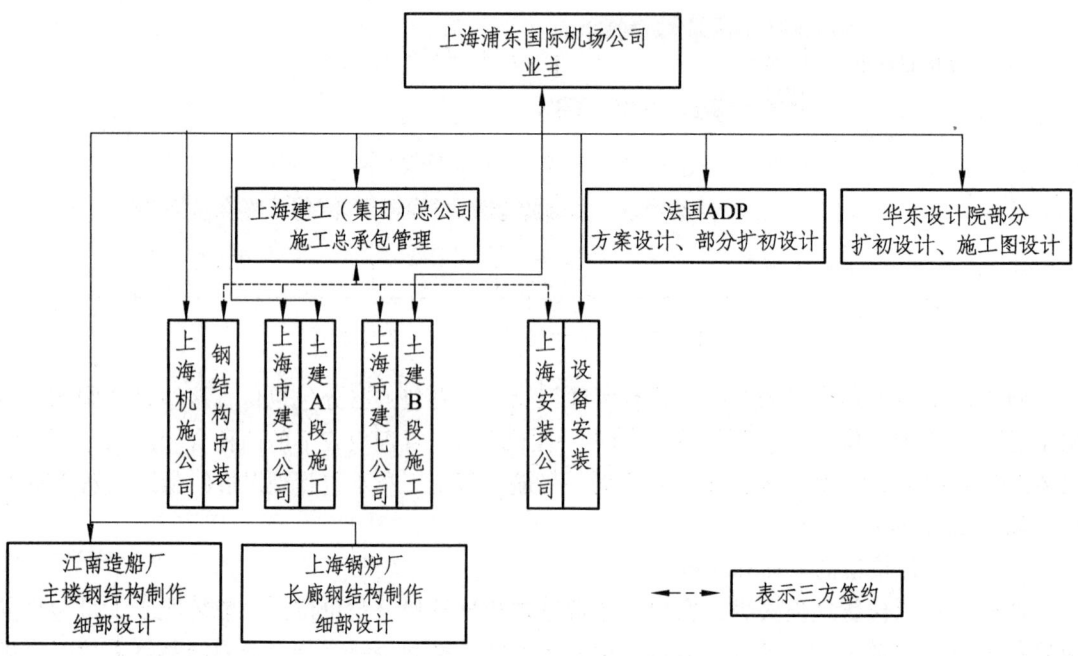

图 11-8 上海浦东国际机场一号航站楼施工总承包管理合同结构

（2）对分包单位的付款。

对各个分包单位的各种款项可以通过施工总承包管理单位支付，也可以由发包单位直接支付。

（3）合同价格。

施工总承包管理合同中一般只确定总承包管理费，而不需要确定建设安装工程总造价。

分包合同价，由于是在该部分施工图出齐后再进行分包的招标，应该采用实价（即单价或总价合同）。

（4）对分包单位的管理和服务。

在分包单位的管理和服务方面，施工总承包管理单位要承担与施工总承包单位同样的责任，既要负责对现场施工的总体管理和协调，也要负责向分包人提供相应的服务。

3. 施工总承包管理模式的优点

与施工总承包相比，施工总承包管理模式的优点有：

（1）所有施工分包合同和分供货合同的发包，都通过招标获得有竞争力的投标报价，对业主方节约投资有利；

（2）施工总承包管理单位只收取总包管理费，不赚总包与分包之间的差价；

（3）业主对分包单位的选择具有控制权；

（4）有利于边设计边施工，缩短建设周期。

4. 施工总承包管理模式的现状

施工总承包工程管理模式是国际上最早出现，也是目前我国广泛采用的一种工程管理模式。但是目前业界存在对施工总承包管理单位责任的误解——对业主选择的分包单位不承担管理责任。而且国内通常不愿意只做总承包管理，一般采取"土建主承包+施工总承包管理"模式。

11.6 建设项目总承包

11.6.1 建设项目总承包的含义

业主方把建设项目的设计任务和施工任务进行综合委托的模式，可称为"建设项目总承包"或"工程总承包"。在以房屋建筑为主的民用建设项目中，又称为"设计和施工总承包（D+B）"，而在以大型装置或工艺过程为主要核心技术的工业建设领域，又称为"设计、采购、施工总承包（EPC）"。

建设项目总承包的合同结构如图11-9所示。

建设项目总承包模式起源于欧洲，是对传统承发包模式的变革，是为了解决设计与施工分离的弊端而产生的一种新模式。建设项目总承包的基本出发点是借鉴工业生产组织的经验，实现建设生产过程的组织集成化，以克服由于设计与施工的分离而致使投资增加，以及由于设计和施工的不协调而影响建设进度等弊端。实行项目总承包需要解决考虑的问题有：由谁进行总承包，承包的范围是什么，什么时候招标，如何进行招标。

项目总承包的组织如图11-10所示。

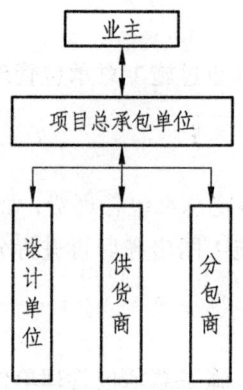

图 11-9 建设项目总承包的合同结构

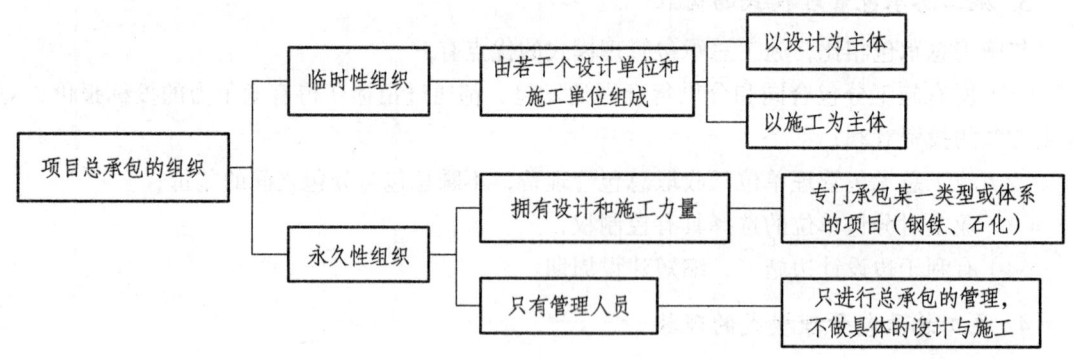

图 11-10 项目总承包的组织

项目总承包的顺序如图 11-11 所示。项目总承包包括招标、投标与评标等环节，其中招标采用功能招标方法，投标包括设计建议书和工程报价，评标工作则一般分两个阶段进行。

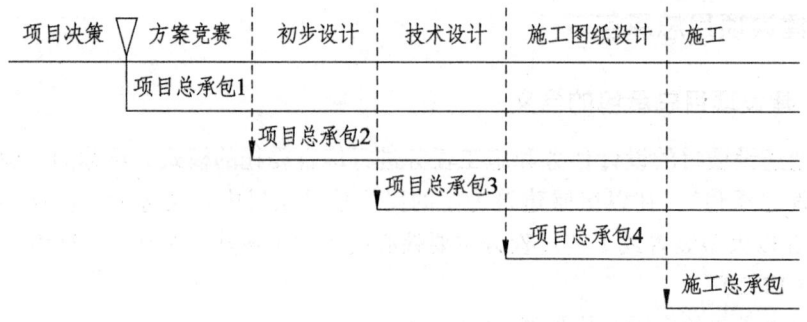

图 11-11 项目总承包的顺序

11.6.2 项目总承包的特点

对业主来说，项目总承包模式有以下特点：
① 能够降低工程造价，有利于投资控制。
② 能缩短工期，有利于进度控制。

③ 合同管理工作量比较少，但发包工作难度大，供方少，选择范围小。

④ 有利于组织与协调。

⑤ 对于质量控制，关键是看功能描述书的质量。业主一般都要委托社会上有经验的项目管理公司协助进行项目管理。

对建筑施工企业而言，项目总承包模式能改善设计的可施工性，加快进度，提高盈利水平；促进建筑工业化，提高劳动生产率。

对设计单位而言，施工图设计可由施工单位完成，减少工作量；作为施工企业的合作方，可参与项目利润分配。

适合采取项目总承包模式有：标准化的学校、住宅、办公楼等项目；交通运输、石油化工、冶金、电站、铁路等大型基础设施；需要承包商提供专业技术或专利转让的项目；设计与施工联系紧密、技术含量高的项目；业主希望将实施中的主要风险交给承包商，并愿意为此多支付费用。

11.7 国际承发包模式发展展望

业主方是推动建筑业发展的发动机。建筑业的服务对象是业主（包括代表国家投资、地方政府投资和国有企业投资的业主以及私有企业、私人投资的业主）。全球业主对建筑业的要求和期望越来越高，希望建筑业产品的成本逐步降低、建筑产品的质量逐步提高、建筑产品和生产过程的确定性不断提高。这些要求将促进建筑业的变化和发展。

业主方更多地希望设计和施工紧密结合，倾向"设计+施工"的方式发包（Design + Build，或称 Design +Construction，即中国所称谓的项目总承包），也希望建筑业提供形成建筑产品的全过程的服务，包括项目前期的策划和开发以及设计、施工，以及设施（物业）管理（Facility Management）。加大建筑业在项目融资和经营方面的参与程度。

建筑业应关注和适应业主方对承发包模式需求变化的动向。例如，D+D+B（Develop + Design + Build）模式，即承包方负责项目前期决策阶段的策划和管理+设计+施工；D+B+FM（Design + Build + Facility Management）模式，即设计+施工+设施管理；F+P+D+B+FM（Finance + Procure + Design + Build +Facility Management），即融资+采购+设计+施工+设施管理。

综合项目交付模式（Integrated Project Delivery，IPD）是一种新型的管理和组织模式，项目的各参与方可以充分利用各自的才能和洞察力，尽早介入项目，通过多方合同，组建团队，协同管理，在项目实施各个阶段紧密合作，使项目效率最大化，给业主创造更大价值。

习 题

1. 项目采购的含义是什么？
2. 项目采购的原则是什么？
3. 项目采购的方式有哪些？不同的采购对象一定要用同样的采购方式吗？
4. 施工平行发包的特点有哪些？
5. 施工总承包的特点有哪些？

6. 施工总承包管理的特点有哪些？
7. 建设项目总承包的特点有哪些？
8. 项目采购发展的趋势是什么？

参考文献

[1] 王胜，苗青，苟慧霞，等. 工程经济学[M]. 北京：清华大学出版社，2017.

[2] 国家发展和改革委员会，建设部. 建设项目经济评价方法与参数[M]. 3版. 北京：中国计划出版社，2006.

[3] 何元斌，杜永林. 工程经济学[M]. 成都：西南交通大学出版社，2016.

[4] 刘新梅. 工程经济学[M]. 2版. 北京：经济管理出版社，2017.

[5] 田金信. 建设工程管理[M]. 北京：高等教育出版社，2002.

[6] 李慧民. 工程与项目管理[M]. 北京：科学出版社，2016.

[7] 丛培经. 工程项目管理[M]. 4版. 北京：中国建筑工业出版社，2017.

[8] 赵国杰. 工程经济学[M]. 天津：天津大学出版社，2010.

[9] 仲景冰，唐箐箐. 工程项目管理[M]. 武汉：华中科技大学出版社，2013.

[10] 斯坦纳. 工程经济学原理[M]. 2版. 张芳，杨洪涛，等，译. 北京：经济科学出版社，2005.

[11] 郑连庆. 建筑工程经济与管理[M]. 广州：华南理工大学出版社，1996.

[12] 赵国杰. 工程经济与项目评价[M]. 天津：天津大学出版社，1999.

[13] 都沁军. 工程经济与项目管理[M]. 北京：北京大学出版社，2015.

[14] 刘虹，郭星原. 现代工程经济学与项目管理研究[M]. 西安：西安地图出版社，2013.

[15] 綦振平，温国锋. 工程经济学[M]. 北京：机械工业出版社，2011.

[16] 齐宝库. 工程项目管理[M]. 4版. 大连：大连理工大学出版社，2012.

[17] 陆惠民，苏振民，王延树. 工程项目管理[M]. 3版. 南京：东南大学出版社，2015.

[18] 成虎，肖静，虞华. 工程项目管理[M]. 2版. 北京：高等教育出版社，2013.

[19] 鲍学英，樊燕燕. 工程经济与项目管理[M]. 北京：中国铁道出版社，2017.

[20] 陈一君，卢明湘. 工程技术经济学[M]. 成都：西南交通大学出版社，2010.

[21] 戚安邦. 项目评估学[M]. 2版. 北京：科学出版社，2019.

[22] 于立君，郝利光. 工程经济学[M]. 3版. 北京：机械工业出版社，2016.

[23] 杨晓东. 工程经济学[M]. 北京：机械工业出版社，2020.

[24] 项勇，王辉. 工程项目管理[M]. 北京：机械工业出版社，2017.

[25] 胡鹏，郭庆军. 工程项目管理[M]. 北京：北京理工大学出版社，2017.

[26] 美国项目管理协会（Project Management Institute）. 项目管理知识体系指南（PMBok指南）[M]. 北京：电子工业出版社，2018.

附录　四川九洲电子信息装备某型系统零部件加工项目

（一）项目技术管理方案、原则、措施
1. 技术管理方案

本项目具有施工复杂，施工配合工作面广、技术要求多等特点，项目实施过程中在保证施工质量、安全和文明施工的前提下，如何保证项目进度控制节点的实现，如期完成项目任务是系统的关键所在。为此，公司根据项目目标、项目范围、项目进度、项目质量的要求，对本系统项目的实施过程进行了分阶段控制。

项目的实施过程划分为五个阶段：
a）设计阶段；
b）厂内试制阶段；
c）厂内制造阶段；
d）验收阶段；
e）售后服务阶段。

项目各阶段主要工作内容如下：
a）设计阶段主要工作内容：
1）签订合同及技术协议；
2）项目启动；
3）项目任务分解；
4）拟制施工设计方案；
5）施工设计审查。
b）厂内制造阶段主要工作内容：
1）材料采购；
2）加工制造的组织实施方案、工艺方案、质量保障措施；
3）外购材料验收；
4）试制阶段问题总结、处置。
c）厂内制造阶段主要工作内容：
1）在试制阶段工作的基础上拟制批生产方案；
2）物料和设备准备；
3）按排产计划生产；
4）制造过程质量控制。
d）验收阶段主要工作内容：
1）根据质量大纲收齐各阶段质量控制材料；
2）编制验收文件；
3）按要求召开验收评审会，对实物及资料进行验收；

4）交付。

项目实施过程如附图 1 所示。

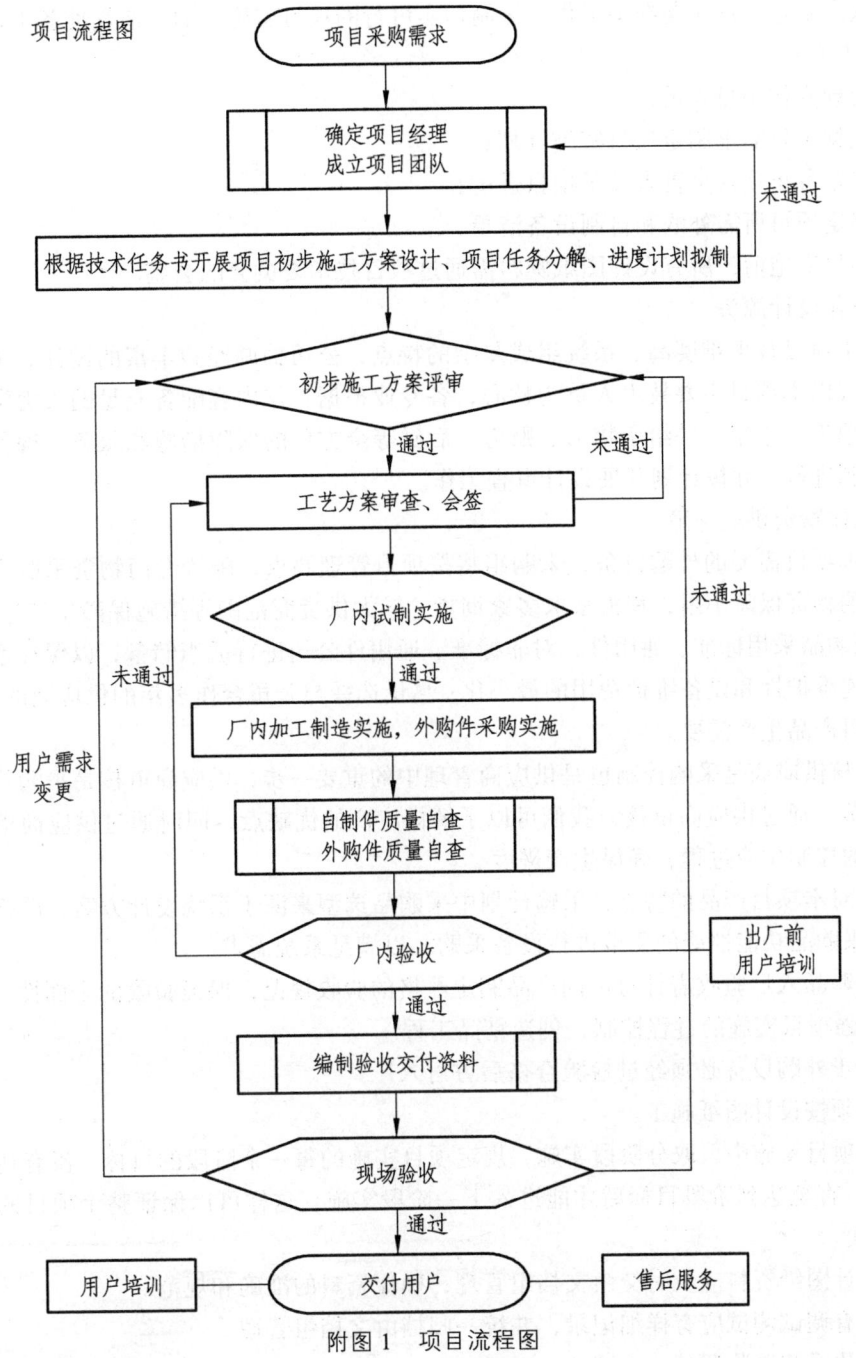

附图 1　项目流程图

2. 项目技术管理原则、措施

为了更好的完成本项目，使项目实施管理规范化，针对项目实施的各个阶段，制定本管理细则，作为本项目参与人员必须遵守的行为准则。

a）加强项目管理，落实管理目标责任制，强化管理的指导监督作用。

b）根据项目实施组织各部门责任分工，各个责任人应按照各自分工责任，密切合作，项目经理是整个项目的主要管理人员，协调各方关系，及时向客户汇报项目实施进度和相关情况。

c）认真做好工程前期准备工作，编制切实可行的项目实施计划，前期准备工作大致可分如下几个方面：

1）合理安排项目人员；
2）根据项目需求制定项目实施计划；
3）确定各子项目负责人及子项目进度；
4）确定项目所需外购和自制设备清单；
5）项目实施前，所有设计图纸资料需通过项目技术委员会的会签。

d）强化设计源头。

针对本项目技术难度高、系统组成复杂的特点，公司抽调经验丰富的设计、工艺等技术人员，组成以本项目主要技术人员为核心，各专业根据工作内容配备充足的人力资源，形成本项目专项工作小组。并给予物力、财力、后勤等全方位的保障措施和服务。确保设计工作按计划顺利进行。并按计划开展设计审查工作。

e）确保物资供应保障。

针对本项目需要的外购设备，采购组将按项目管理要求，配置专门物资采购人员，成立多人组成的物资保障小组，积极采取多家询货、扩大供货商范围等措施保障生产进度。

1）采购品采用标准、通用件，对非标准、通用件公司进行适当储备，以保证系统硬件设备的可快速维护性和设备维护费用的最小化；尽量选择与公司合作多年的供应商的成熟产品，确保本项目产品生产需要。

2）审核供应商是采购控制也是供应商管理中的重要一步，供应商审核是采购管理中非常重要的环节。通过供应商审核，我们可以了解供应商的优缺点，同时通过供应商审核，企业可以有效的控制供应过程，确保生产进度。

3）针对本项目产品的特点，采购计划中采购品选型来源于系统设计方案，严格按照设计方案中对采购品功能性能的要求进行设备采购，以满足系统需求。

4）采购品入厂验收需针对不同产品制定严格的验收规范，保证验收的全面性、严谨性。

f）加强项目实施的过程控制，创造精品工程。

1）对于外购设备必须经过检验合格后方可入厂。
2）必须按设计图纸施工。
3）本项目实施中采取分阶段实施，规定项目实施的每一个阶段的目标，没有达到目标的必须整改，直至达到阶段目标后才能进入下一阶段实施。这样可以保证整个项目的施工质量和计划落实。
4）设计图纸资料应及时交由文档组管理，确保资料的准确和规范。
5）所有调试测试应有详细记录，并统一归档由文档组管理。

g）强化系统总装调试。

公司将指定生产的牵头单位，牵头单位指派助理和主管人员按项目管理要求实行项目负责制。

1）工艺人员利用现有生产技术人员，同时抽调优秀的工艺人员、调试人员组成生产技术组，负责现场工艺技术问题的处理和系统调试。

2）生产人员一是熟悉相关产品的生产人员，二是厂内调配、招聘或从车间现有生产人员中抽调，并在此基础上组织进行专业培训。

h）加强专项检查、及时解决问题。

1）开展自检、互检活动，提高操作人员的质量意识；

2）各工序认真开展交接检验工作；

3）专职检查、分清责任；

4）定期抽查，总结提高；

5）建立及时汇报制度，对于在项目实施中出现的问题，必须上报，并得到项目经理的处理意见。

i）做好内部验收，向顾客提供满意的产品。

1）对于个各子项目须有测试报告，检测通过后方进行系统联调；

2）系统联调测试通过后可向用户提出交付验收。

验收时应将所有技术资料[包括系统连接图、设备安装图、设备资料、调试记录、测试记录、操作（维护）手册、技术文档等各种文件]整理好，同产品一并提交验收。

（二）项目计划及进度计划

1. 合同计划与进度安排

考虑到本项目涉及特殊材料加工、批量大、零件种类多的特点。为保证项目质量如期完成，我公司历来在深化设计阶段对项目每个子系统、每个施工节点和里程碑设定详细可行的进度计划。

技术任务书要求：

a）首批次零部件交付：合同签订后 2 个月；

b）阶段性批次交付：后续每月交付 300 套；

c）完工报告：合同签订后 6 个月。

本项目进度计划如附表 1 所示。

附表 1 项目进度计划表

序号	任务分解	里程碑	结束时间	备注
1.	初步施工设计	里程碑 A	2020 年 10 月 23 日	
2.	初步设计审查		2020 年 10 月 24 日	
3.	完成施工设计		2020 年 10 月 30 日	
4.	施工设计审查	里程碑 B	2020 年 10 月 31 日	
5.	工艺审查	里程碑 C	2020 年 10 月 31 日	
6.	完成小批量试制		2020 年 11 月 15 日	
7.	完成首批次加工制造		2020 年 12 月 15 日	
8.	首批次交付	里程碑 D	2020 年 12 月 22 日	
9.	第二批次交付		2021 年 1 月 22 日	
10.	第三批次交付		2021 年 2 月 22 日	
11.	第四批次交付		2021 年 3 月 25 日	
12.	完工交付	里程碑 E	2021 年 4 月 25 日	

2. 进度计划可行性说明

2.1 设计进度可行性说明

2.1.1 人员保证情况

项目经理部实施工程主要人员包括项目经理、项目技术负责人、各专业技术岗位人员、工程技术人员、施工员、质检员、安全员、材料及保密管理员等。劳动力投入按项目实施阶段分配如附表2所示。

附表2 人力投入分配计划表 单位：人

工 种	定投入人数	按项目阶段投入劳动力情况			
		设计阶段	厂内制造	验收交付	售后服务
项目经理	1	1	1	1	1
项目副经理	1	1	1	1	1
系统工程师	1	1	1	1	1
项目管理	1	1	1	1	/
专业技术人员	20	20	10	10	8
现场调度人员	3	1	3	1	/
生产制造人员	40	1	30	1	1
装配调试人员	50	1	30	1	1
综合保障人员	8	1	1	5	8
质检员	5	1	5	2	1
采购员	3	3	3	/	/
档案管理员	1	/	/	1	/
安全员	1	1	1	1	1
保密管理员	1	1	1	1	/
财务管理员	1	1	1	1	1
项目总人数	137	35	89	27	22

2.1.2 技术能力保证情况

技术人员专业齐全、技术能力优秀，技术管理能优秀，项目团队整体实力强。

a）项目经理

项目经理是本次项目管理的核心人员，作为某型系统零部件加工（第二批）项目的项目经理，具有试验测试系统工程项目的管理与实施经验，负责监督整个工程项目的实施，对项目的实施进度、质量、施工安全、验收交付、信息保密负责，根据工程具体要求，配备管理人员（计划经理、采购员、质量员、安全员、材料员、档案员、保密员）。

1）与设计人员进行技术交底，对各系统的安装、调试充分了解，尽可能避免不必要的损失。

2）作好前期准备工作，充分合理配备办公场地、库房、施工条件、试验设备、仪器仪表等资源。

3）负责协调解决工程项目实施过程中出现的各种问题。负责与业主及相关人员的协调工作。

4）按照事先制定的设计、实施方案，结合现场实际情况组织实施；根据建设方对项目总工期的要求，有计划地推进施工进度。

5）在施工现场对工程工期、质量、安全、消防、文明施工、材料管理等负全面责任，对现场管理人员、施工人员施行全权管理。

6）负责协调与建设单位、总承包方、监理及其他相关单位的关系。

7）参加施工例会，发现问题及时与公司联系，提出解决方案。

8）严格按照图纸施工，有变化及时做出变更洽商，修改图纸，保证所有增减项作到有据可查。

9）负责项目各阶段验收工作，系统功能和性能测试，以及在验收前的培训组织安排。

10）负责项目各阶段的信息保密工作。

b）项目系统工程师

具有同类项目设计与实施经验，具有电控、自动化、软件、结构、工艺等系统丰富的专业技术知识和良好的个人综合素质，负责组织本项目进度的实施，解决工程项目实施过程中出现的各种问题，现场工作的组织、实施、协调和管理工作。其职责如下：

1）领导、监督、审核管理各分项的实施安装、调试、试运行计划，保证在计划时间内完成合同要求的安装、调试、试运行内容；

2）负责处理在施工过程中技术人员遇到的各类技术问题；

3）负责在施工前对施工技术内容的审核，确保施工得以顺利进行；

4）协调子合同执行者，保证提供有效的质量服务；

5）对设计更改申请进行审定，并交业主审核；

6）按照确定的审核计划和大纲，进行安装、调试审核；

7）保证项目使用的所有测试、测量设备的准确性和耐久性。

c）专业技术人员

具有同类项目的设计与实施经验，具有丰富的专业技术知识和良好的个人综合素质，负责配合技术负责人深化项目设计方案及图纸编制，现场工作的组织、实施、协调和管理工作。其职责如下：

编制实施安装、调试、试运行计划，保证在计划时间内完成合同要求的安装、调试、试运行内容。

d）现场调度人员

e）生产制造人员

f）装配调试人员

g）质检员

从事施工质量策划、过程控制、检查、监督、验收等工作的专业人员。

1）参与进行施工质量策划。

2）参与制定质量管理制度。

3）参与材料、设备的采购验收。

4）负责核查进场材料、设备的质量保证资料，监督进场材料的抽样复验。

5）负责监督、跟踪施工试验，负责计量器具的符合性审查。

6）参与制定工序质量控制措施。

7）负责工序质量检查和关键工序、特殊工序的旁站检查，参与交接检验、隐蔽验收、技术复核。

8）负责检验批和分项工程的质量验收、评定，参与分部工程和单位工程的质量验收、评定。

9）参与制定质量通病预防和纠正措施。

10）负责监督质量缺陷的处理。

11）参与质量事故的调查、分析和处理。

12）负责质量检查的记录，编制质量资料。

13）负责汇总、整理、移交质量资料。

h）采购员

i）档案管理员

j）安全员

项目安全员是本工程施工过程中确保施工安全，保障工程技术人员人身安全，保障项目过程中的材料、设备安全的重要岗位，安全员应要求熟悉工程的工程特点，并熟悉施工现场相关安全执行标准，负责对现场的安全、文明施工进行监督，并负责施工人员进场前的安全交底、施工安全培训和施工安全考核。

1）参与制定施工项目安全生产管理计划。

2）参与建立安全生产责任制度。

3）参与制定施工现场安全事故应急救援预案。

4）参与开工前安全条件检查。

5）参与施工机械、临时用电、消防设施等的安全检查。

6）负责防护用品和劳保用品的符合性审查。

7）负责作业人员的安全教育培训和特种作业人员资格审查。

8）参与编制危险性较大的分部、分项工程专项施工方案。

9）参与施工安全技术交底。

10）负责施工作业安全及消防安全的检查和危险源的识别，对违章作业和安全隐患进行处置。

11）参与施工现场环境监督管理。

12）参与组织安全事故应急救援演练，参与组织安全事故救援。

13）参与安全事故的调查、分析。

14）负责安全生产的记录、安全资料的编制。

15）负责汇总、整理、移交安全资料。

k）资料员/保密员

从事施工信息资料的收集、整理、保管、归档、移交及项目保密管理等工作的专业人员。

1）参与制定施工资料管理计划。

2）参与建立施工资料管理规章制度。

3）负责建立施工资料台账，进行施工资料交底。

4）负责施工资料的收集、审查及整理。

5）负责施工资料的往来传递、追溯及借阅管理。
6）负责提供管理数据、信息资料。
7）负责施工资料的立卷、归档。
8）负责施工资料的封存和安全保密工作。
9）负责施工资料的验收与移交。
10）参与建立施工资料管理系统。
11）负责施工资料管理系统的运用、服务和管理。
12）涉密资料整理、传递、立卷、归档、借阅管理等工作。
项目团队主要成员如附表3所示。

附表3 项目主要专业技术人员表

序号	姓名	分工	项目中承担任务
1	×××	项目经理	具体负责本项目管理工作，负责本项目的组织、计划、监督与控制，负责本项目的人力资源管理，优化本项目资源配置，保证整个项目的顺利进行，制定本项目资金预算计划，在经过批准的项目资金预算计划内拥有项目资金审批权，并定期向项目领导小组汇报资金使用情况，接受项目领导小组的监督，控制项目成本
2	×××	合同商务负责人	负责本项目合同商务条款，负责客户沟通相关事宜
3	×××	合同技术负责人	负责本项目各分系统的详细设计；负责编制并提供本项目各分系统的生产资料及图纸，负责本项目实施全过程的技术支持
4	×××	工艺主管	负责本项目加工、电装、系统装调工艺设计
5	××	工艺设计	辅助本项目加工、电装、系统装调工艺设计
6	×××	工艺设计	辅助本项目加工、电装、系统装调工艺设计
7	×××	质量管理	负责本项目质量管理工作。负责项目全过程的质量管理、质量保证工作；负责所有外购设备、器件的检验工作；监督项目组执行质量管理体系要求及质量保证大纲要求；负责内部所有检验、试验、测试报告的生成；负责质量信息的收集和统计分析
8	×××	项目管理	负责本项目管理工作，向项目经理汇报项目进行情况，协调处理项目实施过程的各种管理问题
9	×××	项目管理	负责本项目管理工作，向项目经理汇报项目进行情况，协调处理项目实施过程的各种管理问题
10	×××	安全管理	负责本项目安全管理工作，向项目经理汇报项目进行情况，协调处理项目实施过程的各种安全问题
11	×××	安装调试主管	负责本项目安装调试工作

3. 生产制造进度可行性说明

3.1 物力资源保障

强大的投入量是保证工期的前提,必须精心、实际地编写单项工程施工组织设计,对重要分部工程由项目部制定切实可行、有针对性的单项施工方案。做到生产周有作业计划,根据计划落实劳动力、材料、设备的进场,确保全部到位。

在人力、物资、机具上给工程施工以充分保证。各项管理工作应着眼于促进该项目施工班子组织好施工工作,搞好与业主各有关部门及各相关施工单位的全面协调配合。

各种工序制作采用电气、机械先进加工方式,以提高作业水平和工效,因此我公司为本项目配备了足够的机械设备以提高施工质量和缩短施工时间,以确保施工进度。

采用先进、完善的测试、调试仪器机具,按照ISO9001的质量标准进行全过程的质量监督,不留任何质量隐患。

承制本项目的大型/关键设备如附表4所示,主要测试、计量及质量控制设备如附表5所示。

附表4 承制本项目的大型/关键设备列表

序号	设备名称	型号规格	数量	国别产地	制造年份	所属单位	生产能力	备注
1	龙门式五轴加工中心	XHV2416×25	1	济南二机	2020	九洲	优良	
2	车削中心	GTX310V3	2	德国德马吉	2015	九洲	优良	
3	车削中心	GTX310ECO	1	德国德马吉	2015	九洲	优良	
4	经济型数控车床	CK6146i	3			九洲	优良	
5	经济型数控车床	CK6136i	8			九洲	优良	
6	经济型数控车床	CAK3665(j)	2			九洲	优良	
7	经济型数控车床	CK6125I	2			九洲	优良	
8	龙门数控镗铣床	GMB2040	1	沈阳机床厂	2012	九洲	优良	
9	龙门刨床	B2012A	1	贵州都匀	1975	九洲	优良	
10	卧式加工中心	H6000	1	德国HELLER	2015	九洲	优良	
11	卧式加工中心	LH-630B	1	台湾丽驰	2018	九洲	优良	
12	五轴加工中心床	G996-5	2	意大利FIDIAS.PA	2005	九洲	优良	
13	五轴加工中心床	C20U	1	德国HARMLE	2010	九洲	优良	
14	立式加工中心	VF-7	1	美国哈斯	2010	九洲	优良	
15	立式加工中心	VF-1	3	美国哈斯	2014	九洲	优良	
16	车铣复合加工中心	GTX310V3	2	德国德马吉	2013	九洲	优良	
17	慢走丝线切割机床	ACVERTEX2P	1	瑞士阿奇夏米尔	2015	九洲	优良	
18	电火花成型机	EA12VAM	1	日本三菱	2014	九洲	优良	
19	双室真空油淬气冷炉	VOQ2-65	1	中国华海中谊	2009	九洲	优良	
20	深冷箱	DC-100L	1	中国科威嘉尼	2012	九洲	优良	
21	频谱谐波时效专家系统	LH8045	1	成都润博	2017	九洲	优良	

附表5 主要测试、计量及质量控制设备列表

序号	设备名称	型号规格	主要用途	数量	国别产地	制造年份	额定功率KW	生产能力	备注
1	三坐标测量仪	ARES10.7.5	精密测量	1	意大利COODR3	2010	/	/	
2	龙门式三坐标测量仪	MMZE	精密测量	1	德国蔡司	2010	/	/	
3	影像测量仪	Optiv Advantage443	光学精密检测	1	瑞典海克斯康	2009	/	/	
4	超声波探伤仪	i600	超声波探伤	1	美国泛美	2013	/	/	
5	X探伤检测仪	RIX-250MC	X射线探伤	1	日本理工	2008	/	/	

3.2 零件工时评估

某型系统零件工时评估表如附表6所示。

附表6 某型系统零件工时评估表

序号	名称	图号	机加工（含热处理）/件	表面处理/件	小计/件
1	接线面板（前区侧）-1	×××-111-0-002	4	0.3	4.3
2	筒体1-1（291 mm）	×××-111-0-003	27	0.3	27.3
3	筒体1-1（321 mm）	×××-111-0-005	27	0.3	27.3
4	筒体1-2	×××-111-0-006	27	0.3	27.3
5	Φ25.6卡套	×××-111-0-007	1	0.5	1.5
6	Φ25.8压紧环	×××-111-0-008	1	/	1
7	Φ25.8压紧螺母	×××-111-0-009	1	/	1
8	筒体2（762 mm）	×××-111-0-010	16	/	16
9	螺钉锁紧挡圈	×××-111-0-011	0.3	/	0.3
10	支撑杆	×××-111-0-013	2.5	/	2.5
11	过渡管	×××-111-0-016	2	/	2
12	接线面板（热室侧）-1	×××-111-0-018	6	0.3	6.3
13	接线面板（前区侧）-2	×××-111-0-019	4	0.3	4.3
14	接线面板（热室侧）-2	×××-111-0-021	3	0.3	3.3
15	筒体2（692 mm）	×××-111-0-023	15	/	15

工厂机制中心普铣班组28人，普车班组17人，采用2班倒工作制，共计满足4920 h/月的生产能力，加工中心设备46台，采用2班倒的生产方式具有22080 h/月的生产能力，通过合理排产，完全能够满足零部件的生产制造要求。

4. 进度计划的内部控制措施、延期处理措施
4.1 项目实施管理细则
为了更好的完成本项目，使项目实施管理规范化，针对项目实施的各个阶段，制定本管理细则，作为本项目参与人员必须遵守的行为准则。

a）加强项目管理，落实管理目标责任制，强化职能部门的指导监督作用。

根据项目实施组织各部门责任分工，各个责任人应按照各自分工责任，密切合作，项目经理是整个项目的主要管理人员，协调各方关系，及时向客户汇报项目实施进度和相关情况。

b）认真做好工程前期准备工作，编制切实可行的项目实施计划，前期准备工作大致可分如下几个方面：

1）合理安排项目人员；
2）根据项目需求制定项目实施计划；
3）确定各子项目负责人及子项目进度；
4）确定项目所需外购和自制设备清单；
5）项目实施前，所有设计图纸资料需通过技术委员会评审及会签。

c）加强项目实施的过程控制，创造精品工程。

1）对于外购设备必须经过检验合格后方可入厂。
2）必须按设计图纸施工。
3）本项目实施中采取分阶段实施，规定项目实施的每一个阶段的目标，没有达到目标的必须整改，直至达到阶段目标后才能进入下一阶段实施。这样可以保证整个项目的施工质量和计划落实。
4）设计图纸资料应及时在设计系统中归档，设计蓝图由档案部管理，确保资料的准确和规范。
5）所有调试测试应有详细记录，并统一由文档管理组负责归档。

d）加强专项检查、及时解决问题。

1）开展自检、互检、专检活动，提高操作人员的质量意识；
2）各工序认真开展交接检验工作；
3）专职检查、分清责任；
4）定期抽查，总结提高；
5）建立及时汇报制度，对于在项目实施中出现的问题，必须上报，并得到项目经理的处理意见。

e）做好内部验收，向顾客提供满意的产品。

1）对于个各子项目须有测试报告，检测通过后方进行系统联调；
2）系统联调测试通过后可向用户提出交付验收。

4.2 强化施工过程沟通协调

施工期间定期召开工程项目部内部协调会，就施工中的有关生产、技术、质量、安全及材料等各方面的问题进行协调，每次协调会形成纪要，下次协调会检查落实情况，以确保不影响进度。

每周组织工程协调会议。主要协调各专业和工序在工期、质量、人员穿插等方面的施工

配合。

协调同外界有较大影响的横向关系,为工程提供一个良好的施工环境,避免大的干扰。当出现设计变更或工程量增减时,项目部应以书面形式明确双方协作配合要求,以免影响施工进度。

4.3 做好交叉施工的组织配合

本项目施工涉及工序和专业非常多,因此施工过程中各方的配合量大、涉及面广,在不影响各专业施工进度的前提下,充分发挥每周协调会的作用,主动协调解决施工中的生产、技术、材料、工程质量等方面的问题。

安装施工前,根据总体的施工进度计划,编制各分项工程的网络计划图,以更好地指挥彼此间协调施工。

施工中要相互监督,以避免事后改装。

施工中,经常性协商解决施工中的各工种问题,使各工种协调合作。

4.4 组织管理措施

公司内部完善各项管理制度和管理方法,用先进的管理模式来管理工程项目部。同时,按 ISO9001 质量体系要求在项目部建立一支现代化的施工队伍,管理机构配备齐全,专业分工明确。

制定奖惩措施,按工程形象进度计划对工程的实施进度进行监督,分析可能影响工程进度的各种因素,做到有问题及时提出,及时解决,使工程始终处于良性循环中,对于未能按时完成工序的,予以适度处罚。

5. 项目风险分析

为了进行风险的管理,我们对自己的公司在这个项目上所潜在的风险进行了分类识别。识别风险很重要,一个企业或公司只有很好的对未知的风险做好认识,才能有效的确保公司及项目的持续发展。首先明确风险的等级,如附表 7 所示。

附表 7 风险类别表

风险等级	风险特征
零风险	没有任何风险
低风险	可以忽略的风险
中风险	可控风险
较高风险	不可接受风险
高风险	灾变风险,系统受到严重破坏
未识别的风险	不可预判的风险

由于众多风险的存在,按照风险来源,风险分为外部风险及内部风险,从技术、质量、进度等各个方面综合性考虑,历来潜在的风险分类,以应对未来之变化。风险识别及应对措施如附表 8 所示。

附表8　风险分析表

来源	风险识别	风险类别	风险等级	应对措施
外部风险	国家政策： 国家政策变化，税率，利率的变化导致贷款利息增加	成本风险	零风险	本项目不采用贷款形势； 成本预算在项目成本之外增加风险管理储备金预算
	公司经营： 公司经营变动、战略规划转向、组织架构变动	政策风险	零风险	公司信誉良好，经营运行良好，战略规划不变，组织架构不变。重设公司形象营销方案，与公益企业合作，重树
	设备、器件采购： 因贸易摩擦、受新冠疫情影响国外厂家生产交付能力不足、税率利率的变化等，导致：	进度风险 成本风险 质量风险	低风险	作为备选方案； 成本预算考虑风险性预算。 采购合同包含售后技术服务内容，结合供应商的质保时间，利用供应商的专业能力和渠道，共同做好售后服务工作
	原材料采购： 经济波动，物价上涨，成本的增加； 采购周期超预期； 原材料质量风险	进度风险 成本风险 质量风险	低风险	提前启动采购； 成本预算考虑风险性预算。 外购件严格开展供方管理，入厂检验和二次筛选
	外协件采购： 外协厂家技术能力、质量能力、制造及交付能力差异，导致： 外协件齐套进度超期； 外协件质量控制风险	进度风险 成本风险 质量风险	低风险	在公司合格供方内选择经营信誉良好、质量资质认证齐全、派审查组现场进行厂家工艺及生产能力审查。 开展定期和不定期业务指导监督和现场检查。 在合同中落实质量赔偿及进度滞纳金等相应措施
内部风险	制造不合格品 外购件质量缺陷等	质量风险	低风险	制定详细的质量控制方案，从物料采购到生产制造的全过程严格把关。
	进度滞后，超出预期	进度风险	低风险	严格按照进度计划执行，并根据具体情况机动
	人才流失、团队成员不固定、因工资拖欠影响员工士气等情况	人力资源风险	低风险	项目团队成员均为社保固定的九洲集团劳动合同员工，九洲集团遵守劳动法履行公司义务。 配备最强高科技人才，研发团队整体实力强。项目团队配备丰富管理经验，能独当一面并且拥有高素质管理的人才。 保持项目组团队稳定，确保骨干人才流失率为零。 及时分阶段设计资料归档，保证设计可延续性。 实施过程详见人力资源保障计划

续附表

来源	风险识别	风险类别	风险等级	应对措施
	成本控制超出预算上限	成本风险	低风险	严格控制成本,按照预算管理资金流,做好全过程成本管控和风险预警
	知识产权等创新方案及核心技术外泄	法律风险	零风险	1、遵守国家法律。 2、遵守技术任务书要求: 不得擅自公开发表或出售该成果,或向甲方竞争单位泄漏关键技术解决途径。 甲方可以针对系统整体应用情况申请相应成果,甲方为第一完成单位;在征得甲方同意的条件下,乙方可以针对系统某个关键技术发表学术论文或申请专利,双方共同署名
	涉密信息或敏感信息外泄	保密管理风险	零风险	九洲具备国家一级保密资质,员工保密意识强,保密管理制度健全,保密设施及设备完善,保密红线不得突破
	自然灾害风险		低风险	做好疫情防护, 做好应急预案
	运输风险		低风险	做好驾驶人员的安排和培训工作,确保运输车辆和装载设备的正常运输,做好车辆调度、设备包装防护、安全运输、装卸、转运等等相关工作

(三)项目质量控制

1. 质量管理组织结构

1.1 基本组织体系

在产品研制过程中,按照工厂质量管理体系要求建立质量保证组织,实施全系统、全过程的质量管理和监督检查。

1.2 各部门职责

设计部门对产品质量负责,质管部门对产品质量实施监督,独立行使职权,各部门主要职责是:

a)某单位:公司工艺、结构、六性技术研究及技术服务的部门,机电类产品的产出部门。为公司科研生产提供相关专业技术保障,对公司整体工程技术研究和服务负责,对本事业部产品的市场成功和财务成功负责。主要负责本专业领域的规划和研究、产品开发及产出、技术支持和保障、项目管理、成本管理等工作。

b)质量流程体系部:公司质量管理、体系建设和流程制度的综合管理部门。负责公司质量、环境与职业健康、安全生产、两化融合和软件工程化体系建设及运行监督，制度流程建设和优化管理，质量管理、标准化管理、产品检验试验、供方管理、档案及涉密载体管理等工作。

c）装备制造中心：公司产品生产制造的核心部门。负责公司生产体系建设和执行，负责生产计划和调度，负责产品的加工制造、装配、调试、返修、包装、发货、物资管理等工作，负责生产外协和生产成本控制管理，确保公司产品按时完成产出和交付。

d）军工发展部：负责公司产业发展规划、营销体系建设、市场策划与开发、销售管理、客户关系管理、客户绩效管理、合同履约管理、售后服务管理等工作，负责公司营销委员会的日常工作，确保公司各阶段经营目标的实现。

e）物资采购中心：负责采购平台建设和供应链管理、元器件工程化管理、物资管理、物资采购、废旧物资处置等工作。

f）运行保障中心：负责公司的计量仪表保障、设备设施保障、实验资源管理和服务外协等工作。

g）人力资源部：负责人力资源规划、招聘与配置、培训与开发、干部与员工薪酬福利管理、干部与员工绩效管理、员工关系管理。

h）档案管理部：对设计、工艺文件进行归档管理，对不同状态的文件作出相应标识，确保在使用现场能获得现行有效文件。

2. 质量管理方案

按照 QG/JZ04.046《产品设计和开发控制程序》和 QG/JZ04.063《设计评审管理制度》要求开展分级、分阶段评审和验证工作。在组织产品设计和开发策划时应确定适合于每个阶段的公司级评审项目，公司级评审应邀请顾客代表参加。

设计评审和验证要能覆盖计划中的所有内容，包括产品设计方案、设计大纲、试验大纲、软件相关要求等，评审中提出的问题，要认真组织落实解决，实行闭环归零管理。凡未进行设计评审，或评审中发现未完成规定的设计、试验工作及质量工作不满足规定要求的，不得转入下一个研制阶段。针对重要的外协配套产品，应督促外协配套单位组织开展设计评审。

2.1 设计质量控制

按照《设计评审管理制度》（QG/JZ04.063）和《新产品试制控制程序》（QG/JZ03.008）的要求，提前开展产品质量策划，对产品研制阶段的方案评审、样机试制、样机装调等进行全过程监控，对出现的问题进行追踪管理，督促责任单位进行分析、整改，形成闭环，确保技术状态稳定受控。

2.2 技术状态控制

产品生产前对技术文件的成套性及有效性进行检查；生产过程中设置检验工序，对照技术文件要求对产品实物技术状态进行检查，确保产品文文一致、文实一致，厂内每季度形成技术状态记实表，对技术状态项、技术状态标识、技术状态控制、技术状态变更记实、技术状态项偏离记实、技术状态项让步记实、技术状态审核记实全程记录并归档管理。

按照"充分论证、各方认可、试验验证、审批完备、落实到位"的要求，严格控制功能基线、分配基线、产品基线的更改，通过三级审签、工厂相关方会签和用户确认等，严格履行更改审批手续，确保落实在图纸、技术工艺文件上。硬件通过更改单、技术通知单的形式完成实物的更改。软件更改填写软件问题报告单，软件文档更改单，软件更改验证单，并履行软件出入库更改手续。

2.3 工程材料质量管理

工程材料和设备的质量管理也是项目质量管理的重要组成部分，针对本次项目，我方历来采取以下措施保证交付设备和材料的质量：

a）严格控制采购渠道，采购部门是材料质量保障的第一关，必须向正规代理商采购，不贪图便宜采购来源不明的设备材料，设备材料的原厂质保期必须按要求执行。

b）项目经理为项目现场材料的第一质量责任人，每位项目组成员都有义务对入场加工的材料进行把关，到场后应组织严格的到货验收，如果发现现场材料设备存在质量缺陷，项目经理第一时间通知采购部进行更换处理。

c）各种材料设备必须符合下列要求：

达到国家有关法规、技术标准和购销合同规定的质量要求，有产品检验合格证质保书、试验报告、说明书以及有关的技术资料；实行生产许可证制度的产品，要有许可证主管部门颁发的许可证编号、批准日期和有效期。

d）因特殊原因造成材料无法按投标文件中所要求，项目经理应及时跟业主方沟通协调，提交证明材料后开展及时协调处理工作。

2.4 试验质量控制

研制过程的试验验证应全面策划，实施严格控制，确保对设计输出进行充分验证。产品的研制、生产全过程中主要涉及环境应力筛选试验、环境（例行）试验、鉴定试验、外场试验等。试验前应对试验条件、产品状态进行检查，确保试验顺利完成，包括：

a）设计人员应对总体单位的技术指标、环境适用性等明示和隐含的要求进行有效识别，并落实到厂内产品规范及试验大纲中，历来相关文件进行审签归档，明确验收及试验要求，针对总体单位要求了的指标，厂内无法开展验证的项目，应与总体单位进行沟通，明确双方责任及要求。

b）全面分析试验需求，组建试验设施，针对模块化产品在整机测试的指标，应取得总体单位的支持搭建测试环境、模拟整机测试及试验环境，并保持试验设施论证、组建、调试、评审验收的记录。

c）试验前进行准备状态检查和评审，重点对安装夹具、测试夹具、测试软件、测试线缆等进行检查确认，满足试验条件后才能进行试验，外部委托试验需对试验机构资质进行确认。

2.5 工艺控制

产品试制过程中严格控制"人、机、料、法、环、测"，坚持"不合格材料不投产，不合格零件不装配，不合格产品不出车间"的原则，严格工艺纪律。生产操作人员、检验、计量、器材保管人员须经考核合格，持证上岗。产品配有质量跟踪记录，详细记录了产品在电装、钳装、调试、电老练以及环境应力筛选试验情况。

在产品生产、调试、试验等过程中严格控制技术状态；对于新编制的工艺文件严格实施六级签署制度，确保工艺文件完整齐全。对于技术状态变更的工艺文件严格控制审批手续，按工厂《工艺文件更改》（QG/JZ04.036）要求实施更改的管理，签署完整的工艺更改令交档案管理部门，由更改员实施更改，并发放至生产单位。

2.6 计量检验质量控制

工厂建立了完善的计量标准使用、控制以及量值溯源、传递控制程序。在项目研制过程中充分利用现有资源、计量校准及计量保证模式，根据项目特点配备相应的计量器具和测试手段，包括自制的非标准检测设备、通用测试设备等，各类测试测量仪表的精度满足要求。

检验前对计量器具和测试仪器、设备进行检查确认，对生产检验共用设备按规定确认，确保了检定合格并在有效期内使用以及数据记录的可追溯性。通过计量检验质量控制保证检测数据正确、准确、真实可信。

2.7 外协、外购产品质量控制

工厂按照《供方评价和选择控制程序》（QG/JZ09.011）选取具有资质和质量保证能力的供方，每年度对外购/外协单位的质量保证能力、技术保证能力、服务保障能力、供货保障能力等方面进行考察评价，编制合格供方目录，经用户代表审核确认。

工厂对合格供方进行动态管理，确保外协配套单位交付产品质量稳定。厂军对主要供方进行现场考察和二方审核，保证产品外协、外购产品质量。此外，工厂通过质量管理信息系统对供方进行信息化管理，实时监控资质、能力，保证供方资质有效性，并在资质到期前三个月进行"点灯预警"。

2.8 文件及技术资料质量控制

工厂根据产品特点策划设计文件、工艺文件，贯彻执行标准化大纲要求，按照《文件控制程序》（QG/JZ 05.105）要求，做好对文件的审批及更改后的再审批工作；按照《技术状态管理制度》（QG/JZ 04.004），监督设计人员对图纸资料进行状态标识，对其更改实施监控，确保技术状态有效、受控。

2.9 过程控制

过程控制是质量保证的关键，以对产品质量特性影响较大的关键及特殊过程的管控为重点，达到"以点带面，全面带动"的效果。工厂严格控制产品装配、调试环节的过程质量，按要求开展首件检验和过程巡检，对装配、调试环节进行有效监控。

2.10 质量信息管理

在研制过程中，工厂按照 QG/JZ05.108《质量信息处理和数据分析控制程序》和总体单位要求，利用工厂"质量管理信息系统"开展质量信息的收集、传递、处理、储存和使用等工作，并对设计、调试、验收及试验中出现的质量问题进行完整、清晰记录，建立了质量问题一本帐制度实施闭环处理。

3. 质量监督点的设置

通过对本项目研制过程中的关键环节和工序进行梳理，设置了相关质量监督控制点，形成了质量监督控制点。

质量监督点类别如附表9所示。

附表9 质量监督点类别表

质量监督点类别	要 求	备 注
A	经甲方同意后举行评审鉴定会，通过后进行下一阶段工作	
B	甲方现场见证施工过程，参与乙方或分包组织的评审验收等	
C	乙方自行检验评审，结果报告甲方备案	

根据技术任务书要求，对应进度计划，设置质量监督点如附表10所示。

附表10 质量监督点设置表

序号	关键环节或工序	监督点形式	监督点类别	计划时间	备注
1.	完成施工方案设计	乙方评审	C	2020年10月25日	
2.	试制生产审查	甲方参与会议评审	A	2020年11月10日	
3.	批产方案设计	乙方评审	C	2020年11月15日	
4.	首批零件交付	甲方参与会议评审	A	2020年12月15日	
5.	第二批次零件制造、交付	乙方检查	C	2021年1月15日	
6.	第三批次零件制造、交付	乙方检查	C	2021年2月15日	
7.	第四批次零件制造、交付	乙方检查	C	2021年3月15日	
8.	完工验收评审	甲方参与现场验收会议评审	A	2021年4月15日	
9.	完成运输、现场安装	甲方参与现场检查	B	2021年4月20日	
10.	现场交付验收	甲方参与现场验收会议评审	A	2024年4月25日	

（四）项目收尾及质保期服务计划

1. 安装调试计划

项目组根据采购方后续需求，提供必要的安装调试服务。

2. 验收计划

每批次零件交付前，按要求提前7个工作日向采购方发出验收通知。首批次零件交付，需进行源地验收。

首批验收在合同签订后2个月进行，后续每个月每批次交付时进行验收。

源地验收时，按附表11～附表13所作规定进行抽样检测，若抽检零部件全部合格，则该批次零部件合格；若抽检零部件存在某规格零部件不合格品，则针对该规格产品按照抽检比例双倍抽检。双倍抽检后全部合格，则该批次零部件全部合格，剔除抽检不合格品后供应；若双培抽检后仍存在不合格品，则需对该批次零部件进行全检，逐件剔除不合格品后供货。

供货验收时，按附表11～附表13所作规定进行抽样检测，若抽检零部件全部合格，则该批次零部件合格；若抽检零部件存在某规格零部件不合格品，则针对该规格产品按照抽检比例双倍抽检。双倍抽检后全部合格，则该批次零部件全部合格，剔除抽检不合格品后供应；若双培抽检后仍存在不合格品，两次抽检总合格率≥90%，则该批次零部件合格，剔除抽检不合格品后供应；若两次抽检总合格率＜90%，则该批次零部件不合格，整改后再次交付。

附表 11 标准物项检验项目、取样数量及试验方法

序号	检查项目	源地验收	入厂验收
1	型号	检查标准件型号是否满足图纸及技术任务书要求	检查标准件型号是否满足图纸及技术任务书要求
2	数量	检查标准件数量是否满足图纸及技术任务书要求	检查标准件数量是否满足图纸及技术任务书要求
3	合格证或质量证明书	检查合格证或质量证明书是否满足图纸及技术任务书要求	检查合格证或质量证明书是否满足图纸及技术任务书要求

附表 12 金属加工物项检验项目、取样数量及试验方法

序号	检查项目	源地验收	入厂验收
1	化学成分	检查原材料质量证明书和复验报告	检查完工报告（完成全部供货后）
2	力学性能	检查原材料质量证明书和复验报告	检查完工报告（完成全部供货后）
3	结构尺寸	5%抽样（最少2件，做多20件）	5%抽样（最少2件，做多20件）
4	表面质量	5%抽样（最少2件，做多20件）	5%抽样（最少2件，做多20件）

附表 13 非金属加工物项检验项目、取样数量及试验方法

序号	检查项目	源地验收	入厂验收
1	结构尺寸	5%抽样（最少2件，做多20件）	5%抽样（最少2件，做多20件）
2	表面质量	5%抽样（最少2件，做多20件）	5%抽样（最少2件，做多20件）

完工验收在最终批次零件交付时进行，除按要求复验零件质量外，还需提供完工报告，其内容主要包括：质量符合声明、材料清单、材料证明书、质量加护、热处理证明和记录（若有）、无损检验证明和记录（若有）、焊接数据包或焊接计划（若有）、其他检验、试验记录和材料。

3. 售后服务方案

3.1 售后服务

1）所提供的设备从完成验收合格之日起，免费质保期 3 年，提供五年的、24 小时响应的、免费的技术服务支持与服务，质保期外，按成本价提供备件、检测、返修等服务。

2）我公司对所提供的货物在质保期内，因产品质量而导致的缺陷，免费提供包修、包换、包退服务。

3）在保修期后的货架寿命期内，我方仍对货架提供维修服务。

4）我公司在"三包"范围内免费提供该货物的技术培训和技术支持。

5）质量保证期过后，我方按照如下标准为客户提供服务。

6）对于设备，包括硬件、软件，提供 7×24 小时的电话技术支持。免费提供软件升级包和现场软件升级服务。设备重大故障，提供现场技术服务和现场故障排除。

7）产品质保期内，接到故障通报之日起至产品故障排除之日止，以 20 个工作日为一个维修周期，产品修复时间每超过一个维修周期，质保期自动延长一个月。

3.2 维修响应

根据我厂遍布全国的维修服务网点，建立 24 小时值班电话，24 小时赶达用户现场，并且在设计时，选用成熟稳定的工艺技术（详见工艺设计），关键零部件的采购及加工均可控制在规定时间范围内，选用成熟稳定产品，尽量选用国产材料、器件，确保材料、器件供应不受限制，并确保 3 家以上供货渠道，供货渠道均为我厂多年来积累的，纳入我厂合格供方名录的企业，确保渠道及周期稳定可靠，现场解决故障时间：≤12 h。

3.2.1 12345 保障模式

1 个库房：一个综保备件库。

2 个 24 小时：24 小时保障电话值班、接到用户请求后 24 小时内到达现场。

3 个关注焦点：以顾客为关注焦点、以重点装备平台为关注焦点、以重大专项任务为关注焦点。

4 个登记制度：外派人员登记制度、综保备件使用登记制度、外场技术服务信息跟踪闭环登记制度、综保费用管理登记制度。

5 支队伍：技术支持队伍、综合管理队伍、生产保障队伍、技术服务队伍、产品押运队伍。

3.2.2 建立快速响应机制-处理周期

为确保外场用户需求信息能够在第一时间传递、第一时间得到处理，公司在厂内设立 2 部售后服务电话 24 小时值班，要求售后服务业务主管人员保证手机 24 小时开机，接到信息后及时处理。

3.3 售后服务保证措施

3.3.1 完善的售后服务组织体系

售后服务工作是衡量企业竞争力的重要组成部分，也是企业形象和产品质量的延伸，是赢得顾客、巩固市场的重要环节。在长期为用户提供先进技术与产品的同时，我们坚持"以顾客为关注焦点"的指导思想和"用户至上，质量第一"的质量方针，建立售后服务组织机构，为用户制定个性化的售后服务方案，满足用户售后服务需求。

3.3.2 设立售后服务办公室

公司设售后服务办公室，负责售后服务工作的组织、指挥和协调。军工发展部作为售后服务工作归口管理部门，负责日常售后服务工作的实施和开展。

1）负责用户服务工作资源的计划、配置管理；

2）负责组织用户服务需求分析，服务活动策划工作，组织开展用户满意度调查和用户走访工作；

3）负责用户服务工作和外场加装工作的组织、计划、协调、检查，并实施奖惩；

4）负责建立用户服务信息网络，建立客户档案和产品维护质量档案；

5）负责组织开展用户信息收集、分类、传递、处理和管理工作，开展服务信息统计分析工作；

6）负责技术服务（含产品维修）费用的管理与结算；负责制定维修器材（含备品、备件）的储备计划；

7）责技术服务人员的服务质量、业务技能的考核。

3.3.3 专业的售后服务队伍

公司成立专职售后服务队伍。售后服务队伍由售后服务技术人员、售后服务管理人员、技术专家和物资押运人员组成。

1）售后服务技术人员由质量管理人员、技术人员、装配调试人员等组成，负责完成售后服务现场保障、维修、培训和技术支持等工作的实施。

2）售后服务管理人员由军品市场部售后服务主管人员及各相关单位项目管理人员担任，负责售后服务工作的计划、调度、沟通协调及售后服务技术人员的管理，对售后服务工作的顺利实施负责。

3）技术专家由项目总设计师、副总设计师和资深研发人员组成，负责在售后服务工作中提供专家级技术支持，解决产品系统性和疑难问题。

4）物资押运人员由经过专业培训和保密教育的专职押运人员组成，负责售后服务工作物资备件的押送。

5）售后服务队伍人员数量充分考虑售后服务工作的需要，保证售后服务工作的顺利开展，售后服务队伍人员组成及专业水平情况如附表14所示。

附表14 售后服务队伍人员组成及专业水平情况

序号	类别	人员构成	数量	专业水平要求	备注
1	售后服务管理人员	专职经理	2	电子信息类、机械工程类或相关专业本科以上	专职
2	售后服务管理人员	售后服务管理人员	10	电子信息类、机械工程类或相关专业本科以上	专职
3		项目管理人员	10	电子信息类、机械工程类或相关专业本科以上	兼职
4	技术专家	装备研发人员	25	电子信息类、机械工程类或相关专业本科或硕士以上	专职
5	售后服务技术人员	工艺技术人员	3	电子信息类、机械工程类或相关专业本科以上	兼职
6		装配人员	15	电子信息类、机械工程类或相关专业本科以上	兼职
7		调试人员	20	电子信息类、机械工程类或相关专业专科以上	兼职
8		质量管理人员	10	电子信息类、机械工程类或相关专业专科以上	兼职
9		技术支持人员	20	电子信息类、机械工程类或相关专业专科以上	兼职
10		加改装人员	50	电子信息类、机械工程类或相关专业专科以上	专职
11	物资押运人员	押运人员	20	专职押运人员 专科以上	专职
合计			158人（专职人员：62人；兼职人员：96人）		

3.4 售后服务措施

3.4.1 拉网式设备巡检

公司对产品坚持"预防维护"和"故障维修"相结合的售后服务指导思想。质量保证期内，每年至少安排开展一次产品巡检工作，对产品进行检测和维护，确保产品正常使用，及时发现产品存在的故障隐患并排除，提高产品的可靠性，同时对产品操作使用和维护人员进行培训；质量保证期外，公司根据用户需求和产品实际使用情况定期或不定期安排产品巡检工作，保证产品在全生命周期内的正常使用。

3.4.2 开展"零距离"驻点服务保障

公司继续采取驻点服务的工作模式，根据区域划分设置几大服务片区，选拔了一批思想过硬、技能精湛、协调能力强的技术服务人员开展"零距离"技术服务，充分做好产品维护、维修、用户培训带教等工作，力保用户掌握产品操作、使用、维护和维修技能，保证产品正常使用。

3.4.3 开展用户质量走访

为加强与用户的沟通联系，构建服务网络平台，掌握产品的使用情况，产品投入使用后，公司历来根据产品使用情况和用户需求信息制定质量走访计划，组织技术、质量、管理人员组成走访队伍，前往产品使用现场与用户就产品使用、维护、保障信息进行沟通，收集产品使用信息，为后续产品设计改进和质量提高等工作提供基础数据。

3.4.4 开展装备伴随保障

伴随保障作为产品加装初期用户技术服务的一种重要形式，受到用户的肯定。公司每年历来根据产品加装情况以及用户的需求信息，安排专业技术人员前往现场对产品进行伴随保障。通过伴随保障，一是可及时高效地处理现场出现的故障，保证产品的正常使用；二是可加强对用户的培训，提高用户自我保障能力；三是可及时反馈产品使用信息，提升产品质量。

3.4.5 收集、利用产品质量信息

公司定期对收集的用户需求信息、产品外场及厂内维修信息等进行统计，经分析后形成报告并在厂内发布使用。我公司服务保障部门每周统计发布《服务保障信息周报》；质量部按月度、季度和年度统计发布《产品外场及厂内维修信息汇总分析报告》。分析报告按产品分类分别对故障类型、故障件及失效零部件的数量进行统计，同时采用图表等形式说明产品故障件的分布比例情况。各类分析报告为产品技术人员进行深度分析和材料选型、协议件质量控制、产品改进提高提供了更加详细的基础数据。

3.4.6 建立售后服务档案

公司对各类信息进行分类、排序，陆续建立了产品质量、客户信息、外场技术服务、用户培训、质量走访等档案，为开展用户服务工作奠定了基础。公司历来按照已有售后服务档案种类，建立产品质量、用户信息、外场售后服务、用户培训等档案，及时发现产品使用过程中的各种质量隐患，杜绝质量问题的再发生，获取更多有利于产品改进的信息，为产品保障性分析提供技术支持。

3.4.7 定期电话询访

为加强对产品使用情况的了解，公司安排专人每周通过电话对用户进行询访，及时与用户就产品使用情况进行沟通。通过电话询访，公司可加强与用户的沟通，及时掌握产品使用、故障情况，获取用户对公司售后服务工作的评价，收集用户提出的意见或建议，及时了解用

户需求，解决用户燃眉之急。定期电话询访是做好售后服务工作的一项重要措施，可及时了解产品的使用情况，做好保障工作。

3.4.8 顾客满意度管理

公司拥有规范的顾客满意度调查及测量程序，按照《顾客满意度测量程序》的规定，公司历来采用电话询访、发放顾客满意度调查函、用户现场走访和用户座谈会等方式收集和监控顾客满意度，分析顾客需求和期望的变化趋势，并结合二方审核结果开展调查，为质量改进提供依据，促进产品质量持续改进和提高。

3.4.9 顾客财产管理

按照公司文件《顾客财产控制程序》的规定，公司在《综合保障管理办法》《产品售后服务管理办法》《服务人员管理要求》等文件中明确规定了技术服务人员在现场服务时对顾客财产保护和管理的要求；公司文件《物资返修管理办法》中规定了返厂维修顾客财产的保护与控制，以上文件从制度上保证了顾客财产的安全和有效控制。

4. 培训计划

本项目为加工项目，按客户需求提供相应安装、维修培训。

5. 投标人本项目管理、技术、服务人员情况（见附表15）

附表15 本项目服务团队一览表

工作岗位	姓名	职务	职称（如需）	学历（如需）	专业（如需）	项目经验业绩（如需）	联系方式 单位电话	联系方式 移动电话	工作年限	备注
项目负责人	×××	某单位副总经理	高级工程师	硕士	机械设计	—	—		9	
项目副经理	×××	某单位副总经理	高级工程师	硕士	机械设计	—	—		17	
合同负责人	×××	主任设计师	高级工程师	硕士	机械设计	—	—		17	
工艺设计	×××	副主任工艺师	工程师	本科	机械工程	—	—		21	
工艺设计	××	副主任工艺师	工程师	硕士	机械制造及其自动化	—	—		7	
工艺设计	×××	主任工艺师	高级工程师	本科	机械工程	—	—		20	
工艺设计	×××	工艺师	工程师	本科	机械工程	—	—		7	
工艺设计	×××	副主任工艺师	工程师	硕士	材料工程	—	—		7	
工艺设计	×××	副主任工艺师	高级工程师	本科	机械工程	—	—		20	
质量管理	×××	质量主管	高级工程师	本科	质量管理	—	—		22	
试验人员	×××	试验人员	助理工程师	本科	理化分析	—	—		15	
试验人员	×××	试验人员	助理工程师	本科	理化分析	—	—		10	

续附表

工作岗位	姓名	职务	职称（如需）	学历（如需）	专业（如需）	项目经验业绩（如需）	联系方式 单位电话	联系方式 移动电话	工作年限	备注
工艺设计	×××	主任工艺师	高级工程师	本科	化学工程	—	—		20	
项目管理	×××	项目管理	高级工程师	本科	项目管理	—	—		15	
项目管理	×××	项目管理	高级工程师	本科	项目管理	—	—		20	
安全管理	×××	安全管理	高级工程师	本科	安全管理	—	—		20	
安装调试主管	×××	安装调试主管	高级技师	本科	钳工	—	—		20	